Good Classroom
寻找中国好课堂

中国教育报刊社人民教育家研究院
未 来 教 育 家 研 究 院　组编

徐 斌　著

无痕教育数学课堂18例

开明出版社

图书在版编目（CIP）数据

无痕教育数学课堂18例 / 徐斌著 . — 北京 : 开明出版社，2019.7（2022.1 重印）

ISBN 978-7-5131-5235-8

Ⅰ . ①无… Ⅱ . ①徐… Ⅲ . ①小学数学课 – 课堂教学 – 教学研究 Ⅳ . ① G623.502

中国版本图书馆 CIP 数据核字（2019）第 165919 号

策划编辑 : 官金典　田洪江
责任编辑 : 卓　玥　张慧明

无痕教育数学课堂 18 例

作　者 : 徐　斌

出　版 : 开明出版社

（北京市海淀区西三环北路 25 号　邮编 100089）

印　刷 : 北京飞达印刷有限责任公司

开　本 : 710mm×1000mm　1/16

印　张 : 22

字　数 : 360 千字

版　次 : 2019 年 9 月第 1 版

印　次 : 2022 年 1 月第 2 次印刷

定　价 : 66.00 元

印刷、装订质量问题，出版社负责调换。联系电话 :（010）88817647

寻找中国好课堂

丛书编委会

寻找中国好课堂

　　《中共中央　国务院关于深化教育教学改革全面提高义务教育质量的意见》
（以下简称《意见》）指出："强化课堂主阵地作用，切实提高课堂教学质量。"
那么，为什么要强化课堂主阵地作用呢？

　　第一，课堂是实施教育教学的主要场所，课堂教学是完成国家课程标准的主
要形式，而国家课程标准规定的内容是落实国家教育方针，为培养德、智、体、美、
劳全面发展的社会主义建设者和接班人而制定的具体的教育内容，体现了国家意
志。只有达到了课程标准的要求，才能完成育人的任务。课程标准的实施，关键
在教师的课堂教学。教师必须认真学习研究国家课程标准和各学科的标准要求，
认真上好每一节课，教好每一个学生。课堂教学做不好，国家课程标准就会落空。

　　第二，课堂教学是培养发展学生思维的主渠道。《意见》要求："教师课前
要指导学生做好预习，课上要讲清重点难点、知识体系，引导学生主动思考、积
极提问、自主探究。"就是说，课堂教学不只是简单地传授现有的知识，还要在
教学过程中发挥学生学习的主体性，引导学生探索和思考，通过对课文的辨析，
培养学生的思维能力。传统的课堂教学，往往只是教师提问，学生回答，很少让

学生自己提出问题，自己探索寻求答案。有的教师把课文分析得很透彻，但学生接受多少却是一个未知数。只有会思考并能提出问题，才能培养学生的批判性思维、创新性思维。面对当前社会和经济的变革，科技的日新月异，许多研究表明，当今社会展开竞争的并不单纯是机器人，而是人类的头脑。只有不断突破思维定式，才能适应时代的变化。因此，课堂是帮助学生发展思维的主要场所。

第三，学习需要在集体中进行。当前有一种误解，认为个性化学习就是个别学习、孤立的自我学习。其实，学习需要在集体环境中进行。课堂是集体学习最好的场所，学生在课堂上与教师、同伴互相讨论、互相启发，甚至互相争论，能够促进思维的发展，以及对知识的深刻理解。同时，在与同伴共同学习中能培养学生的交流能力与合作精神。这是当今社会最重要的能力和品质。

第四，学习要靠教师引领和熏陶。教师不仅仅是知识的传授者、学习的组织者，教师的一言一行都在影响着学生。教师自身的知识魅力和人格魅力都会在课堂教学过程中展现出来，影响着学生。所以，立德树人的任务也主要通过课堂教学来实现。

课堂教学需要改革。《意见》指出："融合运用传统与现代技术手段，重视情境教学；探索基于学科的课程综合化教学；开展研究性、项目化、合作式学习。精准分析学情，重视差异化教学和个别化指导。"在当今信息化、数字化、人工智能时代，传统的课堂教学已经不能适应形势的要求。课堂教学改革的核心是把教师的教转变为学生的学。要充分估计学生的潜力，发挥他们的潜能。教师要充分认识信息技术的差异性、开放性、互动性等特点，融合运用传统与现代技术手段，改变课堂教学的模式和方法。

因此，寻找中国好课堂，是新时代教育发展的需要，是全面提高教育质量的需要，是服务于"立德树人"目标的需要，是深化教育教学改革的需要。

中国基础教育从来就有许多好老师，从来就有许多好课堂。我们有1400多万名中小学教师，他们大多数人有教育情怀，深爱教育事业，真诚为孩子成长着想，探索创造了许多有效的教学方式和策略，有的甚至形成了自己的课堂风格，并提炼出自己的教学思想，影响、引领了众多教师超越自我，走向卓越。

好课堂扎根中国优秀传统文化土壤、遍布中国大地，需要我们用心去挖掘、去提炼。但是多年来，能够充分体现教师综合素质的精彩课堂常常被忽略。有的人习惯从国外引进一些时髦的教育理念，而忽略了总结我们本土一线的教书育人的成功经验。然而，有效的教育教学思想和方法往往是从本民族的传统文化中生长出来的，生搬硬套别国的做法是不可取的，结果都不理想。只有祛除"文化自卑"心态，我们才会真正地发现李吉林、王崧舟、窦桂梅、唐江澎等老师精彩的语文教学课堂，吴正宪、华应龙、唐彩斌等老师生动的数学教学课堂……这样的课堂我们还可以举出一大串，就如"寻找中国好课堂"丛书收入的课例，每一个都闪耀着教育教学智慧。我们应该认真总结中国课堂的经验，讲好中国教育故事。

中国教育报刊社人民教育家研究院组织编写"寻找中国好课堂"丛书，正是基于新时代、新课标、新课程改革，积极探寻符合学生成长需求和时代要求的教育教学规律，服务于全国的课堂教学改革。

"寻找中国好课堂"丛书，从"教学设计""课堂实录""课后反思"等方面（具体设计栏目每本有所差异），全景展示出优秀教师上好每一堂课的风采和他们的"工匠精神"。"寻找中国好课堂"丛书的一个可贵之处，就在于其呈现的课例都是经受深化教育教学改革的风雨，在我们中国这块广袤的土地上吸吮中华优秀传统文化的养料并与广大同行互动交流结出的硕果，因此它们不仅属于中国，也属于世界。

让我们走进课堂，走进教育的深处，走向中华民族伟大复兴的美好未来！

中国教育学会名誉会长

2019 年元月

大音希声，大象无形

——徐斌老师"无痕教育"的生命张力

徐斌老师的"无痕教育"从其生成的那一刻起就具有了独特的魅力与生命的张力。因为它并非一时心血来潮的追求新奇，也并非泛泛之流的简单堆砌，而是其教育教学实践与理论学习积淀到一定生命节点上的灵感迸发。尽管徐斌说"无痕教育"并非他的首创，可是，他从自己数学教育的视界，赋予其新鲜的内涵，为其烙印上了"徐氏"的风格。

情景故事让"体操"摇曳出艺术的美感

人们常说，数学是思维的体操，可是，只有抽象思维，其"体操"就少了形象的美感与艺术的韵味，只有在插上形象思维的翅膀后，"体操"才具有独特的魅力。对于小学生来说，尤其如此。这个时段，他们的抽象思维能力尚不发达，可他们探索世界的好奇心与神思天外的形象思维力却已露出端倪。徐斌深谙其中的要义，所以，他让学生学习数学定义、定理及比较抽象的算式规律的时候，往往巧妙地设计符合儿童心理的情景故事，让孩子们在情趣盎然中，自然而然地明白了抽象的事理，这些事理甚至还会叠印到他们的记忆深处，成为终生难忘的印记。长此以往，学生学习数学，不但不会感到枯燥无味，反而乐此不疲。即使像归纳推理、类比推理以至于演绎推理等逻辑思维能力，也在一个又一个的情景故事中，慢慢地进入到他们的童趣世界里。

如果教师在日常的教学中，为孩子们创设一个个学习数学的快乐环境，编写与数学知识相关的情景故事，就会在"润物细无声"中，让他们"道法自然"地领略抽象思维的妙道，真正让数学成为一种具有艺术美感与生命张力的思维体操。

徐斌，给了学生一根学习数学的艺术魔杖，只要握之在手，便会变幻出无限的神奇。可谓不着痕迹，尽得风流也。

有效的强化记忆与"无痕"的逻辑推理

要想让小学生学会一种新的算式，自然会有不同的方法：或将其基本原则告知学生，让学生进行演算，这在逻辑上是一种演绎推理的方法，在数学教学中经常用到。同时，还有列出多个算式，让学生从中总结出一定的规律，即基本原理，这在逻辑上称之为归纳推理。有的时候，还会用到类比推理等。究竟用什么方法，才能让学生真正学会学好，却是大有讲究的。

数学规律在哲学上可以称之为"道"，具体的演算可以称之为"术"。对于小学生来说，没有一定的"术"的强化与记忆，就很难触摸到"道"的玄妙。而通过他们自己的推理与猜想、演算与交流之后，才能抵达由"术"到"道"或由"道"及"术"的推断。徐斌非常认真地学习了老子之道、《周易》之道以及孔子"一以贯之"和"忠恕"之道等，并由此站在一个很高的教学视点上进行课堂教学的谋划与设计。而他对儿童心理学的深入学习与研究，又让他站在儿童的视角，"无痕"地让他们一步步去认识与把握数学之道。

学生有着无穷的学习能力，但这种能力如果得不到有效的开发，就有可能在美好的儿童时代慢慢地泯灭。徐斌训练的不只是学生的形象思维能力，还有效地开发了学生的逻辑思维能力，从而让孩子们的思维在翱翔于天空之时，还生成了点亮其生命前程的自信心，提升了学习力。

特级教师的生命线在课堂

每次与徐斌交流，总会有一种深深的感动，感动于一直扎根在徐斌心里的使命感。他深知，任何一个学生，都只能有一个童年，也只能有一段小学年华。如果在这个时段，享受不到学习的快乐，学习不到必需的知识，形不成必备的能力，生成不了应有的品格等，那当是一个为师者的失职。正是基于这样的一种思考，在徐斌那里，一直有一种巨大的动力支撑，那就是让他所教的每一个孩子，都能拥有一个美好的童年，都能由此驶向一个具有发展张力的生命前程。所以，他爱学生、爱课堂，绝对不亚于爱他的生命。即使当了校长，他依然活跃于数学教学的课堂上。他认为，数学可以更好地缔造学生的生命，也同样可以缔造自己的生命。课堂，其实就是一个师生共同演绎精彩的生命场。在这个场上，教师要激活学生的生命潜能，让学生养成一种生命自觉，并在潜移默化中，生成一种具有积极意义的担当精神。同时，他认为自己也在这个场里不断地实现生命的突围与飞跃。因为有了学生的精彩，才有了他自己的精彩，才有了如孔子所说的"己欲立而立人，己欲达而达人"的境界。所以，课堂，成了他奋斗不止并不断攀升更高境界的道场，成了他感受审美意蕴及放飞思维的乐园。

徐斌说："我每天都要备课、上课、批改作业、辅导学生，三十多年如一日。尽管曾经有好多次机会，我可以离开课堂、离开学校，但直到现在，我发现课堂始终是我最热爱的地方，于是我依然坚守在这里，做一名完整的数学老师。每天享受着和孩子们一起学习数学、讨论数学的时光，这也是我人生中最美妙的时光。如果有人问我：'你评上特级教师已近二十年了，你都当上校长了，为什么每天还要上课呢？'我的回答会极其简单：'特级教师的生命线在课堂。'"

徐斌会不会忙得不可开交，累得疲惫不堪？

笔者每次见徐斌的时候，他都是那么的从容与愉悦。这是因为他心里有幸福感，外化出来才有了如此的外部"风景"。孔子说："知之者不如好之者，好之者不如乐之者。"如果说"知"在求知层面，"好"在道德层面的话，那"乐"则升华到了一种审美境界。徐斌，不就是一个"乐之者"吗！

宁静之夜的"立言"之美

也许有人认为，徐斌如此之忙，尽管也有快乐，可他少了宁静，更没有时间写作了。

其实，这是一种误解。因为人们只是从白天繁忙的工作中看到他那马不停蹄的身影，却不知道还有一个夜间尤其是深夜中的另一个徐斌。夜阑人静的时候，徐斌更多的是游弋于写作的海洋里。因为他感到，自己丰富的教学实践经验，以及在数学教学等领域里的理性思考，应当以"立言"的形式，让其成为一种永恒的精神收藏，为自己，也为别人。

有人说，写作是一个苦差事，可徐斌却认为那是一种妙不可言的审美之旅。他曾用诗一样的语言形容写作时的情景——

我享受着上天所赐予的这份独特的宁静。常常在夜晚，月光打湿了窗帘。一种情愫，慢慢地在空气中弥散。窗外，月光或飞或洒或流或泻，在天为霰，落地成霜，涓涓汩汩……房间里，没有其他的声响，任由我的思想和自己的灵魂一次次地碰撞，"嗒，嗒……"指尖在键盘上流淌着心灵的旋律，我不断咀嚼着白天课堂的点滴，沉浸在这样安逸的宁静里，心中，似有暖暖的东西流过。

诗意的心境，丰沛的知识，独特的思考，让徐斌的文字在跳跃着形象美与抽象美的"互文"之舞时，同时也拥有了巨大的智慧含量，并闪耀出理性的光华与艺术的美丽。在其发表在几十家报刊上的数百篇文章，以及在他的专著《为学生的数学学习服务》《追寻无痕教育》《徐斌与无痕教育》中，我们不但看到了他数学课堂教学的神奇，同时，也看到了他那种"发愤忘食，乐以忘忧"的乐感文化情结，以及"得天下英才而教育之"的历史担当，这其间种种会不断地叩击我们的心扉，让我们在"见贤思齐"的同时，也自然而然地有一种新的生命追求。

功夫在诗外

有的人也想在数学教学中实施"无痕教育"，并且收到了一定的效果；可是，还有不少人尽管也努力实践，可结果却不尽人意，他们不仅不能像徐斌那样游刃有余，其学生依然视数学学习为畏途。

那么，其中的原因在哪里呢？

我想，原因出在这些教师没有徐斌的"功夫"。

大诗人陆游对他儿子说："汝果欲学诗，功夫在诗外。"数学教学也是这样。真正走向更高境界的数学教师，绝对不可能只是止步于数学的单一领域里，任何一门学科，都与其他学科甚至更宽广的领域有着内在的链接。那些看似与数学无关的高品质的知识与智慧，却有着"无用之大用"的美妙。

徐斌之妙，在于他不但懂得这个道理，他更是一个真正意义上的践行者。从学生时代，他就对书产生了浓厚的兴趣，而且所读之书更多是文学书，他所参加的自学考试，也是汉语言文学专业。诸如哲学、美学、教育学、心理学等，他不但多有涉猎，而且有的还深有研究。所以，他可以从更高的视点窥观。即使是一个很小的数学知识点，在其教学的时候，或生成美学的风景，或富有哲学的意义，或"于无声处"蕴藉人格的教育，或让学生小憩于文学艺术的殿堂里，不经意间领略到形象思维与抽象思维共舞的美妙。

学生天天沐浴在这样的学习氛围里，不但会爱上数学，形成能力，还会从更多的层面提升学习的品质。从这个意义上说，任何一个学科的教学，都不能是单纯地传授知识，甚至也不只是让学生形成某种能力，而应当把课堂作为智慧融通，让其成为学生一生积蓄生命能量的动力场。

这让我不由得想到了外语的教学与学习。不少学生学习某一外语，从小学到大学，16年的时间，竟然说不好一口流利的外语。可是，一个刚刚出生的婴儿，面对一个陌生的世界，对他们来说，任何一个民族的语言都是一门"外语"。他们学习这种"外语"，没有专门的教师，也没有专门的课堂，可是，一两岁即可说好这一种语言。原因何在？因为他们刚一出生，就掉到了本民族语言的汪洋大海之中了，几乎无处不在的语言浸透，让他们不知不觉且轻而易举地学会了一门"外语"。看来，学习语言，也有"无痕"的特点。

徐斌的"无痕教育"恰恰如婴儿学习语言一样，不经意间创设了一种学习数学的环境，让孩子们在不知不觉中轻松自如地学会、学好数学。老子说："大音希声，大象无形。"高层次的数学教学，何尝不是如此呢？

著名教育学者

陶继新

无痕教育的基本内涵与实践策略

"对一种教育理论加以筹划是一种庄严的理想，即使我们尚无法马上将其实现，也无损于它的崇高。"（康德）

——题记

（一）无痕教育的内涵

无痕教育，是指"把教育意图与目的隐蔽起来，通过间接、暗示或迂回的方式，给学生以教育的一种教育方式（卢克谦《无痕教育：具有美学韵味的教育方式》）。"无痕教育的提出，虽来源于德育领域，但其所彰显出来的人性化和科学性光辉，足可以指导一切学科教学行为。苏霍姆林斯基曾说过："造成教育青少年困难的最重要原因，在于把教育目的在学生面前以赤裸裸的形式进行""把教育意图隐蔽起来，是教育艺术十分重要的因素之一"。杜威在论述什么是教育时指出："一切教育都是通过个人参与人类的社会意识而进行的。这个过程几乎是在出生时就在无意识中开始了。由于这种不知不觉的教育，个人便渐渐分享人类曾经积累下来的智慧和道德的财富（《杜威教育名篇》，赵祥麟编译，教育科学出版社，2006 年版，第 1 页）。"

无痕教育的教育心理学内涵：教育是一门科学，科学的价值在于求真。教育教学活动具有一般规律性和基本原则，教师的教、学生的学、教学内容、教学过程、教学方法等要素均有其科学规律。理想的教育教学状态是让学生在积极主动和潜移默化中获得知识、形成能力，在淡墨无痕和春风化雨中发展思想、培养精神。

无痕教育的美学内涵：教育是一种艺术，艺术的价值在于求美。杜甫诗云："随风潜入夜，润物细无声。"泰戈尔说："不是槌的打击，乃是水的载歌载舞，使鹅卵石臻于完美。"可以说，"润物无声，教育无痕"是教育的至高境界，是"将教育的意图隐蔽起来"的真正的教育艺术，更是一种充满人性化关怀的超凡的教育智慧。

无痕教育的哲学内涵：教育是一项事业，事业的价值在于求善。老子《道德经》云："大白若辱，大方无隅，大器晚成，大音希声，大象无形。"庄子《逍遥游》云："至人无己，神人无功，圣人无名。"康德把教育的内涵定位于"价值"，而价值是无法灌输的，它只能由个体在自我发展、自我建构的过程中获得。从这个层面上来说，真正意义上的教育是自我教育，教育的价值在于无痕地帮助每个人获得成熟和自由，使生命绽放于爱和善良之中。

由此可见，无痕教育不仅是一种教育方式，更是一种教育思想，是一种教育心理学的规律和原则，是一种教育的美学和哲学境界，是一种对教育本原的追寻。

（二）数学教学中实施无痕教育的可能

数学是研究客观世界中数量关系和空间形式的一门科学。数学学科具有高度的抽象性、严密的逻辑性和应用的广泛性三大特点。小学数学属于初等数学的范畴，它揭示的是现实世界中最简单的数量关系和几何形体等知识，小学数学课程在内容呈现上具有由浅入深、由易到难、循序渐进和螺旋上升的特性。小学数学的学科特征为数学教学中实施"无痕教育"提供了充分可能。

数学是思维的体操，儿童学习数学的过程是数学思维活动的过程。儿童思维的发展经历着从低级到高级、从不完善到完善的发展过程。小学儿童思维的基本特点是"从以具体形象思维为主要形式逐步过渡到以抽象逻辑思维为主要形式。但是这种抽象逻辑思维在很大程度上仍然是直接与感性经验相联系的，仍然具有很大成分的具体形象性（《儿童心理学》，朱智贤著，人民教育出版社，1980年版，第323页）。"而数学思维是一种内隐性活动，而且各种思维方式之间的彼此相连、融会贯通和发展变化本身就是一种无痕的状态。

可见，小学数学教学的过程应该是遵循儿童学习数学的思维规律和小学数学学科课程的基本特性，通过教师的智慧，把作为科学的数学转化为作为学科的数学，把作为文本的数学转化为作为过程的数学，从而把"学术形态的数学"转化为"教育形态的数学"，把"冰冷的美丽"转化为"火热的思考"，引导学生在无痕中学习数学以及发展能力，从而使他们获得丰富的情智体验。

（三）数学教学中实施"无痕教育"的价值

在数学教学中实施"无痕教育"的价值主要表现为以下四个方面。

第一，能使学生更有效地获得知识技能。根据认知学习理论，数学学习的过程是新的学习内容与学生原有的数学认知结构相互作用，形成新的数学认知结构的过程。实施"无痕教育"能让学生不露痕迹地利用原有的认知经验，通过主动建构来获得数学知识，并通过循序渐进地巩固和由易到难地练习逐步形成数学技能。

第二，能使学生更有序地发展思维能力。根据儿童思维发展的特点，其学习数学过程中的思维能力可以分为"感知动作思维、具体形象思维、抽象逻辑思维和辩证逻辑思维四种（《数学学习论》，马忠林主编，广西教育出版社，1996 年版，第 89 页）。"从思维发展的特点可以看出，这四种思维方式之间并没有明确的界限，而且学生在学习数学的过程中常常是多种思维协同作用的。因此，实施"无痕教育"，一方面能潜移默化地培养学生的各种数学技能，另一方面也能有序发展学生的多种思维能力。

第三，能使学生更有机地提升数学思想。比知识重要的是方法，比方法重要的是思想。数学思想是数学的灵魂，是数学内容和数学方法的结晶。小学生学的数学尽管很初等、很简单，但是里面却蕴含了丰富的数学思想。依据张景中院士的观点，小学数学思想主要有三个方面：函数思想、数形结合思想、寓理于算的思想（张景中《感受小学数学思想的力量》，载《人民教育》2007 年第 18 期）。数学思想是无法直接传输给学生的，只能在学生学习数学的过程中逐步感悟，因此，实施数学"无痕教育"，可以在学生学习数学的过程中潜移默化地渗透和提升。

第四，能使学生更有利地受到情感教育。在"无痕教育"理念的指导下，使得数学教学的内容与学生的生活实际紧密联系，数学学习的过程符合学生的认知规律和思维特征，在潜移默化中引发学生的学习动机，激发学生的学习兴趣，丰富学生的积极情感，培养学生的学习意志，端正良好的学习态度。在学生学习数学的始终，情感教育都在无痕地渗透中，使得学生成为具有综合素养的全面发展的人。

（四）数学课堂实施"无痕教育"的特征

首先，实现学习内容与儿童生活经验的对接。叶圣陶曾经说过"教育像农业"，杜威也曾经说过"教育即生长"。"农业"就是春风化雨，顺其自然，不急不躁，从容不迫。"生长"本是生命的特征，生命体的生长是看不出痕迹的，课堂是生命体之间的碰撞与交流，因此，教育即生长则意味着教育本无痕。义务教育阶段的数学课程中，许多学习内容都可以在儿童的实际生活中找到背景。因此数学课堂学习内容的选择应该从儿童的生活经验出发，贴近儿童的生活现实，并适当借助已有旧知，寻找儿童生活现实与数学现实之间的"生长点"，让新知在儿童的心田自然生长出来，使得儿童在不知不觉中开始学习之旅，使得学习像呼吸一样自然发生。

其次，实现学习方式与儿童认知规律的适应。儿童是怎样学习和思维的？正如苏联教育家乌申斯基所说"一般说来，儿童是依靠形状、颜色、声音和感觉来进行思维的"。儿童不是成人，也不是小大人，儿童就是儿童，儿童具有独特的年龄特征和认知规律。而数学学科的高度抽象性和严密逻辑性常常使得一些儿童过早地失去了对数学的兴趣。因此，数学课堂学习的方式应该适应儿童，适合儿童，应该更多采用直观具体与生动形象的方式，激发儿童的学习兴趣与动机，让儿童在积极主动中参与知识的形成过程，让儿童在潜移默化中理解数学知识的本质。

再次，实现学习过程与儿童互动交流的融合。叶澜教授曾经说过，课堂学习是生命体之间交往互动与共同发展的过程。因此，课堂的最大魅力就在于其无法真正预设，无法完全复制和倒回重来，因此充满了生命力，充满了无限可能，具有神秘的美感。儿童学习数学的过程应该首先建立在自己实践与思考的基础之上，并充分发挥儿童之间的交往互动与合作交流的作用，让每个儿童都能体验成功的喜悦，增强自信心，锻炼克服困难的意志，养成良好的学习习惯，不断提高自身的数学素养。

最后，实现学习历程与儿童全面发展的同步。义务教育阶段的数学课程是培养公民素质的基础课程，面向的是全体儿童，使得"人人都能获得良好的数学教育，不同的人在数学上得到不同的发展"。儿童通过数学课堂不仅获得知识技能，还要发展思维与感悟思想，更为重要的是形成终生受用的核心素养。因此，伴随着儿童学习历程的同时应该充满了求知的快乐，充满了积极的情感，充满了美好的回忆，进而为其一生的可持续和全面发展打下坚实的基础。

（五）数学教学中实施无痕教育的策略

在小学数学教学中如何实施"无痕教育"？笔者以为可以从以下几方面着手。

1. "不知不觉中开始"——数学教学内容的整体把握

让学生在不知不觉中开始学习，是"无痕教育"追寻的基本境界。实施"无痕教育"的前提是教师对所教内容的整体把握。因为小学数学学科的教学内容具有整体性和系统性，每册教科书、每个教学单元、每一节课时、每一个知识点的内容之间都有着内在的联系。优秀的教师总是能够瞻前顾后，迁移渗透，把握所教内容与以前学习内容以及将来学习内容之间的实质性联系，为学生选准合适的认知起点，让学生在不知不觉中开始新知学习。

不知不觉中开始，从教育心理学角度看，是确立合适的学习起点，即明确学生"现在在哪里"。有了对教学内容的整体把握，就有了对学生原有认知与学习状态的准确了解，就有了对学生生活经验与思维体验的适度掌握。有了这样的教学前提，就能够进一步明确把学生"将要带向哪里"以及"如何走向那里"，从而无痕地将学生引向新知的边缘，让学生油然而生对新知学习的需求。

2. "潜移默化中理解"——儿童学习心理的深度洞察

课堂的本体是儿童的学习，有效的数学学习必然建立在对儿童学习心理深度洞察的基础之上。小学阶段儿童的认知水平属于皮亚杰的"具体运算思维"阶段，其最大特点是思维离不开具体事物的支持，这也导致小学儿童的感知力、观察力和记忆力均处于初步发展水平，其学习数学的动机和兴趣很不稳定。在这样的前提之下，儿童学习数学的过程需要充分借助形象直观的教学手段，充分利用新旧知识的相互作用，以顺应儿童的学习心理，让儿童在不露痕迹中获得新知意义。

"教是为了更好地学。"对儿童学习心理规律的深度洞察是实施无痕教育的关键所在。基于儿童学习心理的数学教学，是在儿童数学学习的过程中，尤其在新知理解阶段，在学科元素中融入儿童基点，能够使新知学习更适合儿童的认知发展，为学生深度理解知识、发展技能和形成能力打下坚实的基础。

3. "循序渐进中掌握"——学生学习过程的精心组织

学生学习数学的过程，既是在教师引导下的意义建构过程，也是在自身需求发展中的自主建构过程。"无痕教育"视野下的学生数学学习过程，更主要的体现为教师精心设计学生的学习进程，从某种意义上说是一种"进"与"退"的艺术。通过适当的"退"和必要的"进"，能使得学习过程成为学生潜移默化地掌握知识和技能的过程。表面上看，"进"和"退"是一对反义词，然而，这两者并不矛盾。在战争中，"以退求进""以屈求伸"的战略正是体现了退与进、屈与伸的辩证关系。从某种意义上说，"退"是"进"的准备和基础，"进"是"退"的发展与提升。在课堂上，"进""退"之间体现的是一种行云流水般的从容节奏，是一种水乳交融般的无痕状态。

数学教学中敢于"退"的策略主要表现在以下三方面：首先，退到学生的生活经验；其次，退到学生的已有旧知；第三，退到学生的思维起点。数学教学中善于"进"的策略主要表现在以下三方面：首先，进到学生的认知结构；其次，进到学生的思维深处；第三，进到学生的实际应用。

"进"与"退"的过程，是学生潜移默化地掌握知识技能的过程，是学生在不露痕迹中培养思维能力的过程，是学生淡墨无痕中发展数学思想的过程。从这个意义上说，数学教学的智慧就在于教师能在"进"与"退"之间游刃有余。

4. "春风化雨中提升"——课堂教学艺术的不懈追求

课堂是师生人生中一段重要的生命经历，课堂是充满无限魅力的地方，课堂是学生充分发展的天空。无痕教育理念指导下的数学课堂，是学生享受教师服务的过程，也是学生自主学习、主动发展的过程。在这样的过程中，学生的学习经历应是充实快乐的，学习结果应是充分有效的，学习的过程是充满智慧的。理想的课堂教学过程，似雪落春泥，悄然入土，孕育和滋润着生命。虽无痕，却有声有色，有滋有味；虽无痕，却如歌如乐，如诗如画。

总之，我所理解的"数学无痕教育"是建立在数学教育的心理学、美学和哲学内涵基础上的一种教育境界，实施"数学无痕教育"具有独特的实践意义和理论价值。"数学无痕教育"是让学生在不知不觉中开始学习，在潜移默化中理解知识，在循序渐进中掌握技能，在春风化雨中提升思想。"数学无痕教育"是一种理想的教育，也是一种智慧的教育。

"无痕教育"，无声无息，无缝无形；"无痕教育"，有情有理，有法有度。

无痕，是教育的自然和谐。

无痕，是教育的至高境界。

徐斌

2019 年 5 月

目 录

课例1
"9加几" 教学案例

"9加几" 教学设计

教学内容

义务教育数学教科书（苏教版）一年级上册第88~89页。

义务教育数学教科书（人教版）一年级上册第88~89页。

教材简析

　　"9加几"是义务教育教科书一年级上册的内容。在这之前，学生对10以内加减法已经熟练掌握以及对20以内的两位数有了充分的认识，并且已经学习了10加几的加法，充分体会到10加几的简便，所有的这些都为在数学课堂中学习"发现—理解—强化""凑十法"奠定了基础。同时，"9加几"的学习又会对后继8加几、7加几、6加几等进位加法的学习起着十分重要的迁移作用。

　　本节课教材在编排上注意体现新的教学理念，设计的情境有利于学生了解数学在实际生活中的应用，让学生初步感受数学与日常生活的密切联系。本节课教材安排了一道例题和"试一试"。例1为我们提供的资源是猴子吃桃的场景图，通过"一共有多少只桃子？"引出不同的计算方法，体现算法多样化。"试一试"展示的场景是"左边有9朵红花，右边有7朵黄花，一共有多少朵花？"既是对原来"凑十法"的强化，又要求学生学习、体会两种不同的"凑十法"，体现了算法的灵活性。之后的练习，从具体到抽象，进一步巩固与强化算法多样化、算法优化、算法灵活性。整个教材的编排步步为营，螺旋上升，较好地引领学生学习与感悟"9加几"的学习内容。

教学目标

1. 让学生在实际情境中探索9加几的计算方法，体验、比较简便的计算方法，初步理解"凑十法"，并能比较熟练地运用。

2. 在观察、操作中逐步培养学生的探究思考意识与判断选择能力，提倡算法多样化。

3. 培养学生合作学习和应用知识解决简单实际问题的意识。

教学准备

教师准备挂图、卡片、课件；学生准备小棒20根。

教学过程

一、创设情境，复习引新

师生谈话：小朋友，你们喜欢动物吗？看——小猴今天和我们一起学习数学呢！

由小猴带来的口算题进行复习：（依次出示卡片并有序呈现在黑板上）

10+1　　10+3　　10+5　　10+7　　10+8　　10+6　　10+4　　10+2

提问：计算这些题，你为什么这么快？

心理学思考

　　有效的数学学习是建立在学生合适的数学现实基础之上的。上课之初，为学生的学习准备从认知和非认知两方面设计。一方面，通过创设情境，从学生喜爱的小动物入手，诱发学习动机，产生学习兴趣；另一方面，通过组织口算复习，为接下来的新知学习做好铺垫。传统的9加几教学，在复习铺垫时一般分三个层次：一个数分成1和几，9+1=10，9加1再加一个数。表面上看，这三个层次的复习有利于学生理解和掌握

"凑十法"，但是，实践表明，如此精细的铺垫设计，同时也可能为学生探究9加几时人为地设定了一个狭隘的思维通道（即一定要把9凑成10），不利于体现算法多样化的思想。事实上，依据以往的教学经验，尽管学生在探索9加几的计算方法时会出现多样化的算法，但是，这些方法都有一个共同的思路——"凑十"。因此，我设计复习题时主要侧重10加几的口算，让学生体验10加一个数比较简便，从而为帮助学生理解"凑十法"做好铺垫。

二、操作探究，学习新知

1. 学习例题

（1）讲述：有一天，猴妈妈出去了，她把摘的桃放在桌上，让小猴算一算一共有多少个。小猴看到这么多桃，馋得口水直往下流，哪有心思算呀，急得直抓头。小朋友们，你们愿意帮助小猴吗？

提问：这些桃是怎样摆放在桌子上的？（盒子里有9个，盒子外面有4个）
用什么方法可以算出一共有多少个桃呢？（引导学生列出算式9+4）
提问：为什么用加法计算？怎样算出结果呢？
（2）学生自主探索，并请同桌互相说一说，再指名汇报。
学生中可能出现的方法有：
①数数法：9，10，11，12，13（也可能学生从1开始数，数到13）；
②凑十法：9+1=10，10+3=13（或6+4=10，10+3=13）；
③假设法：10+4=14，14-1=13；

……

指名汇报有代表性的算法。（教师进行及时评价）

（3）在充分展示几种算法后，让学生上台演示（可移动教具），教师逐步对应板书——

$$（板书：9 + 4 = 13）$$

$$1 \quad 3$$

$$10$$

提问：为什么从4里面先拿1个放盒子里？先算什么？再算什么？

心理学思考

结构性材料的组织和呈现，是课堂教学不同于自然认知的重要标志。因此，例题的出示，显明地表示出两数求和的情境，让学生自然列出加法算式后，把重点放在探索计算的方法上。学生自主探索的过程，是运用已有经验解决问题的过程，也是个性化的学习过程。交流算法的过程，对个体来说是思维条理化的过程，是运用数学语言叙述思路的过程；对群体来说，是分享别人思维成果的过程，也是学习他人经验及进一步理解算理的过程。交流过程中，体现算法多样化思想，提倡学生运用不同的方法计算，使每个学生都获得成功体验。此时，暂不比较算法的优劣，只是在演示和板书时对其中的一种"凑十法"进行了不露痕迹的关注。

2. 学习"试一试"

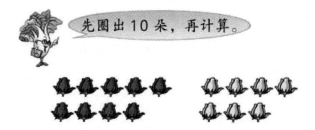

先圈出10朵，再计算。

（小猴家的花园里开了两种颜色的鲜花——红花和黄花）

提问：左边红花有几朵？右边黄花有几朵？怎样求两种花一共有多少朵？

列式：9+7

师： 请大家选择自己喜欢的方法计算9+7。

然后让学生动手在书上先圈出10朵，再填一填。（教师板书思考过程）

$$9 + 7 = 16 \quad 或 \quad 9 + 7 = 16$$

比较例题和试一试，突出"凑十"的思路。

心理学思考

"试一试"的学习，重点让学生进一步理解"凑十"的思路。由于9和7都离10比较接近，因此，学生可能出现两种凑十的方法（把9凑成10或把7凑成10）。结合学生的操作和思考，教师辅以结构化的对应性板书，提炼学生的思维过程，帮助学生在数形结合中实现从具体到抽象的转化。然后通过两种"凑十"方法的比较以及"试一试"和例题的对比，使学生对"凑十法"的理解逐步累积起感性经验，为进一步理解"凑十法"的内涵做好准备。

三、巩固新知，形成技能

1. "想想做做"第1题

请大家观察图，提问：左边原来有几块？右边呢？

猜一猜，小猴想怎样算？

提问：小猴为什么只搬一块过去呢？

先和同桌说一说怎样计算，再把结果填在书上，最后指名汇报。

2. "想想做做"第2题

$9 + \square = \square$ $\square + \square = \square$

先分别指导学生摆小棒，然后移动小棒使人一眼就能看出结果是多少，再把凑十的过程在书上圈出10根来，并算出得数。

3. "想想做做"第3题

$9+1+1=\square$	$9+1+4=\square$	$9+1+8=\square$
$9+2=\square$	$9+5=\square$	$9+9=\square$

出示翻折卡片，让学生先口算，再比较每组上下两道题，提问：你发现了什么？

4. 小结并揭题

对本堂课学习的算式进行整理和比较，提问：你发现了什么？算式有什么共同的地方？得数有什么规律？（板书课题：9加几）

根据学生找规律的情况，出示9+□=1□，让学生推算。

心理学思考

从新课例题、"试一试"和"想想做做"几个层次的学习，完成了9加几的进位加法所有题目的运算（从9+2到9+9）。在此，对学生学习要求的设计，从多种算法计算→两种方法凑十→把9凑成10的过渡，体现了多样化到优化的逐步发展过程；而学习方式的设计，从教具演示→直观图示→学具操作→题组对比，由扶到放，使学生逐步形成计算技能。特别是，比较和小结时，对9加几的算式进行了整理，结合学生的发现和归纳，教师出示了更具结构化的算式，即：9+□=1□，并让学生进行推算。这样的设计，既体现了9加几的计算规律，同时又引导学生在探寻规律的过程中发展思维，使学生品味到数学内在的简洁之美。

四、总结全课，内化新知

1. 悄悄算（"想想做做"第4题）

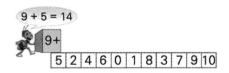

2. 课堂作业（"想想做做"第5题）

按一定的顺序对今天学习的9加几的加法算式进行整理并写在课本上。

心理学思考

　　课堂的最后，采用游戏的形式进行混合练习，进一步巩固新知，形成技能，发展思维。这里特别需要指出的是，设计了课堂作业。让学生在本课学习的结束阶段，静静地拿起笔，动手整理9加几的所有算式。看上去，这样的结尾似乎并不热闹，但此时正是学生内化新知、形成技能的重要阶段。这样的课堂作业，使每个学生在整理中再次对所学知识进行反刍，从而形成深刻印象，为下一次学习进位加法积聚力量。

"9加几"教学实录

教学过程

一、创设情境，复习引新

师： 今天的数学课，有一只可爱的小动物要和我们一起学。（出示图片）

生： 小猴。

师： 小猴想让我们先算一些口算题。看谁算得好！请大家看题——（出示口

算卡片）

生：10+1=11。

师：很好，如果声音能再响一点就更好了。

师：第2道。

生：10+3=13。

师：下一道。

生：10+5=15。

师：对不对？接下来如果算对了我们就点头表示。

师：这一道，请你来。

生：10+7=17。

师：恩，不错。

师：接下来我们速度快一点，老师一叫你，马上就回答。

生：10+2=12。

师：下一道。

生：10+4=14。

师：所有的男生算这道题——

男生（齐）：10+6=16。

师：所有的女生算这道题——

女生（齐）：10+8=18。

师：同学们，这些题大家算得都很好。不仅算对了，而且还算得挺快的，大家看这些题，你为什么算起来这么快呀？

生：10加1是11，加2、3、4、5、6、7、8、9就是12、13、14、15、16、17、18、19。

师：哦，也就是说，十加几就是……

生（齐）：十几。

师：对！这些都是我们已经学过的加法计算。

二、操作探究，学习新知

师（出示图片）：有一天，猴妈妈出去了，她把摘的桃放在桌上，让小猴算一算一共有多少个。小猴看到这么多桃，馋得口水直往下流，哪有心思算呀，急得直抓头。小朋友们，你们愿意帮助小猴吗？

生：愿意。

师：我们先观察一下，猴妈妈给它准备的桃，有一些是放在什么地方啊？

生：盒子里。

师：我们来数数盒子里有几个？

生一起数：1、2、3、4、5、6、7、8、9。

师：盒子里放了9个桃。（板书：9）

师：我们一眼看出盒子外面有几个桃。

生（齐）：4个。（板书：4）

师：那么要求盒子里面和外面一共有多少个桃，要用什么方法来计算呢？

生：用加法计算。

生：9+4。

师：对。9+4你会算吗？

生：会。

师：把你的想法告诉你的同桌吧。

（同桌互说，师巡视）

师：现在大家说说看。9+4一共是多少个桃？

生：13。（板书：9+4=13）

师：你是怎样得到13的？能具体把你思考的过程说给大家听听吗？

生：我是在那边先数好，然后再……

师：数好哪边？

生：数好那个盒子里面的9个。

师：然后呢？

生：我再把它们合起来，就是13。

师：你是怎么合到13的？

生：我是这样子算的，9还缺1个才是10，如果我把4分成了1和3，那1给9了，剩3个，那10+3就等于13。

师：说得也不错。还有哪些同学的想法和她不一样的？

生：我是数出来的。

师：当然可以呀。你是怎么数的？

生：这边不是9个吗？然后是10、11、12、13。

师：对呀。我们可以数，也可以像那位同学那样边数边算。

师：老师想请刚才的那位女生到前面来，动手拿一拿桃子，让同学们看得更清楚好吗？

生（边拿边说）：这里有9个桃，这里有4个桃，只要把这边1个桃放到这里来，那盒里就有10个桃了，外面就只有3个桃了，10+3等于13。

师：说得真好，建议小朋友们给她来点掌声！

师：请大家看，原来是9+4的，现在被她变成了——

生（齐）：10+3。

师：就是13。

师：刚才小朋友说，把这1个桃拿出来，也就是这4个桃就分成了1和几？

（边说边板书）

师：这1个桃和盒子里的9个桃合在一起就是——

生：10个桃。

师：盒子里面就是10个桃。

师：盒子里的10个桃再加上外面的3个，就变成了10+3，等于——

生：13。

师：完全正确。

（逐步对应板书如下）

$$9 + 4 = 13$$

```
        / \
       1   3
    |
   10
```

师：刚才大家算得很好。我们一起去小猴家的花园里看看，花园里开了两种颜色的鲜花——（在黑板上出示"试一试"图片）

师：我们先来数一数，红颜色的有几朵？

生：1、2、3……9。

师：黄颜色的呢？

生：1、2、3……7。

师：要求黄颜色的和红颜色的花一共有多少朵，用什么方法？

生：用加法。

师：怎样列式？

生：9+7。

师：我想请一位小朋友到前面来，移动一下花片使其他同学一眼就看出得数是多少？（生到前面移动花片）

师：大家看，他拿了一朵过来，那么左边就变成多少朵？

生：10朵。

师：右边还有几朵？

生：6朵。

师：9+7就变成——

生（齐）：10+6。

师：10+6就是多少？

生：16。

师：我们可以怎样写出思考过程呢？也就是把黄花片分成了几和几？

生：1和6。

师：红颜色的9朵再加1朵就是几？

生：10。

师：10+6就是——

生：16。

师：正确。

（完善板书）

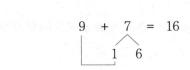

师： 如果不移动黄花片，怎样移动，也能算出得数？谁来试试看。

（生到前面移红花片）

师： 你移哪种颜色的花片？

生： 红色。

师： 移动红色花片，你移了几朵？

生： 3朵。

师： 这样一移，右边就变成了多少？

生： 10朵。

师： 左边还有多少？

生： 6朵。

师： 一共就是多少？

生： 16。

师： （板书：9+7）如果这样移的话，也就是把9朵红颜色的花片分成了几和几？

生： 6和3。

师： 3朵红颜色的和7朵黄颜色的合在一起就是几？

生： 10。

师： 10再加上6，也能得到16。

师： 像刚才这道题，同学们经过移动花片，就能凑成多少呀？

生： 凑成了10。

师： 正确。

（完善板书）

$$9 + 7 = 16$$

6   3   10

师：是啊！前面一题是先凑成了10，再加6；这一题也是先凑成了10，再加6。看来小朋友喜欢先凑成10，再算10加几，就变成了我们以前学过的知识了。

三、巩固新知，形成技能

师：小猴也想继续来计算呢。（出示图片）你能看出小猴到底想算几加几呀？我们来数数看。

生：1、2……9。

师：这就是原来的9个方木块。右边现在有几个？

生：1、2……5。

师（指着小猴手里的那1个）：这个是从哪里来的？那么右边原来是几个？

生：6个。

师：也就是小猴想算的是9+6。

师：请大家仔细观察并思考——你觉得小猴聪明吗？小猴的聪明表现在哪里？

生：小猴聪明！它把6分成了1和5，这样只需要搬动1个就能很快凑成10算出来。

师：是啊！它只搬了右边的1个就能把左边的凑成了10，所以小猴是很聪明的。你能把小猴是怎样想的写出来吗？请大家把课本翻到第89页，在右边的方框里一起来写写看。（生填写课本）

师（拿一个同学的课本展示）：大家来看，我们一起来说说看，把6分成——

生：1和5。

师：9加1等于——

生：10。

师：10加5等于——

生：15。

师：是啊！大家也很聪明，学会了巧妙"凑十"的方法。

师：都写对的小朋友冲徐老师笑一个。真好！

师：通过刚才的学习，我们已经学了一些加法计算题啦，一开始我们学习的是——

生：9加4。

师（在复习时的10加几旁边对应板书）：老师再写一遍，9加4就等于13。然后我们又学了——

生：9+7=16。（师板书）

师：刚刚我们又学了——

生：9+6=15。

师：这三道题有什么共同的地方？

生：前面的加数都是9。

师：是啊！我们今天学习的就是——

生：9加几。

师（板书课题）：9加几的加法还有一些呢，还想继续学习吗？这一次我想请所有小朋友都来摆一摆小棒。先数出9根小棒，和徐老师一起来摆。

（生边数边摆）

师：9根先摆好，然后中间空一点距离，在右边摆出3根小棒。也就是说，我们要算9加几呀？

生：9加3。

师：你能移动一根小棒就能很快看出得数是多少吗？

（生移动小棒）

师：原来左边9根小棒，移了1根过来就有几根啦？

生：10根。

师：9加3就变成了10加几？那得数就是多少？

生：10+2=12。

师：把书继续翻开，拿出铅笔，像黑板上这样，把10根小棒圈在一起。

（师示范，生圈）

师：圈好后在下面方框里写上算式和得数。

师：我们再来看下一题，左边有几根小棒？右边呢？也就是要算几加几？

生：9加8。

师：你能先圈出10根再算吗？

（生先圈再填方框）

师：刚才我们学习加法时，有通过看图学习的，也有自己摆小棒学习的，还有在图上圈一圈再学习的，如果没有图，也不摆小棒，你能直接计算吗？

（师出示卡片9+2）

师： 你能把9加几变成10加几吗？谁来变变看。

生： 2可以分成两部分，把1给9，它就可以变成10+1=11。

师： 很好！也就是把9加2的2分1个给9，那还有一个1，和10合起来就是——

生： 11。

（师显示翻折卡片9+1+1，并板书）

师： 像刚才这样思考，你能来把9+5变成10加几吗？

生： 我是把5给9一个1。

师： 5就分成1和4。得数就是？

生： 9+5=14。

师： 最后一道，请大家来看，你知道徐老师想算9加几吗？

（师出示9+1+8）

生： 9加9。

师： 对不对呢？我只看到一个9，还有一个9在哪？

生： 1和8合起来就是9。

师： 是啊！我们会算9+1+8，就会算9+9。那9+9就是多少？

生（齐）： 18。

师： 同学们，9加几的计算题我们一下算了这么多，你能把这些题一起来读一读吗？

（生轻轻地齐读）

师： 在刚才读和观察的过程中，你有没有发现9加几的算式与得数有没有什么特别的地方？有没有什么规律？同桌先互相说说看。

（同桌间互相说）

师： 算式中左边9加的是2，右边得数的个位就变成了几？

生： 1。（师用红笔描写）

师： 第二题左边9加的是3，右边得数的个位就变成了几？

生： 2。（师用红笔描写）

师：也就是说得数的个位总是比前面要少1个。为什么会少1个？这个1跑到哪儿去了呢？

生：跑到9里面去了。

师：是呀！1给了9就变成几啦？

生：10。

师：9+2就变成10+1，9+3就变成10+2。

师：接下来徐老师想请大家再读一读。先听听徐老师怎么读，把9加的这个数和得数个位上的数都读得响一点。比如9+2=11（2和1读得重一点），9+3=12（3和2读得重一点）。咱们来试试。

（生齐读）

师：大家注意到没有，得数除了个位上少了1个，得数的十位大家看看，你发现了什么？

生：十位都是1。

师：也就是9加这些数就变成了十几了。老师现在想把这些算式变成一道算式。

（师贴出9+□=1□）

师：假如左边方框里填4，那么右边方框里就填几？

生：3。

师：左边填7，那么右边就填——

生：6。

师：下面徐老师来出题，请大家来算。左边填5，得数是多少？

生：14。

师：左边填8。

生：17。

师：接下来请同桌同学互相出题算一算。

（生互相出题算）

师：9加几的计算我们基本上学会了，小朋友们能记住这些算式和得数吗？每个人自己读一遍，读的时候可以像刚才这样有的读得重一点，边读边记，过会儿我们来比一比，看谁会算这些加法了。

（生自由读和算）

四、总结全课，内化新知

师： 大家看，小蚂蚁呀也想和大家来算一算，谁愿意来扮演小蚂蚁？

（指名一生戴上蚂蚁头饰）

师： 小蚂蚁要动脑筋出题，下面的小朋友也要动脑筋计算。我们来看一看，小蚂蚁手里拿的是——

生： 9+。

师： 把这个加号移到哪个数上，就表示9加这个数。小蚂蚁移到哪，我们就算到哪，好不好？

（台上学生移动卡片）

师： 9+5等于几？

生： 14。

（接着依次是9+2，9+4，9+6，9+0，9+1，9+8，9+3，9+7，9+9，9+10）

（生抢答）

师： 大家算得都不错，我们来出一道题考考小蚂蚁怎么样？

师： 如果把得数说出来，你能把卡片上的加号移到那个数字上面来吗？比如得数是18，把加号移到哪个数上面？

（生移动卡片，互动交流）

师： 最后，我们一起动手，把今天学的9加几的算式都写出来吧。大家把书翻开，看89页最下面第5题，把得数填到方框里。

（生独立填写）

师： 下课回家之后，把9加几的算式说熟练了，明天说给老师听，同学之间也可以互相比一比谁算得好。今天这节课我们就学到这里，下课。

"9加几"教学反思

"9加几"是学生初次学习进位加法，因此，如何帮助学生完成认知上的飞跃，是本课主要思考的问题。本课在教学中主要体现了以下几个特点。

1. 创设活动情境，引发学习热情

课始让学生说出小动物最喜欢吃什么，自然引出小猴数桃的方法，课中学生操作小棒以及圈画花朵和小棒，课尾小蚂蚁搬木块、用卡片计算等活动情境的创设，符合一年级学生的年龄特征，能较好地引发学生的学习情感和探索欲望，有利于学生在熟悉的情景中开展数学活动，在有趣的活动中学习数学。

2. 开放学习过程，体会算法优化

"算法多样化"是《义务教育数学课程标准》倡导的数学计算教学新理念，它打破原来的计算教学模式（教师教给方法，学生模仿计算，练习巩固强化），使计算教学更符合学生的实际，更符合学生的个体探索，使每个学生"学到自己需要的数学"。在学习9加几之前，改变以往复习引入的传统方式，避免给学生造成思维定势，而是直接呈现数学问题，为接下来学生探索新知提供了更为广阔的思维空间。在学习9加几的学习过程中，有的学生通过数一数得到结果，有的学生用"凑十法"思考，有的学生用"平十法"计算，还有的学生用推算的方法找到得数，等等。在学生主动探索、合作交流、体验比较的基础上，老师指出"你喜欢用哪种方法就用哪种方法"，最终达到算法优化，并适当突出"凑十法"，发展学生的学习能力和创新精神。

3. 引导学生自探，总结计算规律

在计算9加几的过程中，教者不断引导学生探索计算规律。从教者的课堂板书，到组织学生操作和圈画，再到用卡片进行对应计算，以及最后的观察和比较，引导学生逐步发现9加几的加法的计算规律，提升学生的思维水平。当然，由于一年级学生思维的具体形象性的特点，教者也没有过高的归纳和概括要求，而是让学生在具体情景中经历、体验和探索，逐步感受9加几的进位加法的内在

规律。

4. 联系生活实际,培养应用意识

数学知识来源于生活,又应用于生活。教学中,在学生学会必要的知识技能后,让学生及时解决生活中的数学问题。如通过帮小猴算方块个数、帮蚂蚁搬木块等例子,让学生体会数学与人类社会的密切联系,了解数学的价值,培养应用意识,增进对数学的理解和学好数学的信心。

总之,本课教学力图体现"以学生发展为本"的教学理念,充分发挥学生的主体作用,使学生在活动中学数学,在活动中得到充分发展。

"9加几"教学点评

综观全课,教者始终以"无痕教育"的思想贯穿教学过程,以情境暗示、启发谈话、引导操作、比较辨析、交流碰撞、递进练习等教学策略,让孩子在自悟自觉中走出困惑和无助的状态,在不知不觉中获取真知,其无痕教育的效果是明显的。

1. 采用"软设计"教学,成就学生精彩

当下课堂教学,以教师为中心的权力主义、命令作风和"话语霸权"等弊端还依然存在着,"呈现——灌输——接受"的传统模式没有完全打破,教师心里只装着教案,没有装着学生,他们对学生的即兴发挥和当堂"灵感"无动于衷、置之不理,与此对应,学生的主体地位不能得到真正确立,探究精神得不到鼓励与强化,于是学生学习的自信逐步下降,学习的主动性、生动性、思维的火花又从何而来?课堂的"精彩"又从何而来?

因此,课堂教学亟须创设以学生为主体、以学情为依据、以相机诱导为手段的"软设计"!

在课堂教学中,有着"硬"和"软"的不同设计。那些必须达成的教学目

标，必须实行的教学步骤，必须完成的课堂训练，是带有刚性的"硬设计"。如果这些部分没有完成，直接关系到一堂课的基本教学任务的实现。但是，在达成这些基本目标以及完成这些基本任务的途径、方法、过程、手段则应当根据具体的学情，灵活应变，现场处理，具有很强的伸缩性和可塑性。这些部分的教学设计，应当是具有高度弹性的"软设计"，需要有教师的渊博知识、精深修养和丰富经验来临场处置、即兴挥洒。

拿本节课来说，如果把教学设计与教学实录比较一下，细心的老师会发现，两者还是有诸多区别的。比如，在例题"9+4"的教学中，教学设计中预设学生可能的算法有三种，分别是：①数数法：9，10，11，12，13（也可能学生从1开始数，数到13）；②凑十法：9+1=10，10+3=13（或6+4=10，10+3=13）；③假设法：10+4=14，14-1=13。但是，在实际教学中，孩子们并没有说到第三种算法，即"假设法"的算法，课堂上，老师不露声色，自然而然，顺势而为，顺着学生的思路一路进行下去……而不是"硬"要根据自己的教学设计来进行教学，充分体现"不露痕迹的教育是最有效的教育"的教学思想。

2. 引导"递进式"操练，积淀活动经验

杜威在论述"什么是教育"时指出："一切教育都是通过个人参与人类的社会意识而进行的。这个过程几乎是在出生时就在无意识中开始了。""由于这种不知不觉的教育，个人便渐渐分享人类曾经积累下来的智慧和道德的财富。"

儿童的数学学习活动也是这样的。在数学学习过程中，数学活动主要有显性的操作活动、隐性的思维活动以及综合的实践活动等。儿童在课堂中的种种"操练"，基本上是上述几种活动的融合，是外在操作与内在思维的结合，但是最终积淀的数学活动经验，则是一种默会知识，主要是思维活动经验，主要包括抽象的经验、归纳的经验和演绎的经验等。

本课教学中，孩子们在老师的引导下，进行着各种各样的"递进式操练"，这些操练在"不知不觉中开始""在循序渐进中感悟""在丝丝入扣中掌握"，体现了教者深厚的专业水准与娴熟的教学艺术。

比如，在"温故引新"环节中，教者一改传统复习环节的"9+1+x"的口算练习设计，而让直接口答"10+x"的口算题，让学生在口算时感觉"十分顺畅"，而且"越来越快"，既提高了孩子们操练的"兴奋度"，又为后续打破了"思维定势"（即一定要把 9 凑成 10），同时为新课学习的"算法多样化"巧妙打下伏笔——真是"思路一变天地宽"。

又如，在"新课学习"环节，例题与"试一试"的教学也是递进式的——结合学生的操作和思考，教师辅以结构化的对应性板书，提炼学生的思维过程，帮助学生在数形结合中实现从具体到抽象的转化。这样，就从例题教学"9+4"归纳出一种优化算法，自然过渡到"试一试"和"9+7"，教学归纳成两种优化的算法。其间，教者时时、处处在"暗示""鼓励""推动"孩子们：一定要"随机应变"，一定要"怎样好算怎样算"。

再如，在"复习巩固"环节，"递进式"演练就更加明显了。从"小猴搬方块"和边操作小棒边在小棒图上圈画，到对比诸如"9+1+4"和"9+5"说说"发现了什么"，再到"随机抽动口算卡片快速说得数"和自己写"9+x"的算式，从具体到抽象，从不熟练到熟练，孩子们的算法优化得以"提纯"，计算技能得以"锤炼"。

3. 诱导"共探式"学习，形成算法规律

当今课程改革的目的是努力改变学生的学习方式，其核心是探究学习。探究源于问题，没有问题就没有探究。因此，我们设计的教学，一定要把知识学习融于问题探究之中，让"问题情景"与"问题研究"对孩子们产生强大的吸引力，通过自探、共探、操作、对话、合作与交流，让学生深入其中，享受其中，进而促进学生建构知识经验，实现智情和谐发展。

由于本节课是一节小学低年级的数学课程，所以本节课教者运用的是"共探式"学习方式。在这里，"共探"与"自主"并不矛盾，它们应该是相辅相成的。

学起于思，思源于疑。要想使"共探式"学习取得良好的效果，一定要设计好的"共探问题"。"共探问题"应该是本课知识的重点、难点和疑点的提炼，它可以是事先设计的，也需要动态生成。以这样的"共探问题"为载体，在操作、合作、对话与交流中，重视学生学习行为评价的即时性与多元化，这样才能取得最佳的教学效果。

本课教学中，在"复习铺垫"环节，教者通过"你怎么算得这么快"，通

过这一问题，让孩子们一下子感悟到"'10+几'就是'十几'"。在"学习新知"环节，教者先通过"得数13你是怎样得到的？能具体把你思考的过程说给大家听听吗？"让学生展示多样化算法并优化成一种算法，又通过"如果不移动黄花片，怎样移，也能算出得数？"又把"凑十法"进一步拓展、优化成两种算法。在"形成技能"与"总结应用"环节，教者通过"小猴子的聪明表现在哪里""这三道题有什么共同的地方，你发现了什么""要想得数是17（或十几），你想把加号移到哪个数上面？"等问题，让学生充分展现算法多样化与算法优化的探究过程，夯实"9加几"算法的基本策略与算法规律。

可以这样说，整个教学过程中，教者瞻前顾后，优化整合各类教学资源，让所学习的知识横成块、竖成线。整个教学过程自学与共学互补，自探与共探同振，学生始终处于深度学习与深度探究状态，很好地完成教学目标。

总之，教者通过"软设计"教学、"递进式"操练、"共探式"学习，"无痕教育"的教学策略在这里得以充分运用，"无痕教育"的核心思想在这里得以淋漓发挥。

（点评：全国科研型教师 江苏省苏州工业园区莲花学校 缪建平）

课例2
"两位数加整十数和一位数"教学案例

"两位数加整十数和一位数"教学设计

教学内容

义务教育数学教科书（苏教版）一年级下册第44~45页。

义务教育数学教科书（人教版）一年级下册第62~63页。

教材简析

本课的学习内容是两位数加整十数（和不满100）、两位数加一位数（不进位）的口算。因为口算一般从高位算起，所以教材首先安排两位数加整十数，接着安排两位数加一位数。两位数加整十数的基础是整十数加整十数及整十数加一位数；两位数加一位数的基础是10以内的加法及整十数加一位数。学好这部分内容将为两位数加一位（进位）的口算和两位数加两位数的笔算打基础。

例题通过分别求大客车和中客车、大客车和小汽车一共有多少个座位这两个实际问题，使学生从心理上喜欢接受这些计算并迅速进入思考算法的状态。在学生自主探索之后，教材安排了三种层次的算法：一是借助小棒操作进行计算，二是借助计数器拨珠进行计算，三是运用数的组成进行计算。为了帮助学生理解算理并掌握算法，教材还安排了两位数加整十数与两位数加一位数的比较，渗透个位上的数与个位上的数相加、十位上的数与十位上的数相加的思想。

"想想做做"第1~3题分三个层次进行安排：第1题用计数器拨一拨并说出结果，把直观操作与抽象思维结合起来理解算理；第2题让学生在对比中体会两位数加整十数与两位数加一位数的不同点，巩固算法；第3题应用新学知识解决实际问题，培养应用意识。

教学目标

1. 使学生经历探索两位数加整十数和一位数（不进位）算法的过程，理解几个十和几个十相加、几个一和几个一相加的道理，能正确口算不进位的两位数加整十数、一位数。

2. 使学生在探索算法的过程中，培养初步的分析和比较能力，发展数学思维。

3. 使学生在有效的数学活动中获得成功体验，培养学习数学的兴趣和合作交流意识。

教学准备

师生准备10捆小棒、计数器。师准备卡片、多媒体设备等。

教学过程

一、复习铺垫

1. 口算

40+30=   20+50=   40+50=   20+60=   50+30=

70+5=   40+8=   6+90=   7+50=   80+4=

2. 口答（如下图所示）

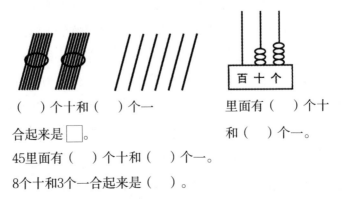

（　）个十和（　）个一合起来是 □ 。

里面有（　）个十和（　）个一。

45里面有（　）个十和（　）个一。

8个十和3个一合起来是（　）。

心理学思考

　　作为非起始知识的两位数加整十数和一位数的计算,其生长点主要有两个:一是学生已经学过的整十数加整十数和整十数加一位数,二是两位数的组成。教者设计了针对性很强的复习题,再现并激活学生原有认知结构中的相关旧知,使接下来的新知学习源于学生的数学现实,从而产生有效的正迁移。

二、学习新课

1. 谈话

　　春天到了,同学们准备出去春游,想了解几种汽车的座位情况,这几种车你认识吗?

　　(出示45座大客车、30座中客车和3座小轿车的图片)

　　2. 学习两位数加整十数

　　师:大客车(图)和中客车(图)一共有多少座? 用什么方法计算? (45+30)

　　你想怎样来计算45+30呢? 你能和同桌说说怎样算吗?

　　(学生自主探索、交流讨论)

　　让学生汇报展示小棒操作和计数器拨珠过程,教师点评和强化。

　　小棒(指名在黑板上操作):4捆和3捆合起来是7捆,也就是先算40加30是70,7个十和5个一合起来是75,如下图左所示。

　　计数器(指名操作演示):十位上原来有4个珠,再拨上3个珠是7个珠,也就是先算40加30是70,7个十和5个一合起来是75,如下图右所示。

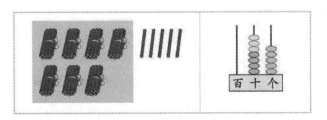

师： 如果没有小棒和计数器，该怎样来算呢？

引导学生先算40加30得70，再算70加5得75。

（板书：45+30=75）

3. 练一练

看图说说算算（如下图所示，先出现图让学生叙说计算过程，再动画演示计算方法，然后隐去图让学生叙说方法）。

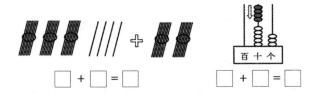

⬜ + ⬜ = ⬜　　　　⬜ + ⬜ = ⬜

心理学思考

　　例题的引入，教者没有拘泥于情境本身，没有所谓的让学生提出各种不同的问题从中选择新知，而是抓住三种汽车座位数的多少，直接提出问题，很快地让学生进入到思考两位数加整十数（45+30）的阶段。在学生自主探索时，教者有序地引导学生进行小棒操作、计数器演示和抽象叙述，通过这三种由具体形象到抽象思维的循序渐进把计算的思考过程展示出来。在展示过程中教者紧紧围绕"先算40加30得70，再算70加5得75"的算理，并通过"练一练"为学生搭建了直观算理到抽象算法的过渡过程：小棒和计数器图→移动小棒和算珠→隐去直观图→看算式说过程。

4. 学习两位数加一位数

师： 大客车（图）和小轿车（图）一共有多少座？怎样列式？（45+3）

你想怎样算呢?

(让学生选择操作小棒或拨计数器或直接思考的方法探索算法并交流)

学生汇报时用电脑演示的方法随机进行对应展示过程,如下图所示。

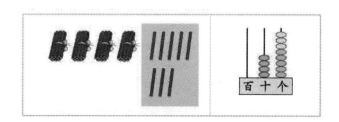

让学生脱离直观并说出思考方法。

(板书:45+3=48)

5. 练一练

看图说说算算(如下图所示,先出现图让学生叙说,再对应演示并隐去图让学生叙说)。

□ + □ = □   □ + □ = □

心理学思考

　　学生经历了45+30的算理理解和算法探寻,再来学习45+3,已经具备了相应的迁移条件。教者放手让学生自主探索,有学生选择操作小棒,也有学生选择拨计数器,还有学生脱离了直观操作,在头脑中运用符号和逻辑进行思考和计算,学生都体验了探索成功的快乐。通过学生分别运用数学语言叙述计算过程,再次让所有学生经历具体操作→形象思维→抽象计算的思维发展过程。相应的"练一练"继续发挥数形结合的优势,促使学生对两位数加一位数的算理和算法进行有效内化。

6. 比较归纳

师：计算45+30和45+3有什么不同？

（结合板书进行比较，渗透几十和几十相加，几个和几个相加）

心理学思考

　　　一年级学生的思维水平尚处于"具体运算阶段"，归纳比较和抽象概括能力还没有形成。教者结合刚才例题的教学，让学生比较45+30和45+3的不同点，联系小棒操作和计数器运演中建立起来的动态表象，进一步提炼学生的思维水平，逐步感受"几十和几十相加，几个和几个相加"的计算方法。

三、巩固练习

1. 基本练习

（1）拨珠计算（"想想做做"第1题，先拨珠再汇报）。

26+20=　　　　　50+34=

26+2=　　　　　5+34=

（2）画画算算（练习纸，如下图所示）。

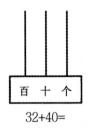
32+40=

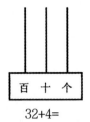
32+4=

（3）算算比比（"想想做做"第2题，先填书再汇报并对比）。

41+50=　　　　53+40=　　　　20+67=

41+5=　　　　53+4=　　　　2+67=

2. 提高练习

（1）推木块游戏（看图抢答并归纳方法，如下图所示）。

（2）跳伞游戏（指名口答，其余学生评价，如下图所示）。

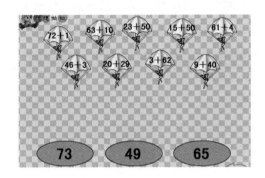

（3）解决问题（"想想做做"第3题，补充一筐西瓜有5个，让学生提问并计算，如下图所示）。

学生可能提的问题有：

苹果和梨一共有多少个？

苹果和西瓜一共有多少个？

梨和西瓜一共有多少个？

三种水果一共有多少个？

3. 拓展练习（在方框里可以怎样填？结合学生的回答用电脑随机输入）

6□+□=68　　　　□6+□0=86

心理学思考

　　学生计算技能的形成需要足够量的练习。学生练习的过程不应是机械训练的过程，而应该是学生主动参与的过程。教者设计了丰富多样、层次清晰的巩固练习，由浅入深，由具体到抽象，由基本练习到提高练习再到拓展练习，学生在练习中不断深化对算理的理解，在练习中逐步获得简约化的算法，同时适当结合具体生活情境，运用所学知识解决简单实际问题，培养学生的应用意识。

　　四、总结延伸（略）

"两位数加整十数和一位数"教学实录

教学过程

一、复习铺垫

　　师： 小朋友们好，很高兴和大家一起学习数学。徐老师知道大家都是计算小能手，那我们就先来做几道口算题，看谁算得好。请看屏幕，第一题谁来——

　　生： 70。

　　师： 请把题目说完整。

　　生： 40+30=70。

　　师： 大家同意吗？

　　生（齐）： 同意。

　　师： 说说你是怎么算出得数70的？

　　生： 40加30就是4个十加3个十，就是70。

　　师： 说得真好！第二题——

生：20加50，是2个十加5个十，合起来是7个十，就是70。

师：谁来第三题？

生：40加50，是4个十加5个十，合起来就是90。

师：我们请所有的男生一起口答第四题——

男生（齐）：20+60=80。

师：女生一起口答第五题——

女生（齐）：50+30=80。

师：刚才我们一起口算了几道整十数加整十数的计算题，大家都做得很好。我们继续口算。谁来这一题——

生：70+5=75。

师：说说你是怎么算的？

生：7个十和5个一合起来就是75。

师：你说得很棒！第二题——

生：40+8=48，我是这样想的，4个十和8个一合起来就是48。

师：说得真完整。大家表扬他（掌声）。下一题——

生：6+90=96，6个一和9个十合起来就是96。

师：真不错，下面大家一起来直接报得数。

生：7+50=57

师：这一题呢？

生：80+4=84。

师：刚才我们又做了几道几十加几的口算，大家口算能力真强。不过，下面的题目需要考一考大家的眼力，看看小朋友能不能看图填空。我们先来看这一题（出示图片）——你看到了什么？

生（齐）：小棒。

师：谁能说得仔细些。

生：我看到了2捆和6根小棒。

师：那一共是多少根小棒呢？

生（齐）：26根。

师：你们的眼力真好，那你们能把括号里的数字填出来吗？

（出示填空题）

生：2个十和6个一合起来是26。

师：（出示计数器）小朋友们认识这个工具吧？

生（齐）：计数器。

师：你看到了什么？

生：我看到了34。

师：你是怎么看到的？

生：计数器十位上有3个珠子，个位上有4个珠子，所以就是34。

师：说得很好，那谁能看图填一填呢？（出示填空题）

生：34里面有3个十和4个一。

师：你们的眼力真不错，那现在没有图片了。谁能直接来填一填？

生：45里面有4个十和5个一。

师：下一道——

生：8个十和3个一合起来是83。

师：小朋友们真厉害，看来两位数的分与合大家也掌握得不错。

二、新课学习

师：春天到了，同学们准备出去春游，要去景点看一看，就需要坐——

生（齐）：汽车。

师：看来小朋友们都有经验呀。那屏幕上的几种车你们认识吗？

（三种汽车一一呈现）

生：我认识大客车。

师：这是多少座的大客车呀？

生：45座的大客车。

师：这辆呢？

生：30座的中客车。

师：还有一辆呢？

生：3座的小轿车。

师：那现在要想知道大客车和中客车一共有多少个座位？要用什么方法计算？

生（齐）：加法。

师：谁能来列个算式呢？

生：45加30。

师：有不同的列法吗？

生：30加45。

师：两道算式都表示把两种车的座位合在一起，都是正确的，我们就选择其中一道45加30吧。

（板书算式：45+30＝ ）

师：45加30等于多少呢？你想怎样来计算呢？大家可以利用手中的小棒和计数器来摆一摆、拨一拨，再想一想。

（生独立思考、自主探索）

师：现在知道结果的请举手。（学生基本上都举手了）那先请大家同桌之间互相说一说，你是怎么样算出结果的？

（同桌交流、讨论）

师：我们一起来交流一下。谁用小棒算出结果的？谁来说说你是怎么摆的？先摆了什么，又摆了什么。

生：我是先摆出了4捆小棒和5根小棒。

师：那就是多少根小棒？

生：45根。

师：很好，那接下来呢？

生：我又摆出了3捆小棒。

师：然后呢？

生：现在一共就是75根小棒了。

师：你是怎么看出来是75根小棒的呢？

生：因为原来有4捆小棒，现在又有了3捆小棒，所以一共有了70根小棒，再加上这边的5根小棒，一共就是75根小棒了。

师：你的意思就是原来有4捆和5根小棒（手指小棒示意），现在又摆了3捆小棒（移动后摆出的3捆，放到原来4捆小棒的下面），4捆加上3捆就是7捆，也就是——

生（齐）：70。

师：那也就是先算几十加几十？

生：40加30。

师：40加30是70，7个十再加上原来的5个一就是75。

（板书得数）

师：谁能用计数器来拨一拨？

生：我先在计数器拨出一个45。

师：你是怎么拨的？

生：在十位上拨出4个珠子，在个位上拨了5个珠子。

师：接下来怎么拨？

生：我再在十位上拨上3个珠子。

师：为什么要在十位上拨上3个珠子呢？

生：因为是加上30，在十位上拨上3个珠子就是加上30。

师：那现在结果是多少？

生：75。

师：你是怎么看出来的？

生：十位上有7个珠子是70，再加上个位上的5就是75。

师：刚才我们在拨珠的时候，先拨出了45，然后是在十位上拨入了几个珠子？

生（齐）：3个。

师：那就是相当于先算什么？

生：40加30。

师：是的，40加30是70，70再加5就是75。

师：刚才我们是利用小棒或者计数器，摆一摆，拨一拨，算出了45+30=75。那现在如果没有小棒，也没有计数器，你能在头脑中想一想，算出45+30的结果吗？

生：40加30等于70，70加5等于75。

师：和他想法一样的小朋友请举手。

（大部分都举手了）

师：很好，徐老师也是这么想的。不过哪来的40呢？

生：45里面有4个十和5个一。

师：哦，也就是我们先把45分成——

生（齐）：40和5。

（师跟着生声音板书）

师：在计算时，我们是先算——

生（齐）：40加30等于70。

（板书：先算40+30=70）

师：再算——

生（齐）：70加5等于75。

（板书：70+5=75）

师：谁能对照板书完整地说一说刚才我们是怎么计算45加30的？

生：45里有4个十和5个一。先算40+30=70，再算70+5=75。

（师结合板书，用手势示意计算过程）

师：小朋友们真厉害！下面我们来练一练。看图说说算算。

（出示小棒图）

生：34加20等于54。

师：你是怎么算的？先算什么，再算什么？

生：我是先30加20等于50，再算50加4等于54。

师（出示计数器图）：这一题呢？

生：53加40等于93。我是先算50加40等于90，再算90加3等于93。

师：说得真完整！大家给他掌声。

师：刚才我们知道了大客车和中客车一共有75个座位。那你们知道大客车和小轿车一共有多少个座位吗？（出示情境图）怎么列式？

生：45加3。（板书算式：45+3=）

师：那你们想怎样算呢？大家可以选择操作小棒，可以拨计数器，也可以在头脑中思考出计算过程。

（生独立思考、操作）

师：下面我们一起来交流一下。谁先来说一说？

生：我是用摆小棒的方法。先摆出4捆和5根小棒，再摆出3根小棒。5根小棒加3根小棒是8根小棒。4捆是40，再加上8根就是48根小棒。

师：你是先把谁和谁合在一起的？也就是先算什么？

生：我是先把5根小棒和3根小棒合在一起的，就是先算5加3等于8，再算40加8等于48。

师：很好！有没有不是用小棒的？

生：我是用计数器拨的。我先在计数器上拨出45，十位拨4个珠子，个位拨5个珠子。然后再在个位上拨入3个珠子。合在一起就是48。

师：个位上再拨入3个珠子，就是先算什么？

生：5加3。

师：算好5加3等于8后，我们再算——

生（齐）：40加8。

师：有没有直接在脑子里想出来的？请举手（大部分都举手）。谁来说一说？

生：45分成40和5。先算5加3等于8。

（师跟着板书：先算5+3=8）

生：再算40加8等于48。

（师跟着板书：再算40+8=48）

师：下面我们再来练一练。看图说说算算。（出示小棒图）

生：34+2=36。

师：你是怎么算的？

生：我是先算4+2=6，再算30+6=36。

师：下一题谁会？

生：53+3=56。我是先算3+3=6，再算50+6=56。

师：说得真好！我们一起来看黑板。刚才我们一起计算了45+30和45+3（手势指向板书），大家仔细观察板书，你们觉得它们计算时有什么不同？

生：结果不同，一个是75，一个是48。

师：是的。它们计算过程一样吗？

生：45+30是先算十位上的数，先算40+30=70。而计算45+3时是先算个位上的数，先算5+3=8。

师：你观察得很仔细。那为什么计算45+30要先算40+30，而计算45+3要先算5+3呢？

生：因为第一道加的是30，第二道加的是3。

师：第一道计算是两位数加什么数？

生（齐）：整十数。

（师跟着板书：两位数加整十数）

师：而第二道是两位数加什么数？

生（齐）：一位数。

（师跟着完善板书：两位数加整十数和一位数）

师：计算两位数加整十数时，先要算什么？

生：先要计算十位，几十和几十相加。

师：计算两位数加一位数时，先要算什么？

生：先要计算个位，几个和几个相加。

师：这就是我们今天要学习的新知识"两位数加整十数和一位数"。

三、巩固练习

师：下面我们一起来比一比谁学得好。先进行拨珠计算。第一题谁来汇报？

生：先在计数器上拨出26，然后再在十位上拨入2个珠子，结果是46。

师：也就是先算什么再算什么？

生：也算20+20=40，再算40+6=46。

师：接着拨珠计算26+2。

生：还是先拨出26，然后在个位上拨入2。也就是先算6+2=8，再算20+8=28。

师：那你觉得有什么需要提醒大家的？

生（思考片刻）：我觉得这个2要注意，第一道是在十位上拨入2个珠子，而第二道是在个位上拨入2个珠子。

师：提醒得非常好！我们用掌声谢谢他。

（指名一学生，师生互动拨珠）

师：你来说一说你的计算过程吧。

生1：50+34=84。先算50+30=80，再算80+4=84。

生2：5+34=39。先算5+4=9，再算30+9=39。

师：很好！下面我们不拨珠了，请拿出练习纸，我们来画画算算。

（生在练习纸上画珠计算）

师：谁来展示一下，说说你的算法。

生：计算32+40时，我是先在计数器十位上画上3个珠子，个位上画上2个珠子。然后再在十位上画上4个珠子。结果是72。

师：那也就是先算什么？再算什么？

生：先算30+40=70，再算70+2=72。

师：32+4呢？

生：我是先算2+4=6，再算30+6=36。

师：下面我们再来算算比比，请大家先在练习本上算出结果，再比一比，有什么不同。

生1：41+50=91，41+5=46。一个是加整十数，一个是加一位数。

生2：53+40=93，53+4=57。它们也是一个加整十数，一个加一位数。

生3：20+67=87，2+67=69。它们一个是整十数加两位数，一个是一位数加两位数。

师：是的，你们观察得很仔细！在进行两位数加法口算时，一定要看清加的是整十数，还是加的一位数。加的是整十数，那就要先算几十加几十。如果加的是一位数，那就要先算几加几。

师：接下来我们轻松一下，先来做个推木块的游戏。你瞧，小松鼠来了。它还给我们带来一些口算题呢。我来找两个小朋友，一个做木块上面的口算题，一个做下面的口算题。

生1：27+2=29；16+2=18；25+2=27；34+2=36；63+2=65；42+2=44；51+2=53。

生2：27+20=47；16+20=36；25+20=45；34+20=54；63+20=83；42+20=62；51+20=71。

师：你俩怎么算得那么快？

生1：我算的都是加2，只要用2和它们个位上的数先加起来，十位上原来的数不变。

师：举个例子。

生：比如计算27+2，我先算7+2=9，然后20+9=29。

师：你呢——

生2：我算的都是加20，只要先把十位上的数加起来，个位上原来的数不变。比如计算27+20，我先算20+20=40，再算40+7=47。

师：下面我们再来做个跳伞的游戏。游戏规则是只有计算对了，这些小伞兵们才能安全着陆。

（生口答过程略）

师：下面我们去水果园里看看。这是一筐什么水果？

生：苹果。

师：有多少个呢？

生：40个。

师：这是一筐什么水果，有多少个？

生：梨，34个。

师：这一筐呢？

生：5个西瓜。

师：谁能根据这3筐水果，提出一些加法问题呢？

生：苹果和梨一共有多少个？

师：谁能口算出来？

生：40+34=74。

生：苹果和西瓜一共有多少个？

师：谁会？

生：40+5=45。

师：还有问题吗？

生：梨和西瓜一共有多少个？

生：34+5=39。

师：那三种水果一共有多少个呢？

生：79个。

师：你是怎么算的？

生：40+34=74，74+5=79。

师：厉害！有没有不同算法的？

生：34+5=39，39+40=79。

师：非常好！掌声表扬这两位同学。最后我们再来动动脑筋，想想可以怎么填方框里的数？

（生口答略）

师：刚才方框里的数不是唯一的，有好几种答案。但它们也是有规律的，在第一题中，你发现了什么？

生：方框里的两个数都在个位上，它们加起来一定是8个一。

师：第二题呢？

生：方框里的两个数都在十位上，它们加起来一定是8个十。

四、总结延伸

师：想一想，我们今天在这节课上学习了什么内容（对照板书回顾一下）。

师：猜猜今后我们还会学习有关两位数的哪些知识？

生1：还要学习两位数加两位数。

生2：还要学习两位数减整十数和一位数。

师：是的，学好今天的知识就能为今后学习打下良好的基础。今天这节课我们就学到这里，下课。

"两位数加整十数和一位数"的教学反思

本节课是一节平常的计算课。如何在平常的计算课中让学生快乐而有效地学习？如何在平常的计算课中让学生的思维获得发展？通过这节课的教学，本人有如下三点体会。

1. 适当的复习铺垫是有效学习的前提

一段时间以来，创设情境似乎成了课堂教学开头的必然环节。确实，创设有效的数学情境能激发学生的学习兴趣，并为学生提供良好的学习环境。但是，这并不意味着传统教学中的复习铺垫就并不需要了。因为，从数学发展的动力来源来看，数学有两个方面来源：一是来自数学外部现实社会的发展需要；二是来自数学内部的矛盾，即数学本身发展的需要。其实，复习铺垫的主要目的，一方面是为了通过再现或再认等方式激活学生头脑中已有的相关旧知，另一方面是为新知学习分散难点。本课的新知是两位数加整十数和一位数（不进位），学生的原有认知结构中存在着相关旧知，通过适当的复习和铺垫，能够发挥这些已有旧知的支撑作用，促进新知的生长，这也体现了教学要符合学生的数学现实的基本原则。

2. 合理的学习层次是思维发展的脉络

数学是一门讲求逻辑和层次的学科，在学习过程中采用合理的层次，能让学生循序渐进，逐步理解算理和掌握算法，并在不同层次的学习中发展思维能力。在复习铺垫的设计上，就开始体现了丰富的层次：整十数加整十数→整十数加一位数；看小棒图说数的组成→看计数器图说数的组成→直接说数的组成。在例题学习的过程中再次细化了学习发展的层次，从学习流程上看：创设情境、列出算式→自主探索、交流想法→演示算理、初建算法→专项练习、内化方法→比较归纳、掌握算法。从学习方式上看：从小棒操作→计数器拨珠→抽象计算，从具体操作→看图叙说→直接计算。再从巩固练习的层次来看，从基本练习→提高练习→拓展练习。由于教学设计时就为学生预设了学习的层次性要求，在课堂学习时大多学生都能循着感知→理解→掌握→应用的心理规律开展学习，学生的思维

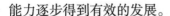

能力逐步得到有效的发展。

3. 多样的练习形式是内化提高的路径

教育心理学认为，计算是一种智力操作技能，而知识转化为技能是需要过程的，计算技能的形成具有自身独特的规律。学生计算技能的形成一般要经历四个阶段，即认知阶段、分解阶段、组合阶段和自动化阶段。认知阶段主要是让学生理解算理、明确方法，这比较容易做到，而后面三个阶段常常被老师们忽视。一般说来，复杂的计算技能总是可以分解为单一技能，对分解的单一技能进行训练并逐渐组合，才能形成复合性技能，再通过综合训练就可以达到自动化阶段。诚然，过去计算教学中单调、机械的模仿和大量重复性的过度训练是要不得的，但是，在计算教学时只注重算理理解和解决实际问题，对计算技能形成的过程如蜻蜓点水一带而过，也是不利于培养学生的计算能力的。特别需要指出的是，在学生初步理解算理以及明确算法后，不必马上去解决实际问题，因为这时正是计算技能形成的关键阶段，应该根据计算技能形成的规律，及时组织练习。本课的练习设计内容丰富、形式多样，既有基本练习，又有提高练习，还设计了拓展练习。具体地说，可以先针对重点、难点进行专项和对比练习，再根据学生的实际体验，适时缩减中间过程，进行归类和变式练习，最后让学生面对实际问题，掌握相应策略。

"两位数加整十数和一位数"教学点评

在影视作品拍摄中，有个手法叫"一镜到底"，就是指拍摄中没有cut情况，一次性将作品拍摄完成。每每走进特级教师徐斌老师的现场课堂，我总会想到这个词。"一镜到底"的背后不仅有高超的技术支持，对内容的深刻理解，更需有对场境的体悟把握与自由发挥。徐老师的课堂也是如此，行云流水，丝丝入扣，浑然天成。他的课堂是有魔力的，不光学生喜欢，一线的老师更是喜欢，用他的话说就是让学生在"不知不觉中开始，不露痕迹中理解，潜移默化中掌握，春风化雨中提升"。我们常常折服于他课堂的真实厚重、自然灵动。"两位数加整十数和一位数（不进位）"这节课紧扣教学目标，借助观察、操作、比较、归纳等数学活动，引导学生通过独立思考、讨论交流等学习方式，较好掌握两位数加整十数和一位数（不进位）的计算方法，形成计算技能，达成算理理解，提升数学思想，再次让我们感受到无痕教育思想的魅力。纵观这节课，之所以能达成教育无痕的境界，其背后的教学心理学思考、对数学知识的本质把握、对学生学习经验方法的运用等方面都值得我们深思。现简谈三点学习体会。

1. 数学活动体现板块的整体设计

苏联数学家斯托利亚尔曾在所著《数学教育学》一书中强调：数学教学就是数学思维活动的教学。在徐老师的这节课上，特别注重对数学活动的板块设计，也正是板块清晰、层次分明、问题明确、主旨突出，才达成课堂学习的顺畅有序。

不难看出，本节课主要有三大板块。第一板块是"复习铺垫"。找准学生学习的起点，复习整十数加整十数与整十数加一位数的口算，通过看小棒图与计数器图回顾两位数的分与合。这些都是学习新知的脚手架，为新知的自主探究奠定基础。第二板块是"新知学习"。在这个板块中，层次非常明确，先是学习两位数加整十数，再学习两位数加一位数，在此基础上引导学生观察比较，总结出"两位数加整十数和一位数"的计算方法。第三板块主要是"巩固练习"。正如徐斌老师所说"多样的练习形式是内化提高的路径"。本课的练习设计内容丰富、形式多样，既有基本练习，又有提高练习，还设计了拓展练习；既有夯实基础的习题，也有生动有趣的游戏；既有对比辨析，也有互动开放。充分体现了计算过程的生动与丰富，给课堂增加一抹亮丽景致。

2. 知识构建基于经验的有效迁移

迁移是指一种学习对另一种学习的影响，或习得的经验对完成其他活动的影响。课堂里的学生不是一张白纸，他们会带有自己独特的学习经验与思维方式。学生是教学的对象，更是学习的主体。教师在组织教学时要尽可能把握所教学生的现实认知经验，并基于这一经验引导他们开展学习活动。在我看来，徐斌老师的无痕课堂在很大程度上是抓住了经验的有效迁移，让学生能举一反三，自获新知。

首先，找准起点让学生能迁移。本节课是学生学习了两位数的组成以及整十数加整十数与整十数加一位数的基础上展开教学的。对学生而言，本节课最大的难点就是如何理解算理，发展其数学思考。针对这一问题，徐老师首先对旧知进行了回顾，即复习铺垫。先让学生口算整十数加整十数和一位数，并再次利用直观的小棒图、计数器图让学生直观明确数的算法、算理及分与合。这一做法较好地为接下来的学习迁移奠定了基础。

其次，提供帮助让学生会迁移。当然，在课上徐老师让学生学会迁移也不是一蹴而就的，而是有序引导学生去迁移。先是让学生尝试两位数加整十数的计算，然后是两位数加一位数的计算，最后再进行辨析归纳。在尝试计算两位数加整十数时，徐老师先是引导学生独立思考，然后再让与同桌交流讨论。学生的独立思考是借助摆小棒、拨计数器进行的。这里的小棒与计数器不仅仅是计算的工具，更是思维的外显，理解算理的助推器。在学生学会两位数加整十数后，徐老师更是放手让学生去迁移理解两位数加一位数的计算。最后在对比辨析中真正掌握了算法，理解了算理。

3. 技能形成凸显过程的丰富体验

《义务教育数学课程标准（2011年版）》指出，数学课程内容"不仅包括数学的结果，也包括结果的形成过程和蕴涵的数学思想方法"，因此"课程内容的组织要重视过程，处理好过程与结果的关系"。所以学生的数学学习应当有足够的时间和空间经历观察、实验、猜测、计算、推理等活动过程。不可否认，本节课也是对计算技能的一次掌握，不仅要保证结果算得对，还要注重学生在计算过程中的体验，以便学生积累计算经验，积淀数学思想。从本节课来看，徐老师特别注重过程的丰富体验。

首先，从直观到具体。对一年级小朋友而言，数学计算是枯燥的，对算理的理解更是晦涩的。为增强课堂生动性，在学习方式处理上徐老师突出了从直观到具体。从课始利用小棒图、计数器直观理解数的组成，到课中再次利用小棒和计数器自主探索计算方法等，直观教学方式发挥了重要作用。当然，直观不是目的，是为了更好地形成算法与理解算理。所以徐老师很艺术地在直观的背后，润物无声地让学生不断形成具体思维，从利用学具到脱离学具，从动手到动脑，不断提升学生的思维水平。

其次，从形象到抽象。一年级学生的思维水平尚处于"具体运算阶段"，归纳比较和抽象概括能力还没有形成。所以在教学中，对计算方法的获得是循序渐进，遵循从形象到抽象的过程。教师把抽象的算式变为学生熟悉的小棒与计数器，让学生生动地去摆与拨，在摆与拨动手操作的背后，还有序引发数学思考，让学生用语言去叙述，操作的过程就是思维的过程，就是计算的过程，就是算法获得的过程，最终抽象为两位数加整十数和一位数的算法理解。

再次，从比较到概括。概括，是重要的思维能力。但小学生的概括能力较弱，所以从比较到概括是必要的经历。波利亚认为，学习任何知识的最佳途径是由自己去发现，因为这种发现理解是最深刻的，也是最容易掌握其中的规律、性质和联系。在自我发现中，"比较"是一项重要的举措。在本节课上，徐老师特别注重引导学生进行比较。如让学生计算45+30时，让学生在直观算法与抽象算法的比较中，感受方法不同的背后其实算法是相近的。在计算45+30和45+3时，让学生比较算式的不同点，逐步概括出"几十和几十相加，几个和几个相加"的计算方法。

（点评：苏州市小学数学学科带头人 江苏省苏州工业园区星澜学校 赵建康）

课例3
"认识乘法"教学案例

 "认识乘法"教学设计

教学内容

义务教育数学教科书（苏教版）二年级上册第20～21页；

义务教育数学教科书（人教版）二年级上册第46～48页。

教材简析

"认识乘法"是义务教育教科书二年级上册的内容。表内乘法是学生学习乘法的开始，它是学习表内除法和多位数乘除法的基础，也是学生系统学习乘法的开始。在这之前，学生已熟练掌握100以内的加法，以及对相同加数的加法现象有了充分的认识，这些认知贮备也为学生开始学习乘法奠定了基础。

本节课教材在编排上注重学生学习的情境创设，让学生感受数学学习与日常生活的联系。本节课分为两个层次：第一，由学生熟悉的游乐场情境提供同数连加的试题，进而引出对乘法运算的介绍，让学生认识乘法运算的意义，初步感受乘法运算的简洁性；第二，沟通求几个相同加数的和与乘法的关系，说明乘法算式各部分的名称。本课教学重点是理解乘法的意义，乘法的意义是学习乘法计算和用乘法解决问题的基础。教材多次将同数连加的算式或实物图与"几个几"进行联系，架构起加法算式与乘法算式之间的桥梁，使学生能将具体的同数连加的算式用更抽象、更概括的"几个几"的方式进行表达，一方面将同数连加的算式改写成乘法算式，另一方面更加突出了乘法意义的本质，使学生更能明确乘法的意义。

046

教学目标

1. 在认识"几个几"的基础上学习乘法的含义，知道乘法算式各部分的名称，会读、写乘法算式。

2. 能初步用乘法观念观察现象，在与加法的比较中体会"求几个几是多少"有时用乘法写比较简便。

3. 培养学生的观察推理能力和学习数学的兴趣及合作意识。

教学准备

师准备课件、实物投影，生准备小棒15根。

教学过程

1. 引入新课

课件出示：动物学校大门，教师带领学生一起到动物学校去参观（画面大门上写着一些加法算式，如下图所示）。

2+3+6	5+5+5	3+7+8
4+4+4+4	9+1+6	2+2+2+2+2

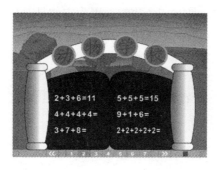

学生自由选择算式并回答这些加法算式的结果。

教师提问：观察这些加法算式中的加数，谁能把这些算式分成两类？

学生到黑板上把算式卡片分成两类，一类是"5+5+5，4+4+4+4，2+2+2+2+2"，每道算式中的加数都是一样的；另一类是"2+3+6，3+7+8，9+1+6"，即每道算式的加数都不一样的。

> 有效的数学学习一定是让学生对学习内容充满了好奇心和求知欲。教师引领学生进入童话般的数学世界，并在其中发现数学规律，形成他们对有几个相同加数相加的特殊加法现象的认知。

2. 认识"几个几"

（1）出示主题图（如下图所示），引导学生观察并提问：看，小动物们正在活动呢！在这块草地上，有几种动物？它们是怎样排列的？

学生回答：有两种动物，鸡和兔。

教师再进一步提问：兔子有几只？鸡呢？你是怎样数的？

预设：学生数兔时，是2个2个数的，因为它们是2只2只地站在一起的；数鸡时，是3个3个数的，因为它们都是3只3只地围在一起的。

教师板书出示：

$$\underbrace{2+2+2}_{3个2}=6 \qquad \underbrace{3+3+3+3}_{4个3}=12$$

对照算式，引导学生数一数各是几个几相加。

教师提问：两个加法算式有什么共同的地方？

学生回答：第一个算式中的加数都是2，第二个算式中的加数都是3。

（2）学生进行学具操作，每位学生拿出圆片摆一摆。

提问：每堆摆2个圆片，摆4堆。摆了几个2？求一共摆了几个圆片，用加法怎样列式？

学生回答并列出算式，是4个2，算式是2+2+2+2=8。

再用圆片进行操作，每堆摆4个圆片，摆2堆。

提问：看一看是摆了几个几？怎样列式求摆了多少个圆片？

学生回答：是2个4，列式是4+4=8。

同学们利用手中的圆片，任意摆出几个几，说给同桌听一听。

（3）教师出示花片图（如下图），并提问：一共摆了多少个花片？你是怎样看图的？怎样列式？是几个几？

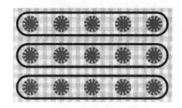

教学中，根据学生的回答，同步出示算式。

预设：学生横着看，每排有5个花片，5+5+5=15，是3个5；竖着看，每排有3个花片，3+3+3+3+3=15，是5个3（如下图所示）。

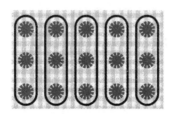

教师现场提问：这两道加法算式的得数相同吗？为什么？

学生回答：得数相同，因为还是这么多花片，没有拿来也没有拿走。

心理学思考

　　儿童的数学思维在指尖上跳跃。让学生对奇妙的数学现象用眼看、用耳听、用手做、用脑想，调动他们多种感官参与数学学习，才能让学生的数学学习有趣、有效、有意义。还对相同的操作过程，进行不同维度的数学分析，充分培养学生的发散思维能力。

3. 认识乘法

（1）出示电脑教室场景图片（如下图所示），教师带领学生去参观动物学校的电脑教室。

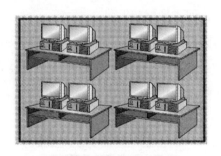

提问：动物学校的电脑教室里一共有多少台电脑呢？你们是怎么知道的？

预设：学生是一个一个数的，一共有8台电脑；是2个2个数的，2、4、6、8，一共有8台电脑；是用加法算的，2+2+2+2=8。

教师板书写出：2+2+2+2=8

揭示：求4个2是多少还可用一种新的运算方法——乘法计算。

板书：乘法。

（2）教师提出自学要求：乘法像我们以前学过的加法和减法一样，也有表示乘法的符号，乘法算式各部分也有自己的名称，请大家看课本后先互相说一说，再说给全班同学听。

学生自学课本，并在全班进行讨论交流。

教师结合学生的汇报交流，形成板书。

$$
\text{或}\quad
\begin{array}{ccccc}
4 & \times & 2 & = & 8 \\
2 & \times & 4 & = & 8 \\
\vdots & \vdots & \vdots & & \vdots \\
\text{乘数} & \text{乘号} & \text{乘数} & & \text{积}
\end{array}
$$

（3）再出示另一间动物学校的电脑教室场景图（8个2），提问：这间电脑教室有多少台电脑呢？是几个几？用加法和乘法你会列式吗？

学生回答：是8个2。加法是：2+2+2+2+2+2+2+2=16，乘法是2×8=16或8×2=16。

课件再将电脑教室里的电脑变成100个2,提问:现在有多少个2?用加法怎样列式?

学生回答:2+2+2+2+2⋯⋯

预设:有的学生渐渐地不说了,有的叫了起来,还有的学生憋住气在继续说,脸涨得通红,终于也停了下来。

引导学生思考:你们感觉求100个2用加法算,算式写起来怎样?

预设学生回答:要写很长时间,要写很长的算式,黑板不够写;太麻烦了;可以用我们刚学的乘法,写成100×2或2×100,快多了!

心理学思考

> 乘法列式是对生活中相同数量相加现象的简捷表达。在学习过程中,教师将相同的数量由少变多,在运用与对比中,学生充分感受到运用乘法,可以更加方便地表示很多相同加数相加的数学现象。不仅深化学生对乘法意义的认识,打通乘法与加法之间的联系,还能深刻感受到数学表达的简约与便捷,从而提升学生的数学学习能力与素养。

4. 练习应用

(1)拍手游戏

先让学生听老师拍手,说出是几个几,并列出乘法算式;再让一名学生拍手,其余同学说一说;最后让同桌游戏。

(2)阅读课本

先指导看跳绳图,如下图所示,再让学生独立列式。

汇报之后讨论：求4个5是多少，列加法算式和列乘法算式相比，哪种写法简便？

（3）"想想做做"第1题

教师提问：1盒钢笔有几支？一共有几个2支？用加法怎样列式？

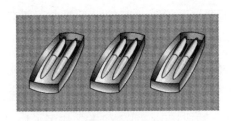

用乘法呢？1束花有几朵？一共有几个5朵？

先用加法列式，再列乘法算式。

学生在书上填写，并进行全班汇报交流。

（4）沟通联系

联系复习引入的算式和新课学习中的主题图，让学生运用所学知识沟通加法与乘法之间的联系。

（5）联系生活

教师提问：在我们的日常生活中经常会碰到这种可以用乘法计算的问题。请大家想一想，并说给大家听一听。

心理学思考

在巩固应用中升华学生对乘法意义的理解。游戏是学生喜闻乐见、乐于参与的数学学习形式，用拍手游戏不仅巩固和运用学生学到的乘法知识，还能把学生的乘法学习与肢体运动结合起来，协同进行数学学习，产生很好的学习效果。课的末尾，还将学生学习到的乘法知识与生活实际相联系，拓展学生的数学视野，提升他们解决问题的实际能力。

"认识乘法"教学实录

教学过程

一、引入新课

师： 小朋友们，今天徐老师想带领大家到动物学校去看看，你们愿意去吗？

生： 愿意。

师： 我们去看看动物学校，来到了动物学校的大门口，大门关着。

生： 是。

师： 原来进入动物学校，还得过大门这一关，把门上的这些加法题算出来才可能进去。这些加法题你会算吗？

生： 会。

师： 每人选一道你喜欢的算吧，谁先来选一道？

（课件出示加法题：2+3+6=　　　4+4+4+4=　　　3+7+8=　　　5+5+5=

9+1+6=　　　2+2+2+2+2=　　　）

生： 2+3+6=11。

师： 对了就点点头，请坐。

生： 4+4+4+4=12。

师： 对吗？有同学在摇头，你能把过程说给大家听听吗？

生： 4+4=8，8+4=12，12+4=16。

师： 没关系，应该等于16。

师： 谁再来选一道题说一说。

生： 3+7+8=18。

生： 2+2+2+2+2=10。

师： 我们一起算一算，2+2=4，4+2=6，6+2=8，8+2=10。

生： 9+1+6=16。

师：最后一道我们一起来算，5+5+5=15，算对了！但门还没开呀，原来在这些算式里面还藏着一个数学秘密呢！这些算式我们不看得数，就看前面这些加数，你觉得哪几条加数比较特殊？先和同桌商量一下。这个秘密找到了，我们可能就进去了。谁来说说看？

生：4+4+4+4，它们都是一样的数加起来的。

师：这都是4相加的，还有哪个是一样的？

生：2+2+2+2+2。

师：嗯，都是2相加的。还有哪一题？

生：5+5+5。

师：我们换一下算式，是不是门上右边的算式，加数都一样？

（课件调整加法题，左侧：2+3+6=　　9+1+6=　　3+7+8=　右侧5+5+5=　　4+4+4+4=　　2+2+2+2+2=　　）

生：一样。

师：秘密找到了，大门打开了。

（课件显示动物学校的大门缓缓打开）

二、认识"几个几"

师：这个动物学校好玩吗？

生：好玩。

师：在这张图片上你看到了几种动物？谁来说说看？

生：我看到了两种，有小鸡和小白兔。

师：这些小动物在排列的时候是怎样排的呀？

生：两只小兔在一起，三只小鸡在一起。

师：我们把鸡藏起来，先看看兔，兔是几只在一起啊？

（课件隐藏鸡）

生：两只。

师：兔有多少只？我们可以怎样数啊？

生：两只两只地数。

师：我们一起数，这里是1个2。

生：2。

师：2个2。

生：4。

生：6。

师：6就是3个2，我们一起再来数一数：1个2，2个2，3个2。要求总共有多少只兔，用我们以前的方法，就是把它们加起来，等于6。我们看着算式：2+2+2=6，再来一起数一数这里有几个2，开始。算式里我们也能看到这里有3个2。

（板书：2+2+2=6）

生：3个2。

师：这是兔的情况，我们再来看看鸡，鸡可以怎样数？

生：总共有4组鸡，1组鸡里面有3只。

师：那么就是1个3，2个3，3个3，4个3，用加法算式就是3+3+3+3=12，我们看着算式一起数一数。

（板书：3+3+3+3=12）

生：4个3。

师：刚才这幅图上，每堆兔是同样多的，每堆鸡也是同样多的，像这样的情况，我们在数的时候，就可以几个几个地来数。

师：下面徐老师想请同学们用小棒来摆摆看，看你能不能摆出几个几。先请你拿出两根，这就是1个2，摆在桌子上。我请一个小朋友上前面来，谁愿意？先摆1个2，再摆1个2，请大家一共摆4个2，摆好的向老师挥挥手，数一数看看是不是4个2。

生：是的。

师：请你把它合起来。下面我们一堆摆2个4，同桌互相检查数一数。接下去徐老师想让大家自己摆一摆，想一想每堆摆几根，摆几堆，要求是每堆摆一样多的。

（生自由摆小棒）

师：和同桌说一说，每堆摆几根，摆了几个几。

生：1个5，2个5，3个5。

师：在动物学校，也有动物在摆东西呢，它们摆的是花片，大家看，不知道是哪一个小动物摆的，摆完就走了，咱们小朋友看看，这是摆了几个几啊？

生：这个小动物摆了3组，一组有5个。

师：你是怎么看的？

生：我是横着看的。

师：我们横着数一数，1个5，2个5，3个5。3个5，用加法你们会吗？

生：5+5+5=15。

师：这是横着看，有没有小朋友还有其他看法？

生：也可以竖着看，一堆是3个，一共是5个3。

师：5个3相加你会吗？

生：3+3+3+3+3=15。

师：他们都等于15，为什么都等于15呀？

生：数的时候换过来看了。

师：你的意思我明白了，横着数就是3个5加起来，如果竖着看，就是5个3加起来。这堆花片有没有变啊？

生：没有。

师：有没有人拿走花片？

生：没有，因为花片一共就有15个。

三、认识乘法

师：下面我们去参观动物学校的电脑房。看，一张桌子上摆了几台电脑？

生：2台。

师：我们数数看，这里摆了几个2？

生：1个2，2个2，3个2，4个2。

师：4个2用加法怎么表示？

生：2+2+2+2=8。

师：要求4个2是多少，我们以前学过可以用加法做，其实还有一种新的运算方法，那就是我们今天要来学习的乘法。

（板书：乘法）

师： 用乘法计算，4个2就可以直接写成4×2=8，还可以写成2×4=8。我们一起读一下。

生： 4乘2等于8，2乘4等于8。

师： 这就是我们要学习的乘法，那么乘法算式当中，这个运算符号、符号前面的数、符号后面的数以及得数都有自己的名称，你们想知道吗？请大家看书的20页和21页，在21页的中间，找到的同学互相说一说。

师： 这个符号叫什么？

生： 乘号。

师： 这个乘号像什么？像小小的叉，也像我们学过的字母x。这个符号我们叫它乘号，乘号前面的数叫什么？谁来汇报一下。

生： 乘数。

师： 乘号后面的数呢？

生： 也叫乘数。

师： 算出来的得数叫什么？

生： 积。

师： 在动物学校，除了这一间电脑房，还有一间大一些的电脑房。这个电脑房有几个2呢？

（课件显示8个2的电脑）

生： 8个2。

师： 用加法怎么写算式？用乘法怎么写？

生1： 2+2+2+2+2+2+2+2。

生2： 8×2或2×8。

师： 你感觉加法算式和乘法算式读起来怎么样？先不说出来，我们继续参观。

师： 在动物学校还有一间更大的电脑房呢！

（课件显示100个2的电脑）

生： 哇！

师： 这些电脑有100个2呢！用加法你们说算式，我来写，争取一口气写完。

生：2+2+2+2+2+2+2+2+2+2+2+2……

（师在黑板上写）

师：老师发现有的同学笑起来了，有的同学说着说着不说了，老师这里写着写着写不下去了。如果有很长很长的黑板，能不能写完？

生：可以写完的，只不过花的时间会很长。

师：有兴趣的小朋友可以课后拿张纸写一写100个2有多长。那么这100个2相加，用乘法怎么写？

生：2×100 或 100×2。

师：我们把乘法算式和加法算式对比一下，你有什么感觉？

生：乘法快，加法会浪费很多时间。

师：是呀！乘法不会浪费很多时间，写得快，也就是乘法简单。

师：这里有100个2，只要在100和2中间写上乘号，写成100×2；4个3只要写成4×3或者3×4；3个2可以写成3×2或2×3，是不是比较简单快捷一些？

生：是的。

四、练习应用

师：接下来徐老师和大家做一个小游戏。徐老师拍手，你们闭上眼睛，竖起耳朵听好，老师每次拍几下，拍了几个几，然后思考一共拍了多少下？用加法怎么写算式？用乘法怎么写算式？

（师拍手）

师：拍了几个几？

生：3个3。

师：用加法怎么算？

生：$3+3+3=9$。

师：用乘法怎么算？

生：$3 \times 3 = 9$。

师：请小朋友上来。自己先思考一下，准备拍几个几，然后开始拍手。

（一生上台拍手）

生1： 每次拍了4下，拍了3个4。

生2： 3×4=12或4×3=12。

师： 同桌也来玩拍手游戏，一人拍手，另一人说出拍了几个几，用乘法怎么表示，然后交换过来再玩。

（同桌间玩拍手游戏）

师： 正确完成任务的小朋友向老师挥挥手。

（生反馈）

师： 我们继续参观。看，小朋友们在跳绳呢！我们看看每一组有几个小朋友？

生： 5个。

师： 这里有几个5呢？加法怎么写，乘法怎么写？请大家在书上填写一下。

生1： 加法算式：5+5+5+5=20。

生2： 乘法算式4×5=20或5×4=20。

师： 小朋友们，在生活中我们也会遇到很多类似的现象。比如，我们在商店里可以看到这样的情况。

（课件显示钢笔每盒有2支，一共有3个2支）

生： 3个2。

师： 也有可能看到插的花，这里有几个几呢？

（课件显示花的图片）

生： 2个5。

师： 把书翻开，请同学们先用加法算出一共有多少，再用乘法表示一共有多少。

生1： 笔有3个2支，加法算式：2+2+2=6；乘法算式3×2=6，2×3=6。

生2： 花有2个5朵，加法算式：5+5=10；乘法算式5×2=10，2×5=10。

师： 同学们，在生活中，我们很多地方可以用到乘法的。今天学习乘法之后，我们每个小朋友多了一双乘法的眼睛呢！谁来举一个例子？

生： 人的手指有2个5。

师： 很好！用乘法怎么表示？

生： 5×2=10或2×5=10。

师： 还有谁具有了乘法的眼睛？

生1：有一次我去买铅笔，一包10支，买三包就是10×3=30。

生2：买鲜花，每束9朵，买5束就是5×9=45。

生3：买火柴……

师：是呀！生活中经常会遇到多份的现象，都可以用乘法计算。下课后我们小朋友就可以用乘法的眼光继续去观察周围的世界。今天这节课我们就学到这里，下课。

"认识乘法"教学反思

这堂课之所以取得了较好的教学效果，我以为主要是把学生的数学学习过程当作了数学思维活动的过程，让学生在充分的活动中学习数学，享受数学活动带来的快乐与成功。反思以上的教例，我觉得有以下四点体会。

1. 在具体情境中认识"几个几"

首先组织学生按群数出鸡和兔的数量，列出连加算式，对几个相同数连加有初步的感性认识；再让学生人人动手操作圆片，将刚刚形成的感性认识加工成动态表象，在亲自操作中体验几个几；然后引导学生从不同的角度观察花片，分别列式求数量，在比较中进一步理解几个几的实际含义。教学中，学生通过看图数数→操作体验→比较感知，在鲜活的具体情景中初步建立起"几个几"的表象。

2. 在现实问题中引入乘法

通过解决"一共有多少台电脑"这个实际问题掌握了数数、连加等计算方法后，自然引出乘法，让学生了解乘法产生的背景。至于乘法各部分名称、读写方法等数学事实，让学生通过看书自学和交流来解决。数学概念的教学容易陷入枯燥灌输的泥潭，只有赋予抽象概念以实际含义，并发挥学生已有知识经验和学习方法基础，通过学生自学、讨论、交流，形成"学习共同体"，培养其学习兴趣、合作意识和共享精神。

3. 在强烈反差中感知求"几个几"用乘法写比较简便

由于学生是初次认识乘法,再加上未系统学习过乘法口诀,学生暂时尚不能体验乘法计算的简便。教学时通过创设对比强烈的情境,从"4个2"到"8个2",再到"100个2",让学生实际列式并数一数、写一写,让学生在具体的数和写的过程中体会到求几个几是多少,体会有时用乘法写算式比较简便,为今后进一步感受学习乘法的必要性打下基础。

4. 在应用中培养学生的乘法意识

有效的数学教学应着力培养学生的数学意识,让学生初步学会运用数学的思维方式去观察、分析现实社会,去解决日常生活和其他学科学习中的问题,增强应用数学的意识。乘法意识作为数学意识的一种,在学生初步认识乘法时就应该进行培养。整堂课中,结合乘法知识的学习,始终注意培养学生自觉沟通几个几的生活经验和乘法的联系,让学生不断联系生活实际,用乘法的眼光去观察生活现象,解决实际问题。尤其是课末,让学生到生活中寻找乘法现象时,学生联系生活实际,展开丰富想象,说出了许多有趣的乘法现象。在这样的过程中,学生的乘法意识潜移默化地得到了培养。

在课堂教学实践中我也认识到,学生的学习过程是无法预设的,老师不可能完全按照课前设计的内容,也不可能完全按照既定不变的程序按部就班,而应随着课堂的推进,充分利用学生的知识经验和心理规律,创设一个又一个生动有趣、直观形象、开放的数学活动情境,让学生在观察、操作、猜测、合作、交流、反思等活动中逐步体会数学知识的产生、形成与发展的过程,获得积极的情感体验,感受数学的力量,同时掌握必要的基础知识与基本技能。

教学这节课时,我感觉有两点困惑之处:一是由于学生首次接触乘法算式,在读写乘法算式时,有不少学生很不习惯,出现了一些错误,比如"2×3"写成"2+3","4个3"写成了"4+3"等;二是学生对乘法算式中各部分的含义尚不是很清楚,如"4个2"写成"4×2"后,对乘法算式中"4"和"2"分别表示什么意思表达不出来。在教学过程中我虽然发现了以上两个问题,但顾虑到学生首次学习乘法概念,过分进行抽象强化恐不利于二年级学生的有效学习,因此陷入两难境地,但最终我还是没有过多地进行抽象概括和形式上的强化。

"认识乘法"教学点评

《认识乘法》是徐斌特级教师的精品课例，也是他"无痕教育"思想在教学实践中的典型应用。教学过程中，徐老师以情境导入、规律探寻、本质认识、拓展提升等教学环节，让孩子在不知不觉中形成对乘法的认知，在潜移默化中升华对乘法意义的认识，在顺其自然中巩固所学新知，其无痕教育收效显著。

1. 情境导入，打通学生学习与生活的联系

数学课堂教学导入，究竟是对学生进行基础训练，还是创设有效的学习情境，往往是教师课堂教学起始环节两难的选择。而这节课，徐老师巧妙地将创设情境与基础训练融为一体，童话般的教学情境，既激发学生的课堂学习兴趣，又准确把握学生的学习起点，让学生从相同加数相加的现象中进入对乘法的系统学习，使学生的乘法认识变得顺其自然、水到渠成。

学生对乘法的学习起始于加法。因此，教师独具匠心地设计了能够进入动物学校大门的闯关练习，先是对一组加法进行口算，奠定了学生对乘法的学习基础。接下来，让学生对这组加法算式进行分类，从中抽取出相同加数相加的算式，让学生发现相同加数相加的特殊加法算式，并在此基础上展开对乘法现象的认知。在课堂教学中，徐老师让学生在已有加法学习的基础上，发现特殊的加法运算现象，提升认识，从而打开动物学校的大门，使得学生的数学学习充满乐趣，又学有所长、学有所获，学生悄无声息地进入新知的学习状态。

2. 规律探寻，引领学生走上发现之旅

弗赖登塔尔曾经指出，数学学习是一个再创造的过程。在这一过程中，学生知识经验的获得、个性特点的发展和教学能力的形成都来自学生在教学活动中的积极参与，而参与程度却与学生对数学学习是否感兴趣有着密切的联系。为此，从生活现象中抽取结构化的数学学习素材，让学生带着对未知的探索，经历数学学习的发现之旅，才能激发学生的深度学习，让学生潜移默化地形成对新知的理解。

本课教学中，孩子们在老师的引导下，对生活中"几个几"的现象进行深入

了解,从图片中的动物场景去观察发现,还从学生使用花片的动手操作去感受,真正让学生对"几个几"的数学现象熟记于心、操作于行,学会从"几个几"的角度去观察生活中特殊的数学现象,进而为深入学习乘法的意义及写法打下坚实的基础。

3. 本质认识,学会简捷的数学符号表达

乘法表示的是几个相同加数的简便运算,学生可以运用乘法快速简捷地表达生活中"几个几"的数学现象。为此,教师紧紧抓住乘法这一符号表达的简捷特性,从"4个2",再到"8个2",最后到"100个2",不断增加"2"的个数,形成加法与乘法不同表示方式的鲜明对比,使得学生对运用乘法表示的内在需求越来越强烈,乘法的认识重要性与必要性也就非常突出。学生有着对乘法认知强烈的学习愿望,他们的学习探索过程才会变得更加积极主动,学习效果才会大大增强。

在对乘法的认识中,教师激励学生自主学习的方式,让学生带着对乘法的好奇与疑问展开探索,通过自学课本,学生认识到乘法算式各部分的名称,对乘法运算有了更清晰的认识,同时,在自主学习中,也大大增强了学生学习的成就感。教师因势利导,让学生展开深入的学习,把握对乘法本质的认识,无痕教育的魅力凸显。

4. 拓展提升,丰富学生的数学学习认知

学习数学的目的是为了更好地将学到的数学知识灵活地运用于实践,解决实际问题。为此,教师带领学生运用乘法的相关知识,简捷地表示生活中的乘法现象,既是对学生学习乘法的最好巩固,又是对将学到的乘法知识运用于实践。

教学过程中,教师运用学生喜欢的拍手游戏,通过耳听、脑想、口说的方式,调动多种感官参与到乘法的认知中来,形成学生对乘法更加深刻的认识。还通过对图片上的学生分组跳绳、盒装钢笔、花束等"几个几"进行乘法表达,提升学生对乘法意义的认识。最后,激活学生已有的生活经验,让他们运用乘法描述生活中"几个几"的数学现象,拓展升华学生对乘法的认知,以达到学生对乘法意义的深刻理解。

总之,教者通过情境导入、规律探寻、本质认识、拓展提升的教学策略,让

教师的"教"似大雪无痕，悄然入土；让学生的"学"似芝麻开花，节节攀高。学生带着对乘法的深刻认识，融进日常生活，多了一双乘法的"眼睛"去探索更多的数学奥秘。"无痕教育"思想在教改创新中熠熠生辉，"无痕教育"实践在学生成长中功不可没。

（点评：苏州市小学数学学科带头人 华东师范大学苏州湾实验小学　皋岭）

课例4
"9的乘法口诀"教学案例

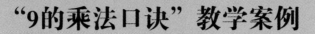

"9的乘法口诀"教学设计

教学内容

义务教育数学教科书（苏教版）二年级上册第80～81页。

义务教育数学教科书（人教版）二年级上册第80～81页。

教材简析

"9的乘法口诀"是义务教育教科书二年级上册的内容。在此之前，学生已熟练掌握1～8的乘法口诀和用口诀求商，对解决求相同加数和的实际问题也有充分的体验。学习过乘法口诀的创编，学生经历了"计算交流、观察比较、分析修正、抽象概括、归纳推理"等数学思维活动。这些活动经验的积累与丰富，为学习9的乘法口诀奠定了坚实的基础，起到十分重要的迁移准备作用。

本节课教材在编排上尊重学生的已有经验，重在引导学生通过独立思考和交流，在理解口诀来源的基础上，探索口诀的规律并掌握口诀的编制方法，有效地促进对口诀的记忆和运用，从而培养学生的抽象思维和推理能力。教材首先呈现了10×9的方格图，每行的10格中都有9个☆，要求学生根据图意，完成几个9连加的计算，并利用数据，自主编出9的乘法口诀。教材还安排了"试一试"，引导学生用一句乘法口诀计算相应的两道乘（除）法算式。例题的编排，很好地体现了规律探索的启发性和知识习得的层次性，旨在提高学生自主学习的意识和能力。"想想做做"第1题，启发学生发现"几个9的和比几个10少几"的规律，深化对9的乘法口诀的理解和记忆。第2、3题则呈现计算题组,增强对9的乘法口诀的熟练运用,进一步体会乘、除法之间的内在联系。教材的最后安排了"你知道吗",以直观图示的方式介绍利用手指记忆9的乘法口诀的方法。阅读这则材料,能帮助学生生动、形象地记忆9的乘法口诀,丰富学习策略,激发对数学学习的兴趣。教材的编排尊重学情,扶放有度,较好地引领学生经历编制、记忆与运用9的乘法口诀的学习内容。

教学目标

1. 在实际情境中经历9的乘法口诀的编制过程,理解、熟记并应用口诀解决乘、除法的实际问题。

2. 在观察交流、规律探索的过程中逐步培养学生的自主探究、独立思考的意识以及抽象概括、归纳推理的能力。

3. 在学习活动中,培养学生的合作学习意识和应用知识解决简单实际问题的能力。

教学准备

课件、学习单等。

教学过程

一、课前交流,准备铺垫

(师播放视频:动画片《西游记》及主题曲——《一个师傅和三个徒弟》)

师生谈话:小朋友,你们听过这首歌吗?你们有没有发现歌词中还有数呢?是多少?

预设回答1:孙悟空七十二变。

预设回答2:九九八十一难。

揭题:这里的72、81与今天学习的内容有关呢!今天我们就来学习"9的乘法口诀"。

(板书揭题)

心理学思考

　　《西游记》是儿童喜爱的神话故事,孙悟空、唐僧等形象是小朋友熟悉的神奇人物。课前交流时播放《西游记》主题曲,学生在不经意间进入了自己熟悉、喜欢的情境。歌曲中的"七十二般变化""九九八十一难"等歌词,正是本课要学习9的乘法口诀的得数。通过"72变"和"81难"中的数据,很自然地过渡到最大的一位数9,于不知不觉间开始了新课的学习。这样的设计,充分考虑低年级学生的年龄和心理特点,极大地激发了学生学习的积极性和主动性,为学习新知识做好充分的铺垫。

二、探究活动,学习新知

1. 师生共探,发现规律

(1)(点击课件,出示方格图)这里有一些方格,大家一起来数一数有几个。

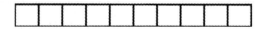

(再出示五角星图)

![一行五角星,9颗星加1个空格]

提问:有几颗五角星?你是怎样看出来的?为什么能看得这么快?

一行五角星是1个9,两行是几个9,是多少?以此类推,3个9,4个9……9个9呢?

![9行五角星方格图]

（2）教师板书整理几个9相加的得数，引导学生观察、思考这些数的特点。

9　18　27　36　45　54　63　72　81

学生可能会出现如下回答（教师作适当引导和评价）

预设回答1：每次都加9。

预设回答2：后一个数的个位比前一个数少1，十位上比前一个数多1。

预设回答3：个位和十位相加都等于9。

……

（3）出示"想想做做"第1题，观察并填写表格。

1个9	比10少 1	是 9
2个9	比20少 2	是 18
3个9	比30少 3	是 27
4个9	比40少	是
5个9	比50少	是
6个9	比60少	是
7个9	比70少	是
8个9	比80少	是
9个9	比90少	是

提问：1个9比10少1，10减1等于9；那么2个9就是比多少还少几呢？以此类推，3个9，4个9，5个9……呢？请你填在学习单中。

组织学生独立填写，再指名汇报。

心理学思考

乘法的本质就是一种特殊的加法。乘法口诀的来源与同数连加有紧密的联系。通过展示直观的五角星图片，让学生动笔，亲自加一加，在动手实践中经历每次加9的过程，在潜移默化中初步感知几个9的数据由来及特征，自然而然地了解得数之间的规律和特殊性，为学习乘法口诀的含义做充分准备，也为探寻乘法口诀的规律扫清障碍。值得一提的是，师生探索口诀规律共经历了两次。第一次是教者组织学生进行同数连加之后，尝试从加法意义的角度发现9的乘法口诀规律，可谓顺理成章；第二次则在学生已初步了解得数加法特征的基础上，通过对比9与

10之间的微妙关系，尝试从减法的角度发现9的乘法口诀规律的奥秘。两次探索循序渐进，层层深入，凸显本质，培养了学生的观察、比较、归纳和概括的能力，也为之后编写乘法口诀做必要的预热。

2. 编写口诀，加深理解

小朋友们真聪明，在这张表格中发现了这么多的规律。你能根据刚才的观察和计算，自己编出一句9的乘法口诀吗？

学生独立完成并汇报，教师逐步对应板书，完善口诀。

组织学生读一读口诀，再说一说9的乘法口诀有什么特点。

3. 记忆口诀，完善建构

（1）学生边读边记口诀。

（2）学生看得数记口诀。

（3）师生、同桌互对口诀。

（4）提问：你认为哪一句乘法口诀最难记？你有什么好办法帮助我们记住吗？

学生可能会出现如下回答。（教师作适当引导和评价）

预设回答1：根据前面或者后面的那句口诀来计算。

预设回答2：用加法计算想口诀。

预设回答3：利用规律"几乘以9就等于几十减几"来想口诀。

预设回答4：用减法想得数。

（5）介绍手指记忆法。

（播放手指记忆法的视频，组织学生边看边做）

心理学思考

有了前面的铺垫准备和例1五角星图的丰富感性积累，编制9的乘法口诀就水到渠成了。依据学生的学习现实，教者放手让学生自主编制口诀，使每个学生亲身经历口诀的由来过程。以此为基础，将着力点放在对9的乘法口诀规律的进一步探寻上。学生不仅能根据以前学习的前后口诀之间的一般规律进行推想，还能根据9的乘法口诀的特殊规律进行对比、归纳和推理。而这里记忆口诀的环节也比较有层次；边读边记、看得数记、对口令记、从小到大记、从大到小记等。在学生编制口诀、探寻规律、记忆口诀之后，教者又一次让学生进一步探索9的乘法口诀的特殊规律。通过介绍手指记忆法，把每一个学生当作学习资源，运用每一个学生的双手来记忆9的乘法口诀，学生感到新奇、有趣。在介绍这一独特方法时，教者根据二年级学生的心理特点，采用录像播放、定格介绍、模仿尝试、互相交流等方式，变教材为"学材"，使学生对比较抽象的记忆方法充满了浓厚的兴趣。可以想象，学生对9的乘法口诀的理解和记忆自然延伸到课外，有效提高了学生学习的主动性和积极性。

三、练习巩固，学以致用

1. 根据口诀写算式

（课件出示：四九三十六）

根据一句乘法口诀写出两道乘法算式和两道除法算式。

（学生独立完成，再组织同桌交流。）

2. 运用口诀算得数

$9 \times 3=$	$2 \times 9=$	$5 \times 9=$
$4 \times 9=$	$9 \times 9=$	$9 \times 1=$
$9 \times 5=$	$8 \times 9=$	$9 \times 4=$
$7 \times 9=$	$6 \times 9=$	$9 \times 6=$

3. 推车游戏

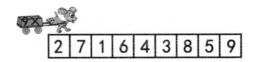

我们做一个推车游戏，你能很快说出答案吗？说出你用的是哪一句乘法口诀。

4. "9元超市"

学校旁边新开了一个"9元超市",让我们运用今天的知识去解决一些问题吧!

提问:购买3件商品需要多少元钱?5件呢?你想购买几件商品,需要付多少元呢?

5. 学以致用

(课件出示《死水》和《梅花诗》的内容)介绍"九言诗歌"。你会运用9的乘法口诀来计算《梅花诗》正文部分的字数吗?

(再出示九头鸟的图片)组织学生口算九头鸟的头数。

最后让学生到生活中寻找运用9的乘法口诀进行计算的例子。

心理学思考

　　学以致用是数学学习的重要目标。学生学习了9的乘法口诀,怎样在应用中进一步理解口诀的含义,逐步形成相关技能呢?教者在学生初步记忆了乘法口诀后,设计了多样化的针对性练习:选择口诀写乘除法算式、运用口诀计算两数的乘积(推车游戏)、灵活运用口诀计算(抢答)等。在多样化的情境中,学生不断经历运用9的乘法口诀解决数学问题的过程,逐步获得对9的乘法口诀的深层理解。最后,设计了"9元超市",介绍了"九言诗歌"和九头鸟的神话传说,让学生运用所学知识解决生活中的简单实际问题,培养学生的应用意识,提升人文素养。

"9的乘法口诀"教学实录

教学过程

一、课前交流，准备铺垫

师（播放动画片《西游记》及主题曲《一个师傅三个徒弟》）：我们首先来看一段动画片，会唱的小朋友跟着一起唱。

师：让我们带着数学眼光去看，刚才在歌词里出现了哪些数？请你说说看。

生1：七十二般变化。

生2：九九八十一难。

师：唐僧师徒四人经历了九九八十一难，终于取得了真经，我想我们的学习同样也是这样呀！在学习过程中会出现各种困难，我们要学好各种本领，努力克服困难，将来才能取得更大的成就。

二、探究活动，学习新知

师：动画片先看到这里，现在我们正式开始上课。小朋友以前学过乘法口诀吗？学到几的呢？

生：学到8的乘法口诀。

师：今天我们就一起来学习9的乘法口诀。（板书揭题：9的乘法口诀）其实9这个数很特殊，9是最大的一位数，再多数一个就是10。

师（点击课件出示方格）：接下来，请大家看这里有一些方格，一起来数一数有几个。

生（边看边数）：10个。

师：（点击课件出示五角星图）你能一眼看出有几个五角星吗？

生：9个。

师：你为什么看得这么快呢？

生1：我是一个一个数的。

生2：因为方格有10个，五角星比方格少1个，就是9个。

师：（板书：9）你这个方法真好！那么请小朋友想一想，一行五角星有1个9，两行五角星是几个9呢？等于多少？

生：2个9，9加上9等于18。

师：18再加上9又等于多少，是几个9？

生1：18+9=27，是3个9。

生2：每次都加9得到的。

师：你能根据每次加9的规律，把这列数填完吗？

（生填写表格，汇报交流，师再逐步完成表格填数）

师：这列数中的第一个数是9，再加一个9是18，也就是几个9是18？

生：2个9是18。

师：再加一个9是几个9呢？

生：3个9，是27。

师：以此类推，4个9是多少？5个9呢？……9个9呢？

（生回答略）

师：这列数真有趣，还藏着这么多的规律，我们来读一遍好吗？

（师带领生读：1个9是9，2个9相加是18，3个9是27……）

师：从五角星的个数中，你发现这些得数有什么特别的地方？

生1：每次都加9，后面的得数都比前面的多9。

生2：个位上比前一个数少1，十位上比前面的数多1。

生3：十位上是按照1、2、3……8顺着排列，个位上是9、8、7、6……1反着排列的。

师：观察真仔细！表扬！

生4：我发现45以下的得数是9、18、27、36，之后的就反过来了，是54、63、72和81。

（师板书，引导学生发现：在45和54，36和63，27和72，18和81这些数中，个位和十位上的数是对调的）

师：这些数真特别，我们再大声地把它们读一读。

（生自由读）

师：我们已经知道9很特殊，9就是比10少1，10减1就是9。（出示五角星图和"想想做做"第1题）请大家看屏幕，2个9就是比多少还少几呢？

生1：2个9就是比20少2，就等于18。

生2：3个9就是比30少3，是27。

师：像这样依次往下填写在学习单中，然后用减法算出得数。

（生独立填写）

（生逐个汇报）

师：填对的小朋友向徐老师挥一挥手。

师：小朋友们，一开始我们先用加法得到了这些得数，刚才又用减法也得到了。我们把这些得数再读一遍好吗？

（生齐读）

师：这些得数特殊吗？其实这些就是9的乘法口诀的得数。大家原来编过乘法口诀吗？

生：编过。

师：今天，我们就来自己编9的乘法口诀。哪一位小朋友能根据1个9是多少，编出一句乘法口诀？

生：一九得九。

师：很好，大家一起说一遍。

（生齐答）

师（顺势板书：一九得九）：一九表示什么意思呀？

生：表示1个9。

师：得九呢？

生：就表示等于9。

师：那2个九是多少，谁来试着编一编？

生：二九十八。

师：声音很响亮，一起说一遍。

（生齐答）

师（继续板书：二九十八）：难不难呀？

生：不难。

师：不难的话，我们自己动手来编好不好？请把学习单中的乘法口诀填完整，从二九开始填。

师：三九呢？

生：三九二十七。

师：二十七中的"十"不能漏写了。接下来，请小朋友自己来编，可以根据加法来编口诀，也可以根据减法所得到的结果来编。

（生独立编口诀）

师：编完的小朋友自己读一读。

（生逐个汇报，师逐个板演，补全 9 的乘法口诀）

师：（当生汇报完"八九七十二"时），又出现 72 了，那么孙悟空的七十二般变化是几九得来的呢？

生：八九七十二。

师：师徒四人经历的八十一难，又是几九得来的呢？

生：九九八十一。

师：你的口诀编得怎么样？编对了吗？编对的小朋友朝徐老师笑一笑。

师：真好，我们刚才编的就是 9 的乘法口诀。9 的乘法口诀有几句呀？

生：九句。

师：请小朋友们再轻轻读一读这些口诀。

（全班齐读）

师：边读边观察，你觉得 9 的乘法口诀有什么样的特点？

生：只有第一句有一个"得"字，其他八句没有"得"字。

师：为什么第一句有"得"字呢？

生：因为它的计算结果没有超过 10。

师：观察得非常仔细，还有谁想补充说的？

生 1：口诀从"二九"开始都有"十"字。

生2：每句口诀的最后一个字，和得数的最后一个字一样，都是"九八七六五四三二一"。

生3：每一个得数都比前一个得数加了9。

师：对呀！那么，前一个得数就比后一个得数少9。还有其他发现吗？

生：一九得九，二九十八等，每次都有"九"字。

师：哦，因为这是关于9的乘法口诀。肯定还有其他小朋友有更多的发现，过一会儿我们继续说，好吗？

师：接下来，我们要想办法把9的乘法口诀记住。现在，徐老师挡着乘法口诀。小朋友们可以看着黑板上的数或者大屏幕中的得数说乘法口诀，准备好了吗？

（师挡住口诀，生看得数说口诀）

师：我看到有些小朋友已经不需要看，说得很熟练了。现在徐老师和小朋友们一起来做个"对口诀"的小游戏。我来说口诀前半句，你们来对口诀后半句。

师：一九——？

生：得九。

师：三九——？

生：二十七。

师：现在同桌之间对口诀，试试看！

（同桌互对口诀，师指导）

师：哪位小朋友已经把9的乘法口诀背出来了？谁还能从大到小背？

（生背口诀略）

师：在记忆9的乘法口诀的时候，你觉得哪几句口诀最好记呢？

生：一九、二九、三九、九九好记。

师：你认为最难记的是哪一句？

生："四九三十六"最难记。

（师将黑板上"四九三十六"的口诀擦去一半）

师：你有什么好办法，帮助我们来记忆"四九三十六"？

生：四个9相加等于36，就是"四九三十六"。

师：可以用加法来计算，还有其他办法吗？

生：把"七九六十三"中的"六十三"掉过来就是"四九三十六"。

师：也是可以的，还有其他办法吗？

生："三九二十七"中27再加上1个9就等于36，或者45减去1个9。

师：如果小朋友不记得前面的口诀，后面的乘法口诀也不记得，你有什么好办法帮我记忆"四九三十六"吗？

生：找自己最喜欢的一句，减9或者加9来计算。

师：如果前面和后面的口诀都忘掉了，加法也不会算，用减法怎么算？

生：比40少4就是"四九三十六"。

师：看来呀，我们有多种方法帮助自己想口诀。接下来，我们来试一试背口诀，闭上眼睛，哪一句忘记了，悄悄睁开眼睛看一下黑板。

（生背口诀）

师：不少小朋友都没有睁开眼，已经能背口诀了，真厉害！其实9的乘法口诀就藏在小朋友们的身上，你想知道藏在哪里吗？其实就藏在我们灵巧的10个手指上。

（播放录像——手指记忆法）

师：我们把手放在桌上，手心向上，手放平，依次弯曲每个手指，弯曲手指左面的手指代表十位上的数，右面的代表个位上的数，看看是不是这样。（生模仿尝试）

师：（录像放到"二九十八"）谁来告诉大家，十位上的"十"在哪里，个位上的"八"在哪里？

师：我们跟着录像来一起试一试吧。

（生再次跟着录像练习）

师：用刚才的方法，同桌之间一个人出口诀，另一个人出手势。

（同桌之间合作练习）

师：这个方法神奇吗？大家回家后可以演示给爸爸、妈妈看。

三、练习巩固，学以致用

师：我们已经初步学会了9的乘法口诀，你会运用9的乘法口诀来解决一些数学问题吗？你能根据一句乘法口诀写出两道乘法算式和两道除法算式吗？每个小朋友选出一句9的乘法口诀试一试。

师：你能根据"四九三十六"这句乘法口诀写出两道乘法算式和两道除法算式吗？在本子上写写看。

（组织生汇报）

生1：$4 \times 9=36$ $9 \times 4=36$

生2：$36 \div 4=9$ $36 \div 9=4$

师：用"八九七十二"这条口诀，谁再来说两道除法算式？

生：$72 \div 9=8$ $72 \div 8=9$

师：你能不能用9的乘法口诀，算出乘法或者除法算式？每人选一道，举手来说一说。

（课件中出示乘法算式：

9×3 2×9 5×9 4×9 9×9 9×1

9×5 8×9 9×4 7×9 6×9 9×6）

生1：$9 \times 3=27$

生2：$9 \times 9=81$

生3：我选择的是第二行的第四道，用"七九六十三"这句口诀，$7 \times 9=63$。

生4：用"二九十八"计算$2 \times 9=18$。

生5：用"五九四十五"计算$5 \times 9=45$。

生6：因为"六九五十四"，所以$6 \times 9=54$。

师：还有哪一道也等于54？

生：$9 \times 6=54$。

师：大家对9的乘法口诀掌握得真不错！接下来我们做一个推车游戏，你能很快算出两个数的积吗？你能说出你用的是哪一句乘法口诀吗？（题略）

师：你能够看到这些算式，抢答出得数吗？（题略）

师：学校旁边新开了一个"9元超市"，让我们运用今天的知识去解决一些问题吧！如果让你当"9元超市"的售货员，你有什么感觉吗？

生：我感觉卖东西很简单。

师：是呀！用9的乘法口诀卖东西很简单。

师：如果买三件需要多少元呢？

生：三九二十七，需要27元。

师：如果买五件呢？

生：五九四十五，需要45元。

师：（课件出示《梅花诗》和《死水》）9的乘法口诀在日常生活中也常常用到，比如这首《梅花诗》，因一行有9个字，又叫作"九言诗"。你会很快计算出这首《梅花诗》正文部分一共有多少个字吗？

生："八九七十二"，有72个字。

师：（课件出示九头鸟的图片）据说在很久、很久以前，有一种鸟叫九头鸟，一只这样的鸟有9个头，3只这样的鸟有几个头呢？6只呢？

生：27个头，54个头。

师：小朋友们学得真不错！下课后还可以到生活中去寻找有关9的乘法计算例子。今天这节课就学到这里，下课。

"9的乘法口诀"教学反思

本课的教学取得比较好的教学效果，笔者觉得主要注重了以下几方面。

1. 注重乘法口诀的来源含义

乘法的本质就是一种特殊的加法。乘法口诀的来源与同数连加有着紧密的联系。上课一开始让学生人人动笔，每次加9，亲自加一加。学生在动手实践中经历每次加9的过程，感知这些得数的特点，初步了解得数之间的规律，为接下来学习乘法口诀的含义做了充分准备，也为后面探索9的乘法口诀规律做了必要铺垫。

9是个特殊的数，9是最大的一位数，9比计数单位10少1。在正式学习9的乘法口诀之前，又通过直观性的五角星图片（每排10个方格，各有9个五角星），让学生观察计算，再次感知几个9的数据由来及特征，为学习9的乘法口诀扫清了障碍。特别是，通过逐步出示五角星图片，让学生在了解几个9的得数特征的同时，通过9与10之间的微妙关系，初步探寻几个9相加的得数的特殊性（即几个9相加的得数就比几十少几）。同时，结合教学有效培养了学生的观察、比较、归纳和概括的能力。

2. 注重乘法口诀的内在规律

有了课始的铺垫准备和对例1五角星图的丰富感性积累，编制9的乘法口诀就水到渠成了。教者依据学生的数学现实，放手让学生自主编制口诀，使每个学生亲身经历口诀的由来过程。以此为基础，教者将着力点放在对9的乘法口诀规律的进一步探寻上。学生不仅能根据以前学习的前后口诀之间的一般规律进行推想，还能根据9的乘法口诀的特殊规律进行对比、归纳和推理。有学生发现口诀里得数个位上的数越来越小而十位上的数越来越大；有学生发现得数是一对一对的（18和81，27和72，36和63，45和54）；有学生发现得数的个位和十位上两数之和是9；还有学生联系先前学习的五角星图说出几九的得数就比几十少几，等等。

3. 注重乘法口诀的记忆策略

乘法口诀是思维的浓缩，是简化的语言。熟练记忆口诀有利于学生进行乘除法计算。在学生编制口诀、探寻规律之后，应该让学生专门进行有意义的记忆。教者安排了有层次的记忆方式：边读边记、看得数记、对口令记、从小到大记、从大到小记等。在记忆口诀的同时，教者提问"如果四九多少不记得了，该怎么推想呢？"让学生运用9的乘法口诀的特殊规律进行推想。然后又通过介绍手指记忆法，把每一个学生当作学习资源，人人动手，用自己灵巧的双手来记忆9的乘法口诀，学生感到新奇、有趣。在介绍这一独特方法时，教者根据二年级学生的心理特点，采用录像播放、定格介绍、模仿尝试、互相交流等方式，使学生对这种原本比较抽象的记忆方法充满了浓厚的兴趣。而且，教师还相机提出让学生回家演示给家长看。可以想象，学生对9的乘法口诀的理解和记忆自然延伸到课外，有效提高了学生学习的主动性和积极性。

4. 注重乘法口诀的实际应用

学以致用是数学学习的重要目标。学生学习了9的乘法口诀，怎样在应用中进一步理解口诀的含义，逐步形成相关技能呢？教者在学生初步记忆了乘法口诀后，设计了多样化的针对性练习：圈百数表中9的倍数、选择口诀写乘除法算式、运用口诀计算两数的乘积（推车游戏）、灵活运用口诀计算（抢答），等等。在应用性的情境中，学生不断经历运用9的乘法口诀解决数学问题的过程，逐步获得对9的乘法口诀的深层理解。最后，教者还设计了一个情境——"9元超市"，让学生运用所学知识解决生活中的简单实际问题，培养学生的应用意识。此外，教者还结合教学，通过"九言诗""九头鸟"等渗透了数学的文化性。

"9的乘法口诀"教学点评

近日，我有幸聆听特级教师徐斌的经典课例——《9的乘法口诀》，深深地领略了"无痕课堂"的独特魅力。教者将"无痕教育"的思想理念融入课堂教学中，让学生在不知不觉间开始学习，在潜移默化中产生思辨，在循序渐进里发展智能，在春风化雨处提升素养。

1. 导入情境不着痕迹，让学习在不知不觉间发生

建构主义理论的基本观点是：学习者必须积极主动地加工信息，使教与学的过程是教师、学生和内容相互作用的过程。在无痕课堂中，学生加工信息的过程往往是不知不觉又积极主动的。上课之初，教者先播放一段动画片《西游记》让学生观看。歌词中"八十一难拦路""七十二变制敌"等内容，不仅是儿童熟知的故事情节，还是9的乘法口诀中的得数。这些数据信息以视频音影的形式呈现，很自然地与儿童原有认知经验对接，又能为乘法口诀的学习提供强有力的铺垫。同时，温馨、友好的学习气氛拉近了师生关系，让孩子怀揣愉悦的心情走进课堂。不知不觉间，儿童的学习早已拉开了序幕。

无痕课堂，隐藏教学意图，淡化教育痕迹，演绎春风化雨、润物无声的至美之景。

2. 问题引领不动声色，让思辨在潜移默化中形成

美国著名数学家哈尔莫斯（Paul Richard Halmos）曾说过"问题是数学的心脏"。数学学习是围绕数学问题所展开的学习过程。苏联心理学家鲁宾斯基曾坦言"思维过程最初的时刻通常是问题情境"。一个好的问题情境，能激活学生的认知需求，激发学习动机，让思辨在潜移默化中产生。在无痕课堂中，这样的问题引领常常是不动声色的。

比如，在学生经历乘法口诀的来源之初，教者先出示10个方格，再出示9颗五角星，然后问学生：这里有几颗五角星，你为什么能看得这么快？很快地，就有学生反馈是因为五角星的个数正好比方格数少了一个。看似不动声色的问题，直指思辨的关键处，引导学生关注9与最小两位数10之间的微妙关系。认清这关系为从减法角度探寻乘法口诀规律作关键性的孕伏。

又如，出示直观的五角星图之后，教者组织学生观察图片填写表格。在填写的过程中，教者抛出了一系列问题：这列数中的第一个数是9，再加一个9是多少，也就是几个9是18？18再加上9是几个9？……63加上9是多少？72也就是几个9？……看似漫不经心的问题，实为教者的精心设计，旨在引导学生感悟乘法口诀的本质来源——乘法是加法的简便计算，从而深入地理解口诀的本质含义。了解得数之间的内在联系和特殊性，为规律探寻扫清障碍。

再如，在编写完9的乘法口诀之后，教者再次提出问题：你们觉得哪一句口诀最难记？你们怎么来记忆"四九三十六"这句口诀？开放式的问题，一旦抛出，便激起千层浪花！儿童思辨的大门被撬动了。有的学生说，我可以用4个9连加，通过连续加来想口诀。有的学生则先想"三九二十七"，再由27加上1个9得到；有的学生则先想"五九四十五"，由45减去1个9得到。教者再次追问——如果前面后面的乘法口诀也不记得，怎么记忆？加法也不会算，用减法怎么算？如果加法、减法都不会算时，怎么办？此处的刨根问底极大地开拓了学生的思辨空间，学生不仅能根据前后口诀之间的一般规律进行推想，还能根据9的乘法口诀的特殊规律进行对比、归纳和推理。借问题引领学生亲历过程，深挖口诀，提炼出记忆口诀的策略方法，同时也培养了学生的抽象概括能力和归纳推理能力。

"教是为了更好地学。"无痕课堂，以学科为基，以学生为本，顺应儿童心理，让思辨悄然发生，让课堂返璞归真。

3. 活动设计扶放有度，让智能在循序渐进里发展

教者首先展示方格与五角星图，让学生经历"数数"的过程，在"数"中渐次积累"十进制"的数感；又引领学生逐个计算几个9相加，在"加"中逐步体会乘法运算的本质意蕴；接着组织师生共读、同桌互读等丰富多样的"读数"活动，在"读"中尝试探析乘法口诀规律；有了前面的"扶"，学生积累了丰富的感性经验和规律体验，编制口诀的活动便能充分地"放"，学生独立编写乘法口诀，在"写"中充分体悟乘法口诀的形成发展；又开展形式多样的"忆数"活动，学生在"记"中深刻把握乘法口诀的微妙规律。从"数数""加数""读数""写数"再到"忆数"，层层递进，扶放有度，扎实有效，引领学生经历自主认知的完整过程，让智能在循序渐进中发生发展。

在编写并探究9的乘法口诀之后，教者根据学生的年龄和心理特点，将教材中"手指记忆法"的阅读材料创造性地加工为音影视频，为学生营造出一个声像同步、动静相融的活动情境。正如乌申斯基所言"一般来说，儿童是依靠形状、颜色、声音和感觉来进行思维的"。丰富生动的教学资源，充分调动学生的视觉、听觉等多种感官，让他们对枯燥的口诀记忆产生内在、自觉的需求，建立起丰富的认知网络，从而诱发学习兴趣。此时的知识习得已从静态的语言表征转化为动态的结构化表征，能有效促进学生身、心、灵多维度的智能发展。

无痕课堂，张弛有序，促进儿童在活动中深度学习；无痕课堂，扶放有度，激发智能向纵深处无限延展。

4. 综合运用丰富开放，让素养在春风化雨处提升

在练习环节，教者抓住9的乘法口诀这一重点，设计了层次丰富、形式多样的练习。有趣的小狗拉车、新开张9元超市、传说中的九头鸟传说故事、"九言诗歌"等教学活动都充分体现了教学过程中学生的主体地位和教师的主导作用，师生之间经历着生动活泼的互动过程。学生一方面巩固一句口诀计算两道不同的算式；另一方面进行了初步的综合训练。教者依据低年级儿童的年龄特点和心理特征，恰如其分地运用多种直观手段，富有儿童化的语言，引导学生运用所学的

知识解决生活中的实际问题，既激发兴趣、丰富感知，加深对口诀的理解与记忆，又激活思维、发现体验，获得对9的乘法口诀的深层感受，积累综合知识，提升综合素养。无痕课堂，让素养在春风化雨处自然提升。

这便是徐老师的数学课，至美醇厚，返璞归真，大气无痕。

（点评：江苏省苏州大学实验学校　王群）

课例5
"确定位置"教学案例

"确定位置"教学设计

教学内容

义务教育课程标准实验教科书数学（苏教版）二年级上册第84~85页。

教材简析

这节课的内容属于"图形与几何"学习领域，主要学习用"第几排第几个""第几组第几个""第几层第几号"等方式描述物体的相对位置，渗透坐标思想。这部分知识在学生生活中经常接触到，具有一定的感性经验积累。本课的学习重点是对这种描述物体位置的方法有进一步的了解，并能运用这种方法解决生活中的一些简单实际问题，从而真切地感受到生活中处处有数学，数学是有价值的。

教材例题呈现的是一幅活泼可爱的小动物做操图，把学生带入问题情境，学习确定物体位置的方法；"试一试"让学生运用所学知识描述自己的座位，并提出"你还能怎样说"，调动学生已有的生活经验，对所学知识进行延伸和拓展；"想想做做"共3题，让学生说出小动物的房间号，在书架上找书，到电影院找座位，以及摆卡片游戏等，使学生在解决实际问题中发展思维，并获得丰富的情感体验。

教学目标

1. 在具体情境中学会用"第几排第几个""第几组第几个""第几层第几

个"等方式描述物体的相对位置，能初步根据平面位置确定物体。

2. 在活动中培养学生初步的空间观念和推理能力。

3. 体会生活中处处有数学，产生对数学的亲切感。

教学准备

教师准备多媒体设备一套、课件、座位号码和涂色用纸等，学生准备彩色笔。

教学过程

一、游戏活动，引入新课

课始，学生排着两队站在课桌的两边。（手里拿着座位号和水彩笔）

师：这节课，老师想给大家重新排座位，请大家根据拿到的座位号找座位。你们能够自己找到座位吗？

心理学思考

> 杜威在论述什么是教育时指出："一切教育都是通过个人参与人类的社会意识而进行的。这个过程几乎是在出生时就无意识开始了""由于这种不知不觉的教育，个人便渐渐分享人类曾经积累下来的智慧和道德的财富"。导入环节设计了找座位游戏，请学生根据老师发的座位卡片找座位，看看哪些小朋友能正确、快速地找到自己的座位。表面上看，学生只要按部就班地找就不存在问题，而实质上教师设计了三张与众不同的位置卡号，提供思维之"源"，引起学生的思维冲突，使学生在不知不觉中开始新知的学习。

二、体会感悟，建构方法

1. 明确要求

师：在找座位之前，大家有什么问题吗？

（结合学生的提问确定哪是第一组，哪是第一个）

2. 寻找座位

提出：先观察自己座位的大概位置，再轻轻地走到自己的座位上坐下来，做到不抢、不挤。有困难的学生可以请自己的好朋友帮忙。（学生开始找座位）

3. 描述位置

提问：坐在第1组第1个的是谁？（站起来，报一下姓名。）（板书：第1组第1个）请第2组所有同学举起手；请每组第2个举起手。刚才谁举了两次手？他（她）就是第几组第几个？

坐在第3组第5个的是谁？

坐在第5组第3个的是谁？

班长坐在第几组第几个？

体育委员坐在第几组第几个？

提问：请每个同学找到自己最好的朋友，看看他（她）坐在第几组第几个？（先指名几位学生汇报，再同桌互相说一说）

（教师选择某一组最后一个或最后一组倒数第一个）提问：你还能怎样描述？

4. 归纳小结

讲述：刚才我们是用"第几组第几个"来确定同学的位置。（板书课题：确定位置）用这种方法确定位置时，先要确定哪是第1组，哪是第1个。

"试一试"（出示动物学校里小动物的做操图）

提问：站在第1排第1个的是谁？（板书：第1排第1个）你为什么这样认为？

谁站在第2排第3个？红脸的小兔站在第几排第几个？

猜老师最喜欢的小动物。（随机猜2～3次）

请每个同学选一个自己最喜欢的小动物，告诉同桌这个小动物站在第几排第几个。（选几个同学说一说）

小结：一般来说是从前往后数第几排，从左往右数第几个。

心理学思考

　　波利亚曾经说过："学习任何知识的最佳途径，是自己去发现，因为这种发现，理解最深刻，也最容易掌握其内在规律、性质和联系。"我们知道，教学效果是课堂教学所必须追求的最大价值，因为它是教学目标最终实施结果的反映。通过找座位游戏引入新知后，放手让学生根据同学、好朋友的名字去说出他们的位置，或是根据他们的座位说出他们的名字，紧接着再进行"试一试"的教学，"猜猜老师喜欢的小动物""说说自己喜欢的小动物"，学生在有趣的活动中循序渐进地掌握确定位置的方法。

三、实践应用，解决问题

1. 找"第几层第几号"（小动物做完操回房间休息，我们去拜访它们）

画外音："欢迎小朋友们来做客！我是小猴，我住在第2层第3号房间。"

师：由小猴的话你知道哪是第1层第1号？你想去拜访谁？

（同桌学生互相说一说各自要拜访的小动物住在第几层第几号。选择几个同学汇报）

2. 找"第几层第几本"（邀请同学参观书房）

帮忙找书：请帮我拿《新华字典》，说出它的位置。提问：哪是第一层？第一本从哪边数起？

再分别说出《成语词典》和《数学家的故事》放在第几层第几本。

你还喜欢看什么书？在第几层第几本？（还有《十万个为什么》《格林童话》《数学小博士》等）

机动设计：出示一本翻开的书，在书上找一找第几排第几个字是什么字，选一个倒数第2排的字让学生用不同的方法描述位置。

3. 游戏——《找地雷》

让学生找一找地雷在第几排第几个，

找对了即发出爆炸声，并变成爆炸形状；

找错了就变换颜色。

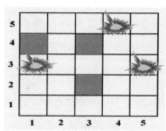

心理学思考

数学教学是数学活动的教学，教师要积极利用各种教学资源，创造性地使用教材，设计适合学生发展的教学过程。要关注学生的个体差异，使每一个学生都有成功的学习体验，得到相应的发展；要因地制宜、合理有效地使用现代化教学手段，提高教学效益。整节课以活动为主线，通过找位置、参观动物宿舍、找书本、找地雷等教学活动为学生创设了一系列有趣的学习情境，使得学生能积极主动地参与交流讨论，让学生在活动中学习数学，在游戏中发展思维能力、语言能力和动手实践的能力。

四、拓展提升，联系生活

1. 到电影院找座位

提问：你到过电影院吗？自己找过位置吗？电影院里的座位一般是怎样排列的？

（出示图片——电影院——两个拿票的小朋友——单号和双号门）你们能帮助这两个小朋友找到座位吗？（5排8座和10排15座）

（学生商量后，指名说一说方法）

提问：5排8座前面的一个座位是几排几座？后面一个呢？10排15座左边的一个座位是几排几座？右边的一个呢？小东和爸爸妈妈一起去看电影，小东坐在6排2座，你知道爸爸妈妈可能坐在几排几座吗？

2. 联系生活

学习了确定位置能帮助我们干什么？在生活中什么地方需要确定位置？

根据学生的汇报出示火车图和火车票、飞机图和登机牌、旅馆的房卡、中国象棋等，分别让学生说说怎样确定位置。

出示老师家的门牌号（15幢302室），让学生说出怎样找到老师家。（显示楼房图）

3. 涂色游戏

让学生按照要求在纸上相应的地方涂上颜色，涂完后看看像什么？同桌互相交换看涂得对不对，选几个到前面介绍涂色过程。

心理学思考

心理学家认为：儿童认识事物是从感知开始，然后形成表象，由表象发展到抽象的认识。这一环节的练习，与生活紧紧联系在一起，设计了"到电影院找座位""说说确定位置能帮助我们干什么""生活中什么地方需要确定位置"等问题，使学生真切感受到数学与生活的紧密联系，最后，还设计了"涂色游戏"，最大限度地借用了动手操作这一拐杖，有意识地借助学生手脑之间的联系，架起了数学问题与学生思维之间的桥梁，以及数学思维与语言表达之间的桥梁，刺激大脑神经保持兴奋状态，减少大脑抑制的产生，使学生的学习变得自然、轻松、高效，从而达到了知识巩固的最佳效果。

"确定位置"教学实录

教学过程

一、游戏活动，引入新课

师：首先，我们来进行一个找座位比赛，请大家根据老师发的座位卡片找座位。看哪些同学能正确、快速地找到自己的座位！

（生手中拿着座位卡片如"第2组第3个"等，开始找座位）

（渐渐地，大部分学生都找到了自己的座位，可是有三个同学在教室里找了好一会儿，还是没有找到，他们急得满脸通红，有的拿着座位卡片自言自语，有的和其他同学小声嘀咕——）

师（拉住其中的一位同学）：你需要帮助吗？

生1（很委屈地）：我这个座位号不对！上面只写着"第3组第__个"，我知道我应该坐在第3组，但没有写明是第几个。

生2：我也是号码没写全！座位号上写着"第__组第4个"，我知道我坐在第4个，但不知道是哪一组。

生3：我的座位卡片问题更大呢！上面就写着"第__组第__个"，实际上什么也没有写，我哪知道自己坐在第几组第几个！

师：大家认为，他们说的有道理吗？

生4：说的是有道理，但是只要仔细看看，还是应该可以找到座位的。像第3组，就剩下一个空位置，就应该是生1的。

师：生1，你同意生4的看法吗？

生1：我同意。（说完走过去坐下来）

（受生4和生1的启发，生2和生3也分别找到了自己的座位）

师：我发现同学们都很聪明，只要老师写明了第几组第几个的都很快找到了新的座位，没有写明第几组第几个的都知道一下子不能确定座位。看来，要准确找到座位，就应该写明是第几组第几个。今天我们就一起来学习有关确定位置的知识。

（板书课题：确定位置）

二、体会感悟，建构方法

师：通过刚才的活动，大家都知道自己新座位的位置。你们知道第1组第1个是谁吗？（板书：第1组第1个）

生（不约而同）：胡怡然。

师：那么我们请胡怡然站起来朝老师笑一笑。（师也笑了）

师：请第2组所有同学举一下手；再请每组第2个举一下手。

（生分别举手示意）

师：刚才有一个同学举了两次手，大家能很快知道他坐在第几组第几个吗？

生（抢答）：我不用看就知道是第2组第2个。

师：真聪明！现在请第3组第5个举一下手，他叫什么名字呀？

众生：谢文仪。

师：我请第5组第3个举一下手，她是谁呢?

众生：盛颖悦。

师：我们班班长在第几组第几个?

生1：班长在第2组第2个。

生2：我们还有一个副班长，在第8组第1个。

师：那我们班的体育委员坐在第几组第几个?

生：第2组第5个。

师：我们同学都有自己的好朋友，对不对?那请你看一看，你的好朋友坐在第几组第几个?

生1：我的好朋友坐在第2组第3个，叫许纯纯。

生2：我的好朋友坐在第4组第3个，叫徐依伦。

生3：我的好朋友坐在第2组第5个，叫张雨阳。

生4：我的好朋友坐在第8组第4个，叫蔡倩。

……

师：刚才，我们用"第（　）组第（　）个"的方式描述了我们同学的位置。在确定位置时，首先要确定哪儿是第1组第1个。

【把板书改成第（　）组第（　）个】

师：下面我们一起去参观动物学校。看——小动物正在干什么呢?

（显示动物做操图）

生：排着整齐的队伍在做操呢!

师：对啊，它们的队伍排得很整齐。哪里是第一排呢?第一排又有哪些小动物呢?

（屏幕闪动第1排小动物）

生：（用手横着比画）这是第1排，有小猴、小猫、小狗、小猪、小兔。

师：哦，从前往后数，第1排、第2排、第3排，还有第4排。那，从左往右数一数，每一排共有几个动物呢?

（屏幕闪动每排的第1、2、3、4、5个动物）

生：共有五个。

师：那第1排第1个是谁呀？

生：小猴。

师：对。那小熊排在第几排第几个？

生1：第3排第2个。

生2：我不同意，应该是第2排第3个。

师：那你们觉得哪位小朋友说得对呀？

生3：我们把横着的五个小动物看成一排，那小熊就是第2排第3个。

生4：我也同意小熊是第2排第3个。

师：请大家猜猜我最喜欢的动物是谁？它今天穿着红裤子，你知道在第几排第几个吗？

【板书：第（　）排第（　）个】

生1：第3排第2个，是小猪。

师：很可惜，没有猜对。

生2：第2排第4个，是小猫。

师：还是不对，不过不要紧，有点靠近它了。

生3：第3排第5个，是小猪。

师：对了！老师最喜欢这头穿红裤子的小猪了。那你们最喜欢哪只小动物呢？你能够说出它在第几排第几个吗？

生1：我最喜欢第1排第5个，是小兔。

生2：我最喜欢第1排第3个，是小狗。

（学生都踊跃举手）

师：哦，既然大家都想说，就请你告诉你的同桌吧。

（同桌间相互叙说自己喜欢的动物名字及其位置）

师：刚才，我们用"第（　）排第（　）个"的方法确定了小动物的位置。在确定位置时，一般从前往后数第几排，从左往右数第几个。

三、实践应用，解决问题

师：小动物做完了操，回到了它们的宿舍。我们一起去拜访它们——

（显示动物宿舍图）

（画外音：嗨，大家好！我是小猴，欢迎大家来做客！我住在第2层第3号房间。）

师：同学们，你能根据小猴说的话，知道谁住在第1层第1号房间吗？

（生相互商量，讨论）

生：我们觉得，住在第1层第1号房间的是小青蛙。因为小猴住在第2层，是从下往上数层数的；小猴住在第3号房间，是从左往右数房间号的。

师：说得很有道理！

师：你还想去拜访哪个小动物呢？它住在第几层第几号房间呢？请同桌同学一个扮演小动物，一个扮演客人，互相说一说。

（同桌间轮流扮演角色、描述位置）

（选两对同桌说一说拜访小动物、找房间号的过程）

师：我们确定小动物的房间号，是用怎样的方法？

生1：我们是用"第（　）层第（　）号"来确定小动物的房间的。

【师板书：第（　）层第（　）号】

生2：我们是从下往上数第几层，从左往右数第几号的。

师：说得有道理。

师：拜访完了小动物，我们又来到了动物学校的图书室——

（显示书架图）

师：你想看哪本书？

生：我想看《十万个为什么》。

师：这本书的位置在哪儿？

生：在第2层第2本。

师：大家知道他是怎样数第几层、第几本的吗？

【板书：第（　）层第（　）本】

生：我知道他是从下往上数第几层的，是从左往右数第几本的。

师：那么，书架上还有哪本书是你喜欢看的？它在什么位置？

生1：我想看《新华字典》，在第1层第2本。

生2：我想看《成语词典》，在第3层第5本。

生3：我想看《数学家的故事》，在第2层第9本。

生4：我想看《格林童话》，可是我一下子数不准它左边有几本。

师：我也一下子数不准它左边有几本，同学们有办法确定这本书的位置吗？

生5：我有办法！《格林童话》在第1层最后一本！

师：好办法！虽然从左边数不准，但是它在最后一本，这样也能确定它的位置。

生6：我还有一个办法！它在第1层倒数第1本！

师：这也是一种好办法！

生7：还可以说在最下面一层最后一本！

生8：还可以说在最下面一层倒数第1本！

……

师：大家参观了动物学校，感觉也有点累了，我们一起来玩一个"找地雷"游戏。

（显示"地雷阵"图）

（游戏规则：先把鼠标移到自己选择的方格内，说出是第几排第几个，再猜一猜里面有没有地雷，然后双击鼠标验证猜得对不对）

（生自由猜想第几排第几个埋有地雷。选几个代表在课件上移动鼠标操作验证，在地雷的轰炸声中，生情绪高涨）

四、拓展提升，联系生活

师（指着板书）：刚才我们用这样的说法，确定了一些人、一些动物、一些房间、一些书的位置。其实，在生活中我们经常要确定位置，请大家想想，在你的生活中，有哪些地方也要确定位置？大家可以先商量商量。

生1：射弓箭！我们射弓箭时就要先确定他们的位置。

师：哦，你的意思我明白了，瞄准位置后，你的弓箭会射得更加准确。

生2：我们在教室里找座位，也要先确定位置。

生3：在宾馆里，你如果订房间，拿到钥匙后，要先确定房间的位置，才能找得到房间。

生4：在学校食堂里，我们就餐时，也要先确定位置，不然吃饭会很乱的。

生5：坐火车时，要先确定位置，才能找到自己的座位，火车很长的，不确定位置，可能会误了火车。

师：大家说的都很有道理。我这儿有一张火车票，车票上写着：04号车012号下铺。根据这些数据，你怎么确定位置？

（显示火车票）

生5：只要到4号车厢里去找第12号的下铺就行了。

师：你说得可真棒！你肯定乘过火车，是吗？

生5：（满脸自豪）是的。我还坐过飞机呢！坐飞机也要找座位。我还知道，飞机票上面是没有座位号码的，上次我和爸爸坐飞机，爸爸拿着飞机票去排队换了一个号码牌。

（大部分学生面带疑惑）

师：你的见识真广！我这儿就有一张登飞机的号码牌，上面写着5D，那你知道该怎样找到座位呢？

生5：肯定是飞机上第5排的第4个座位。

师：是吗？上面并没有写"4"呀！那你又怎么知道的呢？

生5：上面的5，肯定就是第5排，那个D，就是A、B、C、D的D，第4个的意思呀！

师：真聪明！有时，我们也用英文字母来表示次序的。

生6：到电影院看电影要找座位。

师：是的，下面我们一起到电影院去——

（显示电影院图片）

师：一般的电影院在进门的地方有几扇门？有什么区别？

生：有两扇门，一个是单号，一个是双号。

师：哪些座位号是单号？哪些是双号？

生：单号是1、3、5、7……，双号是2、4、6、8……

师：有两个小朋友去看电影。你能告诉他们该从哪扇门进去比较方便找座位吗？

（显示两个小朋友和他们的电影票"5排8座"和"10排13座"）

生：男孩从双号门进，女孩从单号门进。

师：他们进去后又该怎样找座位呢？我们先看看这个电影院的座位是怎样排列的。（显示电影院座位排列图）

生1：双号在左边，单号在右边。

生2：我发现，单号的"1"和双号的"2"在最中间。

师：你能帮助他们找到座位吗？

生：（同桌互相商量后汇报）（选两名学生上台移动鼠标找位置）

师：大家找得很好！我代表这两个小朋友谢谢大家！

师：你能知道5排8座的前、后两个座位各是几排几座吗？

生：分别是4排8座和6排8座。

师：你知道10排13座的左、右两个座位分别是几排几座吗？

生：是10排11座和10排15座。

师：有一个小朋友和爸爸妈妈去看电影，小朋友坐在这儿（显示9排2座），你知道是几排几座吗？

生：是9排2座。

师：你知道小朋友的爸爸妈妈可能坐在几排几座？

生1：我想，可能一个坐在9排1座，一个坐在9排4座，小朋友坐在中间。

生2：我想，可能一个坐在9排1座，一个坐在9排3座，小朋友在边上，爸爸和妈妈说话方便。

生3：我和爸爸妈妈上次去看电影买票时，发现单号都是一起卖的，双号也是一起卖的。我想，爸爸妈妈应该坐在9排4座和9排6座。

师：生3能联系自己的生活经验，说得很有道理！

生4：我的想法和他们不一样。我想爸爸妈妈可能不坐在小朋友旁边，而是坐在9排的10座和12座，或者坐在第10排。因为小朋友已经长大了，而且爸爸妈妈也可以在离得不太远的地方看着小朋友。

师：生4的想法真好！我想你一定是个胆大、心细、懂事的好孩子！

（大家一起为生4鼓掌）

师：下面我们来做一个涂色的游戏。

（生拿出蜡笔和事先下发的纸，按照纸上注明的第几排第几个，在相应的方格内涂色）

（师巡视指导，并将学生的作品展示，引导学生发挥想象，涂色部分看上去像什么）

师：（展示涂得较快的学生的作品）李秀琳涂的像什么？

生：大树。

师：朱建豪涂的像什么？

生1：像一个对错符号的叉叉。

生2：像一个乘号。

师：还有小朋友涂的和他们不一样的吗？

生1：我涂的像飞机。

生2：我涂的像人。

生3：我涂的像鱼。

生4：我涂的像心。

众生：像爱心。

……

附——部分学生的涂色作品

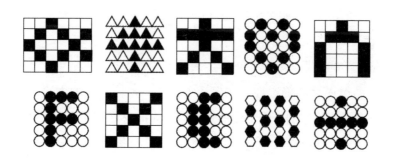

≡ "确定位置"教学反思

数学的课堂是学生发展的天地，数学学习的过程是学生享受教师服务的过程。理想的课堂是在价值引导下自主建构的过程，是真实自然的师生互动过程，是以动态生成的方式推进教学活动的过程。在进行这节课的教学时，我本着"为学生的数学学习服务"的宗旨，按照"引入——展开——应用——拓展"的程序组织学习活动，取得较好的教学效果。在教学设计与执行的过程中，我一直在思考如何处理好以下几对关系。

1. 教材与课程

尽管我们的教材为学生提供了精心选择的课程资源，但课程不仅仅是指教材，学生的生活经验、教师的教学经验、学生的学习差异和师生的交流启发也是有效的课程资源。如何整合课程资源呢？在细心领会教材的编排意图后，我对教材作了二次加工，使"教材"成为"学材"。首先对教材中题材呈现的顺序进行了适当调换，例如把"试一试"即描述学生的座位移到课始，把到电影院找座位移到游戏之后，等等；其次，对教材中的题材进行重组，例如把书架的第1层书增加了本数并做了"模糊"处理，把摆图形活动改成"找地雷"游戏等；此外，根据学生的生活经验补充了一些备用题材，如火车票、登机牌、旅馆房卡、象棋棋盘等。

2. 生活与数学

生活是数学的源泉，数学离不开生活。生活是丰富多彩、变化莫测的，而数学有着自己的严谨性和确定性。在生活中，"确定位置"的方法一般都是约定俗成的，也有随机而定的，但更多的是根据个人的喜好和需要自己"规定"的。不管是约定俗成，还是个人规定，都要首先确定第1排第1个，即坐标的原点，这是任何确定位置的前提。教学过程中，我按照"发现生活问题——提炼数学问题——建立数学模型——解决实际问题"的过程展开教学，让学生在不同的生活情景中不断经历"数学化"的过程。

3. 数学与活动

《义务教育数学课程标准》在"课程实施建议"中指出:"数学教学是数学活动的教学,是师生之间、学生之间交往互动与共同发展的过程。"数学活动不同于一般的活动,在开展数学活动时应有很强的目标意识,不能只图表面的热闹。本课的四次活动各有不同的目标追求:排座位活动,用生活中常见的现象让学生再次体验找座位的过程,唤醒学生的生活经验,激发学生的学习需要;观看动物做操,学习确定位置的一般方法——从左往右数与从前往后数;拜访小动物与书架取书,让学生面对实际问题,运用推理的方法确定位置,并学会用多种方法描述位置,培养解决问题的策略;旅馆、火车、飞机、电影院找座位等,让学生面对不同的生活情景,探索解决简单实际问题的方法。

4. 预设与生成

教案是预设的,课堂是生成的。如果说教学设计是把学术形态的数学转化为教育形态的数学,那么,课堂教学就应该把教师设想中的数学转化为学生现实中的数学。尽管如此,我觉得,教学设计仍然是十分重要的。曾有人错误地认为,既然课堂是生成的,课程改革后应该简化备课,甚至不要备课。殊不知没有备课时的全面考虑与周密设计,哪有课堂上的有效引导与动态生成;没有上课前的胸有成竹,哪有课堂中的游刃有余。正所谓不经历风雨,哪见得彩虹。比如,现在不少学生的家庭经济条件都提高了,不少学生都有坐火车、乘飞机的经历,而教材中又没有做这方面编排。由于我备课时有所准备,让学生联系生活确定位置时,有学生说到"飞机票上是没有座位号的",我顺水推舟,出示登机牌,既充分肯定了这个学生的观察细致,也让其他学生增长了见识。

当然,课堂教学的魅力就在于她永远是一门遗憾的艺术。反思这节课的教学,我觉得至少有如下几点需要改进:生活中学生到电影院看电影的经历其实很少,即使去看电影,要么是家长替学生找座位,要么就随意坐(电影院不景气是普遍现象),这样就增加了教学过程中电影院找座位的难度;生活中确定楼房(特别是居民住宅小区)房间的方法一般不说"第几层第几号",而是直接说"几零几",在教学中我没有适时进行有效沟通;由于是借班上课,在指定学生答问时如果能突出采用"第几组第几个""第几组倒数第几个"等方法,既可避免教师的指向不清，又可体现灵活运用这种确定位置的方法，可谓一举两得。

"确定位置"教学点评

【点评1】

著名特级教师徐斌老师应邀来我校执教了一堂二年级的数学活动课——《确定位置》。一堂课下来，学生兴奋，数学真的有趣；老师感叹，数学原来可以这样精彩。

不疾不徐，清新自然，行云流水，兴味盎然。徐老师的课，为他所追求的数学课堂的理想境界——"为学生的数学学习服务"作了最好的诠释。

高质量的服务，需要高质量、有思想的技术作支撑。钻得进，飞得高；飞得高，看得远。徐老师的这堂课，对于教学目标的定位，对于教材的重组，不能不说是独到的、新颖的、深刻的。很多设计让人眼前豁然一亮，亮就亮在对知识内涵的拓展和丰富上，那是一般老师很难达到的一种境界。比如，不标楼层与号码，引导学生根据小猴的位置去思考、推理坐标的原点；增加了书架上书的本数并作了模糊处理，启发学生从不同的角度解答问题；由小孩的电影票，引发学生对他爸爸妈妈坐哪儿的猜想所体现的人文关怀，等等。"跳一跳，摘苹果"，蕴含了教者对数学课堂的价值引领与追求，也让学生更多地在数学思维活动中体验探索数学的快乐，从而获得广泛的数学价值与意义。

这是一节体现师生共享、焕发师生生命活力的课堂。因为它找到了数学的源头和归宿——生活。教师引导学生启用数学思维去看鲜活的生活，去发现提炼数学的本真意义。课始的"找座位"，课中的"排队做操""参观宿舍和书房""玩找地雷的游戏"，课尾的"去电影院看电影"，多种生活情境的创设，让学生在"小脸通红、小手直举、小眼发光"的愉悦氛围中，掌握了一种种不同的描述位置的方式与解决生活中简单问题的策略。

对教材的高度把握，对课堂的高超驾驭，缘于徐老师对数学一往情深的热爱,对课堂孜孜不倦的追求与超越。

"真实自然,动态生成",这样的课堂,我们向往,我们追求。

(根据江苏省吴江市庙港镇中心小学上课现场,

由苏州大学实验学校 张学青执笔整理)

【点评2】

最近,笔者有幸聆听了特级教师徐斌的课,内容是苏教版第三册《确定位置》。整课设计新颖,指导到位,深深地吸引了我们所有的听课老师。其中他精心设计的课始,给我留下了无穷的回味与启发,现摘录如下:

师:小朋友认识我吗?

生:不认识。

师:(板书)徐。

生:徐老师好!

师:小朋友们好!今天老师到你们班上课感到特别高兴,有没有谁也姓徐?来,和我握握手(一个学生和他握手,其他同学都很羡慕的)。下面,就让老师来认识你们,老师要发给你们两张纸,现在请每个小组往下传第一张纸,用水彩笔写上你的名字,我就能认识你了。第1小组有几个小朋友?(有的说12个、有的说6个)我们把这6个小朋友就看作一小组(边做手势,边征求意见),你们说第1小组有几个小朋友?(这时学生齐答:6个)第2小组呢?第3小组呢?……("第几组"的概念在学生头脑中得到统一并建立了起来)

师:现在老师要发第二张纸了,请小朋友从上往下依次拿一张,再往下传,不能看背面的字。

(不一会儿,两张纸有顺序地传好了)

师:好,现在我们可以上课了吗?

(师生互相问好,学生正准备坐下)

师:小朋友先别忙着坐下,今天这一节课我们要重新排一下座位,好吗?看一看你们能不能找到新的座位。请你们按第2张纸上写的号码去找新的座位,如果有小朋友找不到可以找同学或者老师帮忙。

（生边动脑，边找座位，活动非常有序）

（当学生找到了新的座位坐下后，发现老师那里还站了3个小朋友，他们没有找到自己的座位，其他学生感到特别奇怪，边看着自己手里的纸条，边窃窃私语，教师就此组织学生展开共同讨论。）

师：我们一起来看一看，他们怎么会找不到自己的位置呢？看看他们的纸上写了什么呀？

（1）第3组第__个；（2）第__组第4个；（3）第__组第__个。

我们看一下教室里还有几个座位没有人坐？谁来帮助他们找到位置？

（教师组织学生按教室里的空位和纸条上的号码确定他们的座位）

师：看来，要确定我们小朋友的座位，先要确定第几组，再确定第几组的第几个，这样就能正确地找到自己的座位了，刚才的这个过程就是确定位置的过程。（板书课题）

……

看似简单的开课设计，体现了徐老师设计的精心和巧妙。他充分利用学生已有的知识基础和现实起点，完全放手让学生自主探索来完成。实践证明，学生完全有能力达到这一目标，并且学得相当主动、积极。课刚开始，教师与小朋友进行交谈、分发纸条的过程，一方面能与学生建立起良好的师生关系，另一方面也将本课所要学习的"第几组第几个"与学生进行了交代，统一了组别，学生在寻找新座位时，并不感到困难。正是在这个过程中，教师将学生已有的知识经验和生活经验充分调动了起来，他们能够运用已有的知识储备和经验基础，在不经意间化解了学习要点，进而顺利完成学习任务。这一创造性的设计体现了徐老师的独具匠心，看似简单，实则充满创意。

（点评：江苏省常熟市石梅小学　魏芳）

【点评3】

纵观全课，教者从实际情境出发，提升学生的已有经验，即呈现丰富的生活情境，帮助学生有效掌握确定位置的方法，使学生在这些熟悉的生活情境中，通过自主探索与合作交流解决实际问题，掌握确定位置的方法；同时特别关注学生的状态，达到在平等、尊重、和谐的环境中的情感升华。通过确定位置的教学实践，引导孩子全心地亲历数学知识生成的过程，培育孩子们的学习兴趣与思考方法，破解数学学习枯燥乏味的困惑，来激发每一个学生个人成长内在的追求和需要，从而开启学生一生可持续发展的智慧，实现文本与生活、教师与学生、现实与理想的共生共长。

1. 确立学习起点，让需求与新知对接"无痕"

让学生在不知不觉中开始，是无痕教育追寻的基本境界。实施"无痕教育"的前提是教师对所学内容的整体把握。不知不觉中开始，从教育心理学角度看，是确立合适的学习起点，即明确学生"现在在哪里"。有了对教学内容的整体把握，就有了对学生原有认知与学习状态的准确了解，就有了对学生生活经验与思维体验的适度掌握。有了这样的教学前提，就能够进一步明确把学生"将要带向哪里"，以及"如何走向那里"，从而无痕地将学生引向新知的边缘，让学生油然而生对新知学习的需求。

拿本节课来说，教师在课始设计了找座位游戏，请学生根据老师发的座位卡片找座位，看看哪些小朋友能正确、快速地找到自己的座位。学生手中拿着座位卡片，如"第2组第3个"等，开始找座位。渐渐地，大部分学生都找到了自己的座位，可是有三个同学在教室里找了好一会儿，还是没有找到，他们急得满脸通红，有的拿着座位卡片自言自语，有的和其他同学小声嘀咕，于是教师故作不解状，问："你们怎么没有找到座位？需要帮助吗？"

学生不是一张白纸，学生的认知不是零起点，教师的课堂教学完全以学生已有的认识为基础。徐老师在上这堂课时，不是按教材的顺序先确定小动物的位置，再来确定学生自己在教室里的位置，而是在学生已有的认知基础上，让学生自己凭着手中的座位号寻找自己的新座位，从而得知确定位置一定要知道第几排第几个——不是教师在费力地讲解，而是让学生在活动中就可以感受到新知。既简单又有趣的开课设计，体现了教者设计的精心和巧妙。充分利用学生已有的知识基础和现实起点，对于"第几组第几个"的教学，完全放手让学生自主探索来完成，同时通过三张与众不同的位置卡号，提供思维之"源"，引起学生的思维冲突，从而在无痕中将学生引向新知的边缘，让学生自然而然产生对新知学习的需求。

2. 巧妙设计梯度，让思维与智慧绽放"无痕"

数学课程应使得人人都能在数学上获得不同的发展，这样的目标定位同样也体现了现代教育的改革更人性化，体现了对每一位孩子负责，体现了对每一个人的尊重。我们不可能期待每一堂数学课都能有精彩的思维碰撞，但是，如果我们老师在设计教学时，能将重点抓住，难点分散，设计一定的教学梯度，使学生扶梯而上，那么在课堂教学中便能自然而然将学生带到要去的地方，在不露痕迹中引领学生"自己用脚走路，用自己的头脑去思考"。

比如，在游戏导入环节，教师给每位小朋友发了一张座位卡，学生按照座位卡寻找自己新的座位，此时有学生遇到问题，找不到自己的座位，于是教师立即询问缘由。

生1（很委屈地）：我这个座位号不对！上面只写着"第3组第__个"，我知道我应该坐在第3组，但没有写明是第几个。

生2：我也是号码没写全！座位号上只写着"第__组第4个"，我知道我坐在第4个，但不知道是哪一组。

生3：我的座位卡片问题更大呢！上面就写着"第__组第__个"，实际上什么也没有写，我哪知道自己坐在第几组第几个。

师：我们一起来看看他们怎么会找不到自己的位置呢？看看他们的纸上写了什么？

师：我们看一下教室里还有几个座位没有人坐？谁来帮助他们找到座位？

师：看来，要确定小朋友的座位，先要确定第几组，再确定第几组的第几个，这样才能正确地找到座位，刚才的过程就是确定位置的过程。

学生在这一过程中，经历了根据信息找座位→找不到座位→根据不完整的信息再找→找到座位→明确找座位的方法，层层递进，在找的过程中逐步明确确定位置的方法，在整个教与学的过程中，教师不急于牵引学生学习，而是运用学生的迁移，诱发学生自觉地一步步往下探索，逐步发现、体会数学知识，使学生的思维和智慧在新知探索的过程中"无痕"绽放。

3. 精心设计练习，让数学与生活"无痕"融入

生活处处有数学，数学无处不生活，"数学化"与"生活化"是我们数学课堂教学追求的两个维度，它们相辅相成："生活化"是基础，它帮助我们理解抽象的数学；"数学化"是目标，它帮助我们认识生活世界，解决生活世界中的问题。在教学中教师要通过"生活化"实现"数学化"，努力实现"数学化"与"生活化"之间的"无痕化"融入。

比如，在学习了一系列知识后，徐老师问学生：生活中哪些地方需要确定位置？学生踊跃发言后，有一学生提出坐飞机也要确定位置，教师就问："飞机票上有第几排第几座吗？"有的说有，有的说没有，这时教师就告诉学生，机票上是没有的，但要用机票去换一张登机牌，然后在多媒体上出示一个登机牌，上面写有"5D"，这怎么来确定位置呢？坐过飞机的学生就可以回答出来了。这个内容对于大多数学生来说是陌生的，但这确实是来源于生活，而且随着社会的发展，学生以后肯定能接触到的，这不仅是本节课内容的巩固拓展练习，更是教给学生一个生活中的经验。

含而不露的教学才是最好的教学，在"无痕"的课堂中，我们看不到教师生硬的牵引，我们感受的是自然生发的教与学，这也是我们所追求的课堂。教学虽无痕，但教师的用心却处处有心，它需要教师在课前做足功夫，了解学生知识的生长点，找到新旧知识之间的联结点；需要巧妙设计教学层次，既让学生扶梯而上，又使学生自然生发探索的欲望。总之，整节课，我们看到的是教师处处有痕的用心，带领着学生在"无痕"的课堂中畅游，从而提升学生学习数学的能力，使他们获得丰富的情智体验。

（点评：苏州太湖国家旅游度假区舟山实验小学　王燕琴）

课例6
"鸡兔同笼"教学案例

"鸡兔同笼"教学设计

教学内容

自编二年级数学活动课"鸡兔同笼"。

教材简析

"鸡兔同笼"问题是我国传统的古典难题,早在1500多年前《孙子算经》就有记录:"今有雉兔同笼,上有三十五头,下有九十四足。问雉、兔各几何?"日本的龟鹤算也是从鸡兔同笼问题演变而来。沪教版二年级下册曾涉及用列表法解决这个问题,新的人教版教材四年级下册、青岛版教材六年级下册中主要涉及用列表法和假设法来解决这类问题,旧的人教版教材六年级上册除了介绍列表法、假设法外还增加列方程解决问题,苏教版六年级上册、浙教版三年级下册都曾出现过用画图法、列表法解决问题,北师大版教材五年级上册也曾出现过,但由于其解题思路比较抽象,现行一般的义务教育教材中没有正式编排,只是在一些数学奥林匹克训练题中作为典型应用题出现。

该课作为二年级活动课进行试验,考虑到学生的年龄特点和认知特点,教学中借助直观操作——画数学画,让学生在画中学,边画边学,数形结合,通过直观表征让复杂问题形象化、简单化,着力培养学生的动手实践能力和创新能力,体会数学与生活的密切联系,进一步激发学习兴趣。

教学目标

通过学生自己动手、动脑、想想、画画，运用形象思维来解决"鸡兔同笼"问题，从而发展学生的思维能力；结合教学，渗透"假设"的思想方法，培养学生学习数学的兴趣和合作意识。

教学准备

交互式多媒体课件，实物展示台，5个◯，6个▭（背面贴4张5元、2张10元的人民币）；每小组一只信封（内装2分、5分硬币7枚）等。

教学过程

一、讲述故事，引入课题

讲述：我小时候，像你们这么大。一天，在放学回家的路上，一个白胡子老爷爷拦住我，说："小朋友，你上学了，我考考你！"我从小爱动脑筋，就说："老爷爷，您考吧！"白胡子老爷爷说："听着，我出题了——鸡和兔关在同一个笼里，数它们的头共有5个，数它们的腿共有14条。有几只鸡？有几只兔？"我一听就愣住了，心想太难了！怪不好意思的。白胡子老爷爷说："你现在还小，不会不要紧。记住吧，这叫'鸡兔同笼'问题。好好读书，以后再学。"我记住了白胡子爷爷的话。到了上五年级时，一次在新华书店里见到一本《小学数学趣题巧解》，书上讲了"鸡兔同笼"问题的解法。我学会了，特别高兴。直到今天，我还记得呢！

提问：小朋友们，你们愿意自己动手、动脑、想想、画画，解决"鸡兔同笼"这个难题吗？

心理学思考

讲故事是孩子喜闻乐见的学习活动，故事引入让学生初步了解"鸡兔同笼"问题，从二年级的"太难不会"到五年级通过看书学会了解决这一问题，引导学生认识到学习是循序渐进的过程，需要不断积累。同时也引导学生感受这类问题虽然具有一定的挑战性，但也并不是"遥不可及"，进一步激发二年级学生的挑战欲望，增强探究的信心，让学生"望而生欲"，此外通过为学生提供动手、动脑、想想、画画等这些"脚手架"，为实现自主探究、建构新知提供可能。

二、自主探索，构建模型

1. 理解题意，明确条件和问题

提问："鸡和兔关在同一个笼里"是什么意思？"数它们的头共有5个"是什么意思？"数它们的腿共有14条"是什么意思？

提问：要问我们什么问题？

提问：我们知道，一般每只动物一个头，而腿的条数有些不一样。每只鸡几条腿？每只兔几条腿？

教师演示课件，出示鸡和兔的图像。

2. 讨论交流，画图探索

（1）自由猜测。

提问：笼里可能有几只鸡、几只兔呢？大家先猜猜看！

预设学生中可能出现的想法有：

可能是3只鸡2只兔；可能是2只鸡3只兔；可能是1只鸡4只兔；可能是4只鸡1只兔。

（2）引导画图。

讲述：大家猜的都有道理！笼子里到底有几只鸡、几只兔呢？我们可以画一些简单的画——"数学画"来帮助思考。（提醒：数学画不需要像美术画一样美观、色彩艳丽，但是要突出动物特征，能够区别鸡和兔）

引导思考：请大家想想办法，用什么图形表示它们的头，用什么图形表示它们的腿？

预设学生中可能出现的方法有：

①用圆形表示头（到黑板上画○）。

②用竖线表示腿，鸡有两条腿就用2条竖线表示，兔有四条腿就用四条竖线表示（到黑板上画成 ⌒⌒ ⌒‖‖⌒）。

（3）展示汇报。

根据学生汇报的情况，用电脑进行互动演示（电脑课件中的腿和头均可根据学生汇报的情形随机进行拖动，如下图所示）

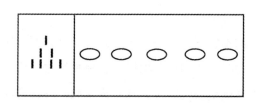

学生中可能会出现的方法有：

①方法一：先画1只鸡1只兔，再画1只鸡1只兔，再画1只鸡，一数正好是14条腿。笼子里有3只鸡2只兔。

②方法二：先画2只鸡，再画2只兔，一数有了12条腿，还差2条，我就又画了1只鸡，正好14条腿。也发现有3只鸡2只兔。

③方法三：先画1只兔1只鸡，再画1只兔1只鸡，再画1只兔，一数有16条腿，多了2条，就擦掉2条腿。这样就有3只鸡2只兔。

④方法四：先全部画成鸡，二五一十，一算还少4条腿，就2条2条地添上，就是2只兔3只鸡。

⑤方法五：先全部画成兔，四五二十，多了6条腿，就2条2条地擦去，这样也得到有3只鸡2只兔。

⑥方法六：脑中想。我想1只鸡和1只兔共有6条腿，画两次，二六十二，还少两条腿就是再画1只鸡。我是先知道有3只鸡2只兔，再画下来的。

⑦方法七：先把14条腿全部画好，再用头去套，套2条腿的就是鸡，套4条腿的就是兔，也能知道笼子里有3只鸡2只兔。

（课件演示方法七：先画14条腿，再用头去套腿的方法，如下图所示）

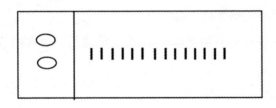

（4）验证小结。

提问：小朋友们想出了这么多方法，得到的结果都是3只鸡2只兔，与笼中的结果是不是一样呢？（电脑显示笼中的鸡和兔）

讲述：小朋友们的本领真大，一下子想出了这么多的方法，而且结果完全正确。以后碰到这类问题时，我们可以用想想、画画的方法帮助思考。

提问：想一想怎样画更快呢？（课件把方法4和方法5的画法再演示一遍，如下图所示）

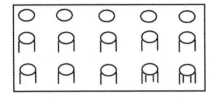 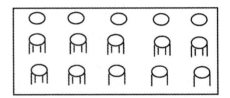

心理学思考

　　教学中根据二年级学生的认知特点，放慢了学习步伐，节奏处理力求细腻、层次分明。先让学生理解题目的每句话的意思，明晰已知条件和问题，结合生活经验，直观了解鸡和兔脚的只数，为成功画图探索问题扫除障碍。接着引导学生猜测，二年级孩子大多从"头共有5个"出发作出了4种猜测，进而引导学生画数学画，主要经历了讨论画法——自主尝试——展示汇报——验证方法——优化方法的学习过程，整个过程充分体现学生为主体的教学理念，渗透"移多补少"的数学思想。同时教师尊重孩子的创作，倾听孩子的声音，想学生所想，知学生所困，解学生所惑，教师真正成为学生学习的组织者、引导者和合作者。

三、巩固应用，解决问题

讲述：用这种想想、画画的方法可以帮助我们解决日常生活中遇到的一些问题。

1. （电脑显示自行车和三轮车）自行车和三轮车共有7辆，共有18个轮子。自行车有几辆？三轮车有几辆？

提问：可以用什么样的简单图形表示自行车和三轮车？（鼓励学生想出不同的表示法）

提醒：大家画图时，可以先假设全部是自行车，也可以先假设全部是三轮车，再数一数轮子的个数，少了就添上，多了再擦去。（学生独立画图，互相讨论，师巡视指导）

实物投影展示学生的不同画法，电脑演示两种假设的思路。

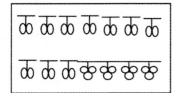 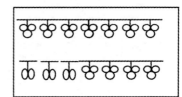

2. 有6张长方形纸，它们的背面各有一张5元或10元的人民币，合起来是40元。能知道5元的有几张？10元的有几张？

引导：我们可以先在脑中画图，也可以在纸上画图，还可以把画图与口算结合起来。

学生画图后在实物投影上展示不同画法，可能会想到的方法有：

①方法一：5元 5元 5元 5元 10元 10元

②方法二：5 5 5 5 10 10

③方法三：5 5 5 5 10 10

④方法四：在脑子里想好了再写下来的：4张5元 2张10元

3. 猜硬币游戏

游戏规则：每个小组桌上信封里都有2分和5分的硬币共7个，总共的钱数写在信封上。请大家先猜一猜，有几个2分的，有几个5分的。猜出结果后先在小组内讨论一下，再打开信封，看猜的结果对不对。比一比，看哪一组最先猜出来！

学生先分小组猜，再大组交流。

2角 2角3分 2角6分 2角9分 3角2分	○ ○ ○ ○ ○ ○ ○
2 5	

心理学思考

　　"学以致用"，必要的练习应用是学生巩固知识、内化认识的重要途径。教师通过设计车辆轮子、人民币面值、猜硬币游戏等练习，动静结合，赋予数学学习更多趣味性、活动性，引导孩子在想想、画画、猜猜等形式中，巩固了知识，提升了对鸡兔同笼问题的认识，沟通数学与生活的联系，初步渗透"转化"的数学思想，为后续学习做好孕伏。

四、总结全课、体验成功

提问：今天，大家学习了什么内容？我们是怎样学习的？

心理学思考

　　新课程评价功能将重在帮助学生发现与发展潜能，认识自我与展示自我，促进学生生命整体的发展。教师在评价方式上，提倡多元评价，既重视对知识习得的过程性反思和评价，同时注重教师的激励性评价和学生自我评价，引导学生逐渐掌握学习的方法，经历自主探索的过程，体验学习带来的成功和快乐。

"鸡兔同笼"教学实录

教学过程

一、讲述故事，引入课题

师：老师小时候，像你们这么大。一天，在放学回家的路上，一个白胡子老爷爷拦住我，说："小朋友，你上学了，我考考你！"我从小爱动脑筋，就说："老爷爷，您考吧！"白胡子老爷爷说："听着，我出题了——鸡和兔关在同一个笼里，数它们的头共有5个，数它们的腿共有14条。有几只鸡？有几只兔？"我一听就愣住了，心想太难了！怪不好意思的。白胡子老爷爷说："你现在还小，不会不要紧。记住吧，这叫'鸡兔同笼'问题。好好读书，以后再学。"我记住了白胡子爷爷的话。到了上五年级时，一次在新华书店里见到一本《小学数学趣题巧解》，书上讲了"鸡兔同笼"问题的解法。我学会了，特别高兴。直到今天，我还记得呢！小朋友们，你们愿意自己动手、动脑、想想、画画，解决"鸡兔同笼"这个难题吗？

生：愿意！

二、自主探索，构建模型

师：故事中的"鸡和兔关在同一个笼里"是什么意思？

生：这个笼子里只有鸡和兔。

师："数它们的头共有5个"是什么意思？

生：鸡和兔一共有五只。

师："数它们的腿共有14条"是什么意思？

生：鸡和兔的脚（腿）一共有14条。

师：要问我们什么问题？

生：笼子中鸡有几只、兔有几只。

师：我们知道，一般每只动物一个头，而腿的条数有些不一样。每只鸡几条

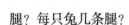

腿？每只兔几条腿？

生：每只鸡2条腿，每只兔4条腿。

（画面出示鸡和兔的图像）

师：笼里可能有几只鸡、几只兔呢？大家先猜猜看！

生1：可能是3只鸡2只兔。

生2：可能是2只鸡3只兔。

生3：可能是1只鸡4只兔。

生4：可能是4只鸡1只兔。

师：大家猜的都有道理！笼子里到底有几只鸡、几只兔呢？我们可以画一些简单的画——"数学画"来帮助思考。

（板书：画出"数学画"并解释，不需要像美术画一样美观、色彩艳丽，但是要突出动物特征，能够区别鸡和兔）

师：请大家想想办法，用什么图形表示它们的头，用什么图形表示它们的腿？

生1：我想用圆形表示头（到黑板上画 ◯）。

生2：我想用竖线表示腿（到黑板上画成 ◯ ◯◯）。

师：刚才两个同学想出了好办法。其他同学可以参考他们的画法，也可以用另外的表示方法画一画。

根据学生汇报的情况，用电脑进行互动演示（电脑课件中的腿和头均可根据学生汇报的情形随机进行拖动）。

生1：我是先画1只鸡1只兔，再画1只鸡1只兔，再画1只鸡，一数正好是14条腿。笼子里有3只鸡2只兔。

生2：我是先画两只鸡，再画两只兔，一数有了12条腿，还差2条，我就又画了1只鸡，正好14条腿。也发现有3只鸡2只兔。

生3：我是先画1只兔1只鸡，再画1只兔1只鸡，再画1只兔，一数有16条腿，多了2条，就擦掉2条腿。这样就有3只鸡2只兔。

生4：我是先全部画成鸡，二五一十，一算还少4条腿，我就2条2条地添上，就是2只兔3只鸡。

生5：先全部画成兔，四五二十，多了6条腿，我就2条2条地擦去，这样也得到有3只鸡2只兔。

生6：我先没有急着画！我想1只鸡和1只兔共有6条腿，画两次，二六十二，还少两条腿就是再画1只鸡。我是先知道有3只鸡2只兔，再画下来的。

师：能在脑子里边想边画！真不简单！

生7：我的画法和他们都不一样！我先把14条腿全部画好，再用头去套，套2条腿的就是鸡，套4条腿的就是兔，也能知道笼子里有3只鸡2只兔。

师：能想出与别人不一样的画法，真了不起！

师：小朋友们想出了这么多方法，得到的结果都是3只鸡2只兔，与笼中的结果是不是一样呢？

（电脑显示笼中的鸡和兔）

师：小朋友们的本领真大，一下子想出了这么多的方法，而且结果完全正确。以后碰到这类问题时，我们可以用想想、画画的方法帮助思考。怎样画更快呢？

师：全部画成鸡，二五一十，然后几条几条地添上腿？

生：2条2条地添。

师：如果全部画成兔，一共多少条腿？多了几条怎么办？

生：四五二十，多了6条腿，2条2条用橡皮擦掉，总共擦3次。

（课件分别演示假设的思路）

三、巩固应用，解决问题

师：其实在生活中像鸡兔同笼这样的问题还挺多的。比如在学校车棚里就遇到了这样的问题：自行车和三轮车共有7辆，共有18个轮子。自行车有几辆？三轮车有几辆？

（电脑显示自行车和三轮车）

师：可以用什么样的简单图形表示自行车和三轮车？

（生独立画图后指名到黑板上画图）

师：大家画图时，可以边画边数，也可以先全部画成自行车，也可以先全部画成三轮车，再数一数轮子的个数，少了就添上，多了再擦去。

（师实物投影展示学生的不同画法，生算一算轮子总数）

师：刚才哪些小朋友全部画成自行车的？一下子画了几个轮子？少了几个轮子？几个几个添上去？

生：二七十四，少了4个轮子，一个一个添上去。

师：刚才哪些小朋友全部画成三轮车的？一下子画了几个轮子？多几个轮子？几个几个擦掉？

生：三七二十一，多了3个轮子，一个一个擦掉。

师：老师这儿有6张长方形纸，它们的背面藏着两种面值的人民币，面值是5元或10元，合起来是40元。能知道5元的有几张？10元的有几张？

师：我们可以先在脑中画图，也可以在纸上画图，还可以把画图与口算结合起来。

生1：我是这样画的：5元　5元　5元　5元　10元　10元

生2：我比生1画得简单：5　5　5　5　10　10

生3：我在脑子里想好了再写下来的：4张5元　2张10元

师：最后，我们做一个猜硬币的游戏。每个小组桌上的信封里都有2分和5分的硬币共7个，总共的钱数写在信封上。请大家先猜一猜，有几个2分的，有几个5分？猜出结果后先在小组内讨论一下，再打开信封，看猜的结果对不对。比一比，看哪一组最先猜出来！

（生先分小组猜，再大组交流）

师：我发现有几个组完成得特别快？你们是怎么做的？

生：我们是一起先商量再猜的。

生1：6个2分，1个5分，一共1角7分。

生2：1个2分，6个5分，一共3角2分

生3：3个2分，4个5分，一共2角6分

四、总结全课，体验成功

师：这节课小朋友们自己动手，用画画的方法来帮助思考，解决了"鸡兔同笼"的问题。有的小朋友还能在脑子里画画，并且把画画和口算结合起来，真了不起！老师告诉大家一个秘密：这种"鸡兔同笼"的问题原来是五、六年级的大哥哥、大姐姐学的，现在我们二年级的小朋友也学会了，大家高兴吗？让我们为自己鼓鼓掌！

"鸡兔同笼"教学反思

"鸡兔同笼"问题是我国传统的古典难题，曾经在一段时期的小学教材中出现过，由于其解题思路比较抽象，过去一般的义务教育教材中没有编排，只是在一些数学奥林匹克训练题中作为典型应用题出现。《义务教育数学课程标准》在"课程实施建议"中的第二学段特地编排了"鸡兔同笼"案例。我选择这一教学内容，是想尝试一下，采用数形结合的方法，让二年级的学生在一堂课的时间里轻松愉快地解决这一所谓的"难题"，并让学生在学习的过程中获得积极丰富的情感体验。

本课的教学目标包括知识技能、数学思考、解决问题、情感与态度等方面，其中一个重要目标是着力培养学生的形象思维能力。

我国思维科学的创始人钱学森先生将人的思维方式分为形象思维、逻辑思维和直觉思维三种。1993年颁布的《义务教育小学数学大纲（试用本）》在"教学目的"中指出，要"培养初步的逻辑思维能力"，而2000年修订的"大纲"将这句话改为"培养初步的思维能力"。虽然文字叙述中少了两个字，但其内涵却大大丰富了。我以为，思维能力的方式除了包括逻辑思维外，还包括形象思维、直觉思维、合情推理等方面。我国心理学家朱智贤先生研究指出，小学生的思维处于由具体形象思维向抽象逻辑思维过渡的阶段，而且这时的抽象逻辑思维在很大程度上仍然带有很大的具体形象性。尤其是低年级学生，更是形象思维占主导地位，正如乌申斯基所说，孩子们习惯"用形状、颜色、声音和一般感觉来思维"。

作为一名数学老师，我们有责任思考——数学是什么？《义务教育数学课程标准（实验稿）》在"前言"的第一句就指出："数学是人们对客观世界定性把握和定量刻画、逐渐抽象概括、形成方法和理论并进行广泛应用的过程。"《义务教育数学课程标准（2011年版）》也强调"在呈现作为知识和技能的数学结果的同时，重视学生已有的经验，使学生体验从实际背景中抽象出数学问题、构建数学模型、寻求结果以及解决问题的过程"。我认为，好的数学教学应该是从学习者的生活经验和已有的知识背景出发，提供给学生充分进行数学实践活动和交流的机会，使他们在自主探索的过程中真正理解并掌握数学知识、思想和方法，同时获得广泛的数学活动经验。

教学试验表明，即使是二年级的孩子，只要我们方法合理，也能学会"鸡兔同笼"这样的所谓古典难题。

"鸡兔同笼"教学点评

【点评1】

前不久，在北京举办的一次数学教学研讨会上，我有幸听了江苏省特级教师徐斌给二年级学生上的一节数学活动课"鸡兔同笼"，收获颇大，现选取其中三个片断简析如下。

片断一：创设问题情境

苏联心理学家鲁宾斯坦曾指出："思维过程最初的时刻通常是问题情境。"上课开始，采用孩子们喜爱的讲故事方式："老师小时候，像你们这么大。一天，在放学回家的路上，遇到一位白胡子老爷爷……"在故事情境中引出数学问题："鸡和兔关在同一个笼里，数它们的头共有5个，数它们的腿共有14条。有几只鸡？有几只兔？"在故事里徐老师特别讲到，"老师像你们这么大时还不会做这道题"，既显示难度，引起认知冲突，又促使学生对老师产生一种心理认同感，拉近了师生间的心理距离。我想，这对任何阶段的学生都是必要的、适宜的。德国弗来堡师范大学海纳特教授在《创造力》一书中写道："创造性教学的一个特征是，教师尽量关怀学生的学习，努力使自己返回到学生阶段，也就是开始一个倒回的过程，这样他才有可能把自己与学生看成一致的，并使学生把他视为同一。"

片断二：建立数学模型

第一步——分析题意。教师出示颜色鲜艳、形象生动的兔子和鸡的实物图，唤起儿童有关的生活经验，儿童的脑海里呈现这两种动物的具体形象。

第二步——指导画图。用"◯"表示头，用"｜"表示腿，用"◯|"◯||"表示鸡和兔。这时，鸡和兔各自的颜色不见了，它们生动的形态也不见了，甚至连它们的躯体也被忽略了，而只抽取了与数学有关的"头"和"腿"的数量特征，得到的这些"符号画"既是形象的图画，又是抽象的符号。这一过程是儿童将头脑中的表象概括化的过程。如果说抽象思维的细胞是概念，形象思维的细胞则是表象，而这种"符号画"就是形象思维运演的"算子"，也是形象思维过渡到抽象思维的"脚手架"。

第三步——讨论交流。在猜想、画图、凑数之后进行汇报交流。学生汇报时，课件中设计了交互界面（鼠标拖动演示），并根据学生的实际，随机准备了"先画腿，再套头"的备用方案。

第四步——验证小结。验证结果后，小结时介绍"假设"的画图思路。

建立数学模型的过程，体现建构主义思想：从学生为主体的角度看，这是一个主动建构的过程；从知识与技能的形成来看，这又是一个意义建构的过程。

片断三：解释、应用与拓展

建立一个数学模型不是目的，重要的是要让学生进行"数学化"，即用数学的眼光去解释生活中的一些现象，解决生活中的一些简单问题。这一阶段分了三步。

第一步——"自行车和三轮车共7辆，共有18个轮子，有几辆自行车？几辆三轮车？"学生自己创造出自己能看懂的"符号画"。

第二步——"有5元和10元的人民币6张共40元，5元有几张？10元有几张？"学生有的在纸上画图，有的在脑中画图，还有的把画图与口算结合起来。不同的学生用不同的思维方式解决问题。

第三步——"猜硬币游戏"（2分和5分硬币共7枚）。设计了6种情况，每组不一样，组内和组间既有合作，也有竞争。

解释、应用与拓展，儿童的头脑中不断经历"数学化"的过程。教师及时、尽可能多地把不同的画法和想法通过实物投影展示给所有学生，并让学生说出自己是怎么得到这个结果的，让大家共同分享探索的过程、结果和快乐。

课堂的最后，与新课引入时相呼应，并进一步告诉学生一个"秘密"："这本来是五、六年级大哥哥大姐姐学的，你们才二年级就已经学会了。"让学生为自己鼓掌！体验数学思考的快乐和克服挑战性问题后的精神满足，使学生在经历成功后反刍成功的快乐，建立起更强的学习信心。

总之，这堂课的教学，充分体现"数学教学是数学思维活动的教学"，让学生在观察、实验、猜测、验证、合作、交流、应用与反思等数学活动中学习，让学生体验到了数学学习过程是快乐的活动过程，让学生分享到了数学学习活动的成功与快乐！

（点评：全国著名特级教师　钱守旺）

【点评2】

自我感觉一直以来都与"鸡兔同笼"颇有缘分。这是一道数学名题，却困扰了我的整个小学生活。而今身为人师，苦恼依然——因为我正在对我的四年级学生进行这方面的辅导。"鸡和兔关在同一个笼子里，头有5个，腿有14条。问鸡有几只？兔有几只？"这道题我换汤不换药地已经教了三遍了，但仍有孩子不明所以：为什么一会儿假设5只都是鸡，一会儿假设5只都是兔呢？要知道这些孩子还是班级中的佼佼者呀！对此，我唯有苦笑。

机缘巧合，前不久我有幸听到了特级教师徐斌面向二年级学生开设的数学课"鸡兔同笼"。当时一看到大门口黑板上的这个课题，我着实吓了一跳——他竟敢上这内容？

然而现在，我只想说："数学，就这么简单！"

亮点一："怎么画才最简单"——学画数学画

在让学生充分估计了笼子里鸡、兔可能有的只数后，教师问："我们在美术课上画过鸡和兔吗？""画过！"在孩子们的齐声回答声中，教师借助多媒体演示出了色彩斑斓、栩栩如生的鸡和兔。接着教师话锋一转："现在我们来画数学画，不过数学画不用这么麻烦，怎么画才最简单？"话音刚落，教室里便热闹起来，小朋友围绕"简单"二字做起了文章："用'○'表示头""用'丨'表示腿""有两条'丨'表示鸡""有四条'丨'表示兔"……，不久鸡和兔的数学画定稿了——"⌒"（鸡）"⌒"（兔）。教师适时引导："应该先画几个头？""5个！"学生兴趣盎然地边说边画了5个"○"。"那么画腿时怎样画得既快又不容易出错呢？"同学们展开了讨论，最后交流得出：可以先画5只鸡，有10条腿，还多4条腿没画，再两条两条地添上去。"那能不能先画兔再画鸡呢？"真是一石激起千层浪，小朋友们又开始了新的思索与探究。结果令我瞠目结舌的是：全班同学几乎都能用两种画法求出鸡和兔的只数，而这正是我在辅导学生时一再强调却仍令他们感到万分头疼的"一会儿假设5只都是鸡，一会儿假设5只都是兔"。

亮点二："用最简单的方法"——算车子的辆数

教师出示了这样一道题目：自行车和三轮车共有7辆，共有18个轮子，自行车有几辆？三轮车有几辆？而后，他并未作过多地分析，而是轻描淡写地问了一句："能不能用最简单的方法？"其实这题同属"鸡兔同笼"的范畴。小朋友并不明白这一概念，但是由于他们已经学会了画简单的数学画，所以这对于他们来说是一个充满信心的挑战。教师有意识地选取了几份，学生甲说："我根据鸡和兔的样子，把自行车画成了两条腿，三轮车画成了三条腿。"学生乙说："因为自行车有两个轮子，我就画两个圆；三轮车有三个轮子，就画三个圆。"听着孩子们富有思想的回答，看着他们简单而又有创意的数学画，我不由得为孩子们的可爱、孩子们的善于抓本质而暗暗喝彩。对于他们来说，这不就是最简单的方法吗？随后教师又看似无意地补充了一句："能不能先画车轮，再画车把呢？课后我们试着画一画。"原以为孩子们课后才不会把这当一回事儿，但跟踪调查的结果是：不少学生进行了尝试。这不由得令我想到了这样一句话："数学不是听懂的，也不是教会的，而是领悟的。"只有让孩子们真正领悟了，他们才乐意去当成功的探索者。

亮点三："越简单越好"——猜钱

教师设计了一个小组合作的猜钱游戏：每个信封里各装有面值2分、5分的硬币共7枚，但总钱数不同，有1角7分、2角、2角3分、2角6分、2角9分、3角2分，每个小组各领一份，要求大家根据总钱数猜一猜2分硬币、5分硬币各有多少个？并把想法在组里交流，要求越简单越好。

在汇报时，有孩子说："我先写了7个2分，共14分，还少9分，我就3分3分地加。"说着，把他的创意展示给大家看：2+3、2+3、2+3、2、2、2、2。这时又有一名孩子急着说："我跟你正好相反，先写了7个5分，共35分，多了12分，就3分3分地减，5-3、5-3、5-3、5-3、5、5、5。"还有的更绝："我比你们都简单，是在脑子里画出来的，结果也和你们一样。"就这样，猜钱游戏在孩子们的探索、体验与感悟中简简单单、轻轻松松地实现了它的数学价值。

《义务教育数学课程标准解读》中明确倡导："我们不能假设孩子们都非常清楚学习数学的重要性，并自觉地投入足够的时间与精力去学习数学，也不能单纯依赖教师或家长的权威去迫使学生们这样做。事实上，我们更需要做的是让孩子们愿意亲近数学、了解数学、喜欢数学，从而主动地进行数学学习。"让他们觉得数学就这么简单。然而"简单"二字说起来容易做起来难，对于教师来说，它不仅是一种技巧，更是一种智慧。看着那一份份略显粗糙但却充满创意的数学画，我仿佛看到了孩子们灿烂如花的心灵——稚气而富有个性，顽皮而长于创造。我想正是徐老师为他们搭建了具有创意的学习平台，摈弃了一些人为的"烦琐分析"，让数学回归了本真与简单，才使得他们勇于在活动中彰显个性，敢于在实践中打造探索的钥匙。从这一点上来说，"简单"难道不是我们数学教学所要追求的一个境界吗？

（点评：江苏省特级教师 江苏省张家港市江帆小学　徐芳）

【点评3】

国家启动课程改革经历了从一维目标到三维目标、从"双基"到"四基"再到"数学核心素养的培养"的一系列重要变化。数学核心素养是"三维目标""四基"的继承和发展，数学抽象、推理、建模是核心素养中最重要的几个素养。史宁中教授说过："数学学习的最终目标，是让学习者会用数学的眼光观察现实世界，会用数学的思维思考现实世界，会用数学的语言表达数学世界。"而数学的眼光就是抽象，数学的思维就是推理，数学的语言就是模型。教师精准定位学情，合理制定教学目标，创设了民主和谐的学习氛围，充分尊重孩子，精心呵护孩子，在湿润的土壤播下数学核心素养的种子，在春风化雨中，让数学核心素养"落地生根"。

1. 在深入理解中渗透抽象

抽象是数学教学中经常性、普遍性的思维活动，也是数学活动中最基本、最重要的思维方法之一。小学生学习数学，不仅要记忆抽象的数学知识，而且要学会形成知识的抽象方法，不断感悟数学抽象的基本特征。教师在教学中充分预设、捕捉生成性资源，敏锐地洞察学习过程，把握抽象的时机，有效地调控课堂，真正从学生的学习出发，逐渐从感性认识提升到理性认知，经历和体验抽象的过程，渐渐学会抽象。教师采用由扶到放的方式让孩子自主探究"鸡兔同笼"这一问题，引导学生通过观察、思考、画图等多种方式参与学习，充满趣味又具有挑战。教师洞察学生的学习过程，精心选择学生的创作，有效引领课堂，借助活动通过对比、交流不仅感知了"鸡兔同笼"问题的基本含义和特点，同时帮助学生从模糊走向清晰，从不完善走向完善，在生生互动、补充交流中进一步丰富感知，形成了更加清晰的表象；抓住头的只数和脚的只数这两个要素，揭开了"鸡兔同笼"问题的神秘面纱，悄然播下"抽象"的种子，让数学抽象这一素养"落地生根。"

2. 在有效迁移中渗透推理

《义务教育数学课程标准（2011年版）》指出：推理能力的发展应贯穿于数学教学的始终。推理是数学的基本思维方式，教师在教学过程中，应该设计适当的学习活动，引导学生通过观察、尝试、估算、归纳、类比、画图等活动发现一些规律，猜测某些结论，发展合情推理能力；通过实例使学生逐步意识到，结论的正确性需要演绎推理的确认，教师根据学生的年龄特征，在课堂中坚持"以人为本"和"以学生的发展为本"的理念，关注学生的学习过程，给学生提供探索交流的空间。从让学生根据"头的只数"开始猜测鸡和兔的只数，到自主探究后的验证小结，有利于帮助学生形成一丝不苟的良好习惯，也有利于学生掌握科学的思维方法，在主动参与、自主建构中把数学推理这一核心素养有机地渗透在这一过程中，在已有知识、经验、技能的有效迁移中学会推理，让数学推理这一素养"落地生根"。

3. 在问题情境中学会建模

从广义上讲，数学就是模型，数学的概念、法则、定义、公式、关系都是数学模型。从学生学习的本质来看，数学建模是获得数学基本思想方法、积累数学活动经验、习得数学知识和解决问题的一种能力。《义务教育数学课程标准（2011年版）》提出十大核心词，模型思想正式走入小学教师的研究视野。建模素养是指个体用形式化数学语言表征研究对象数学结构的能力，是个体后续学习和未来发展必备的一种能力。教师在新知探究部分从鸡兔的具体形象到用"数学画"表示鸡和兔的大众表征，到学生多样化的个性化表征，把错综复杂的实际问题简化、抽象为合理的数学结构，让学生对新知进行接纳、内化、顺应，纳入自己已有的认知结构中。在问题情境中以学生为中心，以问题为主线，让学生进行自主探究、合作交流、成果分享，引领学生经历"观察——简化——抽象——修改——建立模型"的过程，让数学建模这一素养"落地生根"。

（点评：江苏省苏州工业园区金鸡湖教育领军人才　郭建芬）

课例7
"倍的认识"教学案例

"倍的认识"教学设计

教学内容

义务教育数学教科书（苏教版）三年级上册第4～6页。

义务教育数学教科书（人教版）三年级上册第50页。

教材简析

本节课的学习内容主要是倍的认识和求一个数是另一个数的几倍的实际问题。倍数关系是生活中最为常见的数量关系之一。建立倍的概念，有助于学生进一步理解乘法和除法的含义，拓宽应用乘、除法运算解决实际问题的范围。

教材例题首先呈现了经过加工的生活场景，图中三个小朋友围着一个花坛数其中各种花的朵数，并根据每种花的数量进行比较，由此引出"蓝花有2朵，黄花有3个2朵，黄花的朵数是蓝花的3倍"，从而使学生初步认识倍的含义。在此基础上，通过红花有8朵，8里面有4个2朵，让学生学会用除法算式进行计算。然后通过相应练习帮助学生逐步理解概念，积累活动经验，掌握求一个数是另一个数的几倍的方法。

教学目标

1. 使学生结合具体情境初步理解"倍"的含义，能初步解决求一个数是另一个数的几倍的实际问题。

2. 使学生在数学活动中充分感知"倍"的意义，了解相关知识之间的内在联系，发展学生的观察、比较、抽象、概括和推理等能力。

3. 使学生进一步积累数学活动经验，体会数学与生活的密切联系，获得解决问题的成功经验，提高学好数学的信心。

教学准备

学生准备直尺、小棒、水彩笔等，教师准备课件、卡片等。

教学过程

一、复习旧知，孕伏算法

谈话引入，提问口答：（课件显示）

6里面有几个3？10里面有几个2？15里面有几个5？

怎样列式算出来？求一个数里面有几个另一个数用什么方法计算？

（分别对应显示6÷3=2，10÷2=5，15÷5=3）

心理学思考

> 倍的认识与乘法和除法的含义直接相关，本课主要学习"求一个数是另一个数的几倍"的实际问题，计算时联系除法含义进行列式。因此，课始复习一个数里面有几个另一个数的口答题，让学生用除法进行计算。这样的复习，针对性强，再现除法运算和含义的知识，激活学生认知结构中与本课新知相关的旧知，为新课学习做了必要的准备。

二、引入新知，理解概念

1. 创设情境（课件显示）

"春暖花开，同学们来到学校花坛。花坛里开满了鲜花，图中有哪几种颜色的花？你能分别数数各有几朵吗？"

根据这些信息，你能提出哪些数学问题？

（可能学生会提出求和与求相差的实际问题，然后在求相差的基础上引出比较两个数量的另一种方法——倍。揭示课题：倍的认识）

提出：关于"倍"，你了解多少？还想了解什么？

心理学思考

> 倍的知识来源于比较。学生已经学过求两数相差多少的实际问题（用减法计算），从"差比"到"倍比"，是学生认识上的一个飞跃，需要教师从学生的认知特点出发，引领学生逐步学习新知。同时，让学生面对三种花的数量，自己提出数学问题，培养学生的问题意识，发展学生的数学思考。

2. 初步感知（教具演示）

教师根据学生数出的花朵，先把2朵蓝花排在一起，然后把6朵黄花排在一起，并指出"黄花有3个2朵，黄花的朵数是蓝花的3倍"。

（逐步完成板书）

黄花有3个2朵，黄花的朵数是蓝花的3倍。

3. 动手操作（圈画图形）

带领学生在教材上圈一圈，填一填。

129

红花有（　　）个2朵，红花的朵数是蓝花的
（　　）倍。 8÷2＝4

（板书：红花有4个2朵，红花的朵数是蓝花的4倍）

进一步提问：蓝花有2朵，红花有8朵，8里面有几个2？用什么方法计算？

（板书：8÷2＝4）

心理学思考

一般说来，学生生活中有关倍的知识储备并不多，因此倍的概念引入，主要靠教师的演示和讲述，并与学生的相关旧知进行沟通与对接。教者通过教具的动态形象操作，从几个几、一份与几份、一个数里面有几个另一个数等方面，帮助学生建立"倍"的概念意义，并学会用除法算式表达运算思维过程，体现数学的简洁性。

4. 变式训练（课件分别动态显示）

（1）如果蓝花2朵，红花有10朵，红花朵数是蓝花的几倍？怎样用除法计算？（10÷2＝5）

如果蓝花朵数不变，红花有12朵呢？红花有18朵呢？（12÷2＝6，18÷2＝9）

（2）如果蓝花2朵，红花有4朵，红花朵数是蓝花的几倍？怎样计算？

（4÷2＝2）

如果蓝花朵数不变，红花有2朵，红花朵数是蓝花的几倍？（2÷2=1）

（通过"1倍"这一特例，让学生理解此时即两种花同样多）

（3）蓝花2朵，黄花6朵。现在蓝花增加1朵成3朵，如果依旧要使黄花朵数是蓝花的3倍，可以怎么办？

（4）如果蓝花变成4朵，依旧要使黄花朵数是蓝花的3倍，可以怎么办？（图略）

如果蓝花变成1朵，要使黄花朵数是蓝花的3倍，可以怎么办？

5. 归纳小结

通过小结，逐步让学生理解："把一个数量看作一份，另一个数量有这样的几份，就是它的几倍。"

心理学思考

对概念含义的巩固除了需要模仿与重复，还需要变式训练。蓝花不变，红花从8朵变为10朵、12朵、18朵、4朵、2朵等，通过改变份数，让学生熟练掌握用除法计算倍数的方法；倍数不变，改变一份的数量（从2朵变为3朵、4朵、1朵等），从而几份的数量相应改变，让学生理解倍的本质含义。在变式训练中，专门设计了"1倍"这一特例，回到两个数量比较的出发点——同样多，把"倍比"与"差比"进行了沟通与关联，培养学生思维的完整性品质。归纳小结则帮助学生从具体逐步抽象，把倍的概念与"几个几"以及"份数"关系进行了沟通，促进学生认知结构的形成。

三、活动探索，内化新知

1. 拍手游戏

× × ×

× × ×　　× × ×　　× × ×

（师先拍三下，生拍的下数是师的3倍；然后同座进行拍手游戏）

思考：怎样拍手让别人容易听出倍数关系？

2. 操作小棒（学具活动）

第一排摆：／／／
第二排摆：／／／／／／

6里面有（　）个3，第二排小棒的根数是第一排的（　）倍。

如果第二排摆15根，15里面有（　）个3，第二排小棒的根数是第一排的
（　）倍。

3. 观察图形（教具动态演示）

红带子的长是绿带子的（　）倍。

4. 测量线段（课件带子图逐渐变窄，并渐变为线段图，然后出示下图）

　　　　　　　　　　　　　　　　　　　（　）厘米

　　　　　　（　）厘米

第一条线段的长度是第二条的几倍？

□○□＝□

学生测量后列式计算。

5. 连线填空（学生在课本上独立完成）

10里面有（　）个2，◑的个数是〇的（　）倍。

□○□＝□

6. 口答倍数（卡片选择）

教师出示几个数字卡片，让学生选择两个数，说出之间的倍数关系。

（卡片上的数有1、2、3、4、7、8、9、10）

联系复习题的三道题，让学生说出倍数关系。

心理学思考

　　巩固练习的六个层次设计，从拍手游戏到小棒操作，从观察图片到测量线段，从连线填空到口答倍数，遵循儿童认识规律，从动作思维过渡到形象思维，再从形象思维发展为逻辑思维，由浅入深，由扶到放，由具体到抽象，不断内化对倍概念的理解程度，体现了知识与方法的发展过程，帮助学生积累数学活动经验，发展数学思维。

四、应用拓展，积累经验

课堂总结后进行涂色游戏。

（课件随机显示）

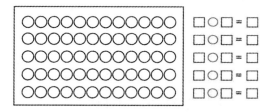

"倍的认识"教学实录

教学过程

一、复习旧知，孕伏算法

师：6里面有几个3？

生：6里面有2个3。

师：用什么方法可以算出来？

生：6÷3=2。

师：10里面有几个2？15里面有几个5？

生：（略）

（分别对应显示，10÷2=5，15÷5=3）

师：求一个数里面有几个另一个数用什么方法计算？

生：用除法计算。

二、引入新知，理解概念

师（出示图片）：春暖花开，同学们来到学校花坛。花坛里开满了鲜花。图中有哪几种颜色的花？你能分别数数有几朵吗？

生1：有蓝、黄、红三种颜色的花。

生2：蓝花有2朵。

生3：黄花有6朵。

生4：红花有8朵。

师：根据这些已知信息，你能提出哪些数学问题？

生1：蓝花和黄花一共有多少朵？

生2：蓝花和红花一共有多少朵？

生3：红花和黄花一共有多少朵？

生4：三种花一共有多少朵？

生5：黄花比蓝花多几朵？

生6：蓝花比红花少几朵？

……

师：同学们提出的问题都很有道理。其中，不少同学提出了比较两种花多少的问题，也就是求两个数量相差多少。其实，比较两个数量除了我们已经学过的求相差多少，还有另一种方法——倍。

（揭示课题：倍的认识）

师：关于"倍"，你了解多少？还想了解什么？

生1：我听妈妈说过现在的物价是过去的好几倍。

生2：我知道"倍"就是比原来多很多。

生3：我想知道为什么要学习"倍"？

生4：我还想知道什么时候要用到"倍"？

师：（师根据生数出的花朵，先把2朵蓝花排在一起，并画上集合圈）我们把2朵蓝花看作1份。那么黄花有这样的几份呢？

师：（把6朵黄花每2朵一份地排在一起，并依次画上集合圈）我们一起来数一数，看黄花有几个2朵？

生：1个2朵、2个2朵、3个2朵。

师：黄花有3个2朵，我们就说黄花的朵数是蓝花的3倍。

（逐步完成板书）

（生齐说一遍）

师：黄花的朵数是蓝花的3倍，是什么意思呢？

生1：蓝花有2朵。

生2：黄花有3个2朵。

生3：蓝花有1份。

生4：黄花有这样的3份。

师：是呀！把2朵蓝花看作1份，黄花有3个2朵，也就是这样的3份，我们就说黄花的朵数是蓝花的3倍。

师：刚才我们比较了黄花朵数和蓝花朵数之间的倍数关系，那么红花朵数是蓝花的几倍呢？

师：我们还是把2朵蓝花看作1份，那么，红花有几个2朵呢？我们在图上一起圈一圈。

（师带领生在教材上圈一圈，填一填）

（板书：红花有 4 个 2 朵，红花的朵数是蓝花的 4 倍）

师：蓝花有2朵，红花有8朵，8里面有几个2？用什么方法计算？

生1：8里面有4个2。

生2：用除法计算。

师：（板书：8÷2=4）在这里8表示什么？2表示什么？4表示什么？

生1：8表示红花的朵数。

生2：2表示蓝花的朵数。

生3：4表示黄花朵数是蓝花的4倍。

师：那么，刚才我们比较黄花的朵数是蓝花的几倍，该怎样列算式？

生：6÷2=3。

（师板书补充：6÷2=3）

师：我们刚才已经得出了红花的朵数是蓝花的4倍。那么现在老师适当改变红花的朵数，你还能用倍来比较吗？（课件显示10朵红花）

生：蓝花2朵，红花有10朵，红花的朵数是蓝花的5倍。

师：你是怎样算的？

生：10÷2=5。

师：如果蓝花不变，红花有12朵，红花的朵数是蓝花的几倍？

生：红花的朵数是蓝花的6倍，12÷2=6。

师：如果蓝花不变，红花有4朵，红花的朵数是蓝花的几倍？

生：红花的朵数是蓝花的2倍，4÷2=2。

师：如果红花变为2朵呢？

生：红花的朵数是蓝花的1倍，2÷2=1。

师："1倍"表示什么意思？

生：表示红花和蓝花同样多。

师：是的。不过在比较时，两个数量同样多，一般不说"1倍"，而直接说"同样多"。

师：刚才我们已经知道，蓝花2朵，黄花6朵。现在蓝花增加1朵变成3朵，如果依旧要使黄花的朵数是蓝花的3倍，可以怎么办？

生：下面黄花也要每个圈里增加1朵。

师：这时黄花有几朵？怎样算？

生1：黄花是9朵。

生2：$9 \div 3 = 3$。

师：如果蓝花变为1朵，依旧要使黄花的朵数是蓝花的3倍，又该怎么办？

生：把黄花变成每份也是1朵。

师：这时又该怎样列式？

生：$3 \div 1 = 3$。

师：通过刚才的学习，你对倍有了怎样的认识？

生1：倍是用来比较两个数的。

生2：刚才用除法计算几倍的。

生3：刚才都是把蓝花看作1份，黄花和红花有这样的几份就是蓝花的几倍。

师：是啊！把一个数量看作一份，另一个数量有这样的几份，就是它的几倍，可以用除法进行计算。

三、活动探索，内化新知

师：我们来做一个拍手游戏。

（师先拍三下，要求生拍的数是师的3倍）

师：怎样拍手让别人容易听出倍数关系？

生：拍了3下后要注意停顿一下。

（首先同桌间进行拍手游戏，然后指名两个学生演示拍手游戏，其余同学根据拍手情况列式计算）

师：接下来我们比一比看谁摆小棒的能力强！第一行3根，第二行6根，第二行小棒的根数是第一行的几倍？第二行摆15根呢？

（指名到台前摆小棒，并让学生先摆一摆，再互相说一说）

师：怎样列式计算？

生1：6÷3=2。

生2：15÷3=5。

师：如果不摆小棒，你能直接说出18是3的几倍吗？

生：18是3的6倍，18÷3=6。

师：我们刚上课时复习的三道题，求一个数里面有几个另一个数，其实也可以表示什么？

生1：也可以表示求几倍。

生2：6是2的3倍。

生3：10是2的5倍。

生4：15是5的3倍。

师：我们再来观察两种颜色的带子——

（课件显示带子图）

师：这时，红带子的长是绿带子的几倍？

生：红带子的长是绿带子的1倍。

师：其实两根带子的长度是什么关系？

生：一样长。

师：（课件变化）这时，红带子的长是绿带子的几倍？为什么？

生：红带子有这样的5份，所以是绿带子的5倍。

师：（课件变化）现在，带子有了怎样的变化？

生：带子变细窄了。

师：这时红带子的长是绿带子的几倍？

生：还是5倍。

师：带子变细窄了，为什么还是5倍呢？

生：因为长度没有变化。

师：（课件变化）那么，现在两根带子又变成什么了呢？

生：变成了线段。

师：第二条线段的长度是第一条的几倍？

生：还是5倍。

（生在课本上测量并列式计算填空，然后交流反馈）

师：通过测量，这两条线段的长各是几厘米？

生：第一条线段是9厘米，第二条线段是3厘米。

师：第一条线段的长度是第二条的几倍？

生：3倍。

师：你是怎样计算的？为什么？

生：9÷3=3，9里面有3个3。

（生在课本上连线填空，独立完成）

师：10里面有几个2？

生：5个。

师：彩球的个数是白球的几倍？你是怎么计算的？

生：5倍，10÷2=5。

师：为什么？

生：通过连线，发现10里面刚好有5个2。

四、应用拓展，积累经验

（要求先涂色，然后算出空白圆的个数是涂色的几倍）

师：你是怎么涂色的？空白圆的个数是涂色的几倍？为什么？

生1：我涂了1个，空白圆的个数是涂色的11倍，11÷1=11。

生2：我涂了2个，空白圆的个数是涂色的5倍，10÷2=5。

生3：我涂了3个，空白圆的个数是涂色的3倍，9÷3=3。

生4：我涂了4个，空白圆的个数是涂色的2倍，8÷4=2。

生5：我涂了6个，空白圆的个数是涂色的1倍，6÷6=1。

师（展示学生作品）：为什么同学们写了这么多？

生：按照顺序去涂色，不会重复，也不会遗漏。

师：怎么没有同学涂色5个呀？

（生自由讨论）

师：这样的问题目前我们不好解决，以后会有办法的。这堂课上到这里，下课。

"倍的认识"教学反思

"倍的认识"这节课属于概念教学。著名心理学家奥苏泊尔说过："比起世界上的各种现象来说，人实际上是生活在一个概念的世界里。"概念是数学学科知识中的重要组成部分，概念教学历来是数学教学中的难点，因为数学概念通常比较抽象，而儿童的思维又是以具体形象思维为主。从概念学习的一般规律来说，本课主要抓住了以下四个方面的要点。

1. 了解概念的来源

小学数学的大多概念来源于学生的生活经验，同时也常常能从学生的已有旧知中发展而来。"倍"的概念就是如此。一方面，学生生活经验中经常遇到两个数成倍数关系的现象，也经常听到有关"倍"的比较性说法，甚至有一些错误的说法；另一方面，学生认知结构中已经积累了一些数量之间进行比较的方法，尤其是比较多少的方法。在这样的基础上学习新知"倍"，可以充分利用学生的生活经验，同时在比较多少的方法基础上引出"倍"，有利于实现从"差比"到"倍比"的自然过渡。

课始，教者组织相关旧知的复习，突出求一个数里有几个另一个数的含义和除法运算，为本课学习求一个数是另一个数的几倍做好必要铺垫。而在生活情境中让学生搜集数学信息，提出数学问题，比较数量多少，再引出一个数是另一个数的几倍的新知。这样的设计，从学生的数学现实出发，以旧引新，以新促旧，新旧比较，使学生了解"倍"的概念产生的来龙去脉，为深入理解"倍"的本质打下重要基础。

2. 突出概念的本质

"倍"的本质其实就是几个几，是乘法和除法意义的进一步发展。如何让学生在乘除法意义学习的基础上理解"倍"的本质，是这节课教学的重点。在新知教学过程中通过五步展开。第一步，初建"倍"的概念。用教具直观演示讲解，使学生在具体形象中了解6朵黄花是2朵蓝花的3倍。第二步，介入除法运算。让学生在动手圈画图形中进一步理解"倍"的概念，同时联系求8里面有几个2可以用除法计算。第三步，变化几份数。通过8朵红花变为10朵、12朵、4朵、2朵，蓝花朵数不变，使学生在变式中理解"倍"的含义与算法。第四步，变化一份数。通过把蓝花由2朵变为3朵、4朵、1朵，要使黄花朵数依然是蓝花的3倍，让学生在变和不变中深入理解"倍"的意义。第五步，归纳概括。让学生结合具体的数量比较过程，归纳有关"倍"的概念含义，初步概括"倍"的本质特征。

新课程改革以来，数学概念教学倡导的是"淡化形式，注重本质"，因此，概念的教学不像过去过早采用抽象、烦琐的文字来完整叙述，而是注重让学生不断积累感知经验，在具体形象中逐步感悟概念的含义，并逐步对相关数学活动经验进行归纳和提升，以达到对概念本质的丰富性理解。

3. 沟通概念的联系

孤立的概念容易被遗忘，而单一的概念也不成体系。"倍"的概念虽然本课是首次学习，但是学生在生活经验中偶尔也会听说过，更重要的是，"倍"的概念与学生已经学过的相关知识间存在着很多内在的联系，因此，在教学过程中，要不断地加强沟通和比较，使新建的概念纳入学生原有的认知结构中，从而加深对概念的深度理解。

在引入"倍"的概念时，从求两数相差多少的比较，介绍用"倍"来进行比较，体现从"差比"到"倍比"的发展需要；学习新知时，首先从乘法的基本含义"几个几"出发，并通过"1份"和"几份"的比较，初步建立"倍"的认知模型；接着在求一个数是另一个数的几倍时，联系除法的含义，通过运算思维再次形成"倍"的思维模型；然后通过变式练习活动，分别改变几份数和改变一份数，让学生巩固对"倍"的概念理解；在"1倍"这一特例处理上，结合数量的变化过程，直观地沟通起"1倍"与"同样多"的内在联系，并进一步沟通"1

倍"和"几倍"的发展关系。

4. 体现概念的应用

学以致用是数学教学的重要目标，因此，数学教学中有意识地利用数学的概念、原理和方法解释现实世界中的现象，解决现实世界中的问题，是培养学生应用意识的重要途径。而低年级学生的认知规律启示我们，只有设计目标多层、内容丰富和形式多样的应用练习，才能顺应儿童的心理特点和数学的学科本质。正如乌申斯基所说："一般说来，儿童是依靠形状、颜色、声音和感觉来进行思维的。"

从概念应用的目标来看，本课的应用体现为基础性应用、对比性应用和发散性应用三方面；从概念应用的内容来看，本课主要体现为数学应用（应用"倍"的知识判断两数关系和列式计算倍数）、生活应用（判断白球和彩球的倍数关系）和拓展应用（从 12 个圆圈中灵活寻找空白和涂色数量之间的倍数关系）三方面；从概念应用的形式来看，则有操作应用（包括摆小棒和测量）、运算应用（包括列式计算和选择卡片）和游戏应用（包括拍手游戏和涂色游戏）三方面。

从这节课的教学可以看出，数学概念教学需应关注四个"要素"，即来源、本质、联系和应用。让学生了解概念的产生和来源，有利于引发学生的认知动机，有利于为概念寻找现实意义；理解概念的本质和意义，有利于经历概念的形成过程，有利于建构概念的数学模型；沟通概念间的内在联系，有利于丰富学生的认知结构，有利于形成有效的知识系统；加强概念的练习和应用，有利于提高学生的应用意识，有利于培养学生的数学素养。

"倍的认识"教学点评

【点评1】

有幸观摩了徐斌老师执教的《倍的认识》，让我有"柳暗花明又一村"的顿悟。在教育模式和教育流派此起彼伏的今天，时常感到迷茫与纠结。教学模式作为在一定教学思想或教学理论指导下建立起来的教学活动结构框架和活动程序，是联系理论与实践的桥梁，但也常常使课堂被束缚。那么到底要不要模式？哪种模式更好？是不是一种模式可适用于所有地区、所有班级？在《倍的认识》一课中，徐老师以"为学生服务"作为出发点，淡化模式，追求自然的无痕教学理念，似乎让我找到了答案。无独有偶，《倚天屠龙记》中张无忌大战玄冥二老，张三丰面授张无忌时说过一段话"你有神功护体，忘记所有招式，此时无招胜有招……"不知是巧合还是事物间本有的共性，徐老师的"无痕教育"与张三丰的"无招胜有招"竟有如此异曲同工之妙。当然要达到这种境界首先要有神功护体（过硬的基本功）。在本课的教学中，"倍的认识"是一节概念课，"倍"的实质是学生已学过的"求一个数里面有几个几"。徐老师课始先复习求"几个几"的口算及两个数相差多少，不知不觉中激活了学生已有的认知，让学生了解"倍"的来龙去脉，进而通过"初建倍的概念""介入除法运算""变化几份数""变化一份数"和"归纳概括"五个层面对相关数学活动经验进行归纳和提升，层层推进，不知不觉中达到对"倍"概念的本质的丰富性理解。在具体形象中逐步感悟"倍"的真谛。再把"倍"与几个几以及"差比"做纵横沟通联系，无痕中帮助学生把"倍"完整建构。最后从数学（应用倍的知识判断两数关系以及列式计算倍数）、生活（判断白球和彩球的倍数关系、红萝卜和白萝卜的倍数关系等）、拓展（从12个圆圈中灵活寻找空白和涂色数量之间的倍数关系）、操作（包括摆小棒及测量）、运算（包括列式计算及选择卡片）、游戏（包括拍手游戏和涂色游戏）等多维度实现应用，在不知不觉中深化学生的认知，培养学生的应用意识和数学素养。

（点评：福建省诏安县实验小学　叶建雄）

【点评2】

"天空没有留下翅膀的痕迹，但我已经飞过"，听徐斌老师的课，就有这样的意蕴。生活中的徐斌，朴实得像一个农夫，他的课也像他的人一样，朴实无华中散发出独特的魅力，给人留下了深刻的印象。徐斌就像一位有智慧的农夫，在无痕教育的田野里辛勤劳作，为我们开辟了一块教学的新天地。

1. 寻找适宜的"土壤"

优良的种子只有在适宜的土壤里才能生根发芽，教学也是这样，优秀的教师一定会为学生创造轻松和谐的"学习场"，让学生的数学思维达到和谐共振，绽放出美丽的数学之花。

（1）根植在"数学本质"里。"倍"的产生源于比较，"倍"的本质是指两个数量进行比较的一种"新"关系。在教学中，徐斌老师先出示一个绿色图形，启发学生思考"这个有倍吗""为什么没有"等有价值的问题，接着出示同样长的红色图形，追问学生"产生倍了吗"，让"倍"的概念自然孕育。

"倍"可以看作是一种运算，是乘法和除法意义的发展。徐斌老师在课始就精心设计了一组复习题，让学生感受到求一个数是另一个数的几倍，其实质就是一个数含有"几个几"。

（2）根植在"生活经验"中。在儿童的生活中，接触较多的是表示两个量的相差关系，即差比关系，而"倍"的概念是表示两个量之间的一种倍比关系，孩子很少遇到，因此学习"倍"有一定的困难，认知需要发生很大程度的"质变"。徐斌老师将数学思维的种子种在学生原有经验的"差比"里，在熟悉的生活场景中认识"倍"，获得思维的基本模型；接着，在"倍比"和"差比"的题组对比中深化认识，使思维获得生长。教师将孩子已有的"同样多"自然改造成"倍"，由1倍扩展到几倍，进一步沟通"1倍"和"几倍"的关系，在多变的情境中延展思维，深刻理解"倍"的产生是"比出来"的这一本质，可谓是在"不露痕迹"中生长。

2. 播下思维的"种子"

数学课要给孩子留下什么？那就是给课堂播下理性思维的"种子"，让学生具有数学头脑，学会理性分析现实世界中各种复杂的问题。

（1）数学直观。儿童以直观形象思维为主，故而教师采取直观的教学手段可以帮助学生更好地理解概念。徐斌老师通过蓝花、黄花教具的演示，让学生直观感受倍的意义；通过黑板上圈画的方式比较蓝花和红花，让学生经历从实物到图形、从直观思维向抽象思维过渡的发展过程，初步建立倍的思维模型。拍手游戏中，用声音引发思维；涂色游戏中，用颜色启动思维；小棒操作中，用动作产生思维；连线填空中，用语言促进思维。教师无论用哪一种数学直观，其核心都是促进学生对"倍"这一抽象概念的形象理解。

（2）抽象思维。数学教学要促进孩子思维的发展，就要着力发展孩子的抽象概括能力。徐斌老师采取由浅入深、由表及里、最后接触概念"内核"的方式展开教学，调动学生的学习主动性，引导他们进行积极的思考和探索。徐老师采用画一画、圈一圈、拍一拍、连一连、说一说、算一算的方式，通过多元表征来理解概念，凸显概念的本质属性；在题组的对比中，让学生能更清晰地认识到知识的本质。这样，能够激活儿童的数学思维系统，刷新学生的数学经验，延展孩子思维空间的兼容性，不断完善学生的认知结构。

3. 提供充足的"养料"

徐斌老师设计了"拍手游戏""观察图形""摆小棒""测量线段""连线填空""涂色游戏"等一系列活动，提供了充足的数学"养料"，让数学理性精神之树长青。

（1）用活。这节课的素材简约，但给孩子提供了广阔的思维空间，促进了学生进行有效的"深度学习"。徐斌老师巧妙运用变式，在更为多变的情境中延展学生的思维。以花朵素材为载体，思维在"变"中生长。"1倍数不变，几倍数变"，学生初步建立起"倍"的思维模型；"几倍数不变，1倍数变"，可以增加花的朵数，也可以减少花的朵数，学生深入理解了"倍"的数学本质。学生思维随着数据以及解决问题方式的变化，真正将学习素材用活了。学生的思维也经历了迁移、提升、灵活的变化过程，学习经验也得到了有效提升。

（2）用足。徐斌老师精心设计的每一个数学活动，都不是"蜻蜓点水"，而是真正"用足"，给了孩子更多个性思考的时空。例如，课尾的开放性练习设计就独具匠心。让学生从12个圆圈中灵活寻找空白和涂色数量之间的倍数关系，尊重了学生的学习能力差异，在作品的展示比较中体验到有序思考的独特价值，真正发展了数学思维。

可见，只有根植在学生生活经验的沃土中，不断犁动学生思维的土壤，播下数学理性思维的"种子"，提供充足的数学"养料"，才能让学生的数学思维之花自然绽放，结出丰实的概念之果，才能让学生在"无痕教育"思想的浸入中自由成长。

（点评：安徽省特级教师　夏永立）

【点评3】

《倍的认识》一课的教学，主要是结合具体情境，帮助学生初步理解"倍"的含义，能初步解决求一个数是另一个数的几倍的实际问题。特级教师徐斌执教本课时，抓住概念的本质，通过一系列生动有趣的情景和有效的数学活动，让学生充分感知"倍"的意义，逐步理解概念，积累活动经验，熟练掌握求一个数是另一个数的几倍的方法。本课的教学充分体现了徐斌老师"无痕教育"的三大亮点。

1. 创设情景，找准"衔接点"

新课标实施以来，"课堂的本体是儿童的学习，有效的数学学习必然建立在对儿童学习心理准确把握的基础之上"已成为当下数学教师的共识。让学生在不知不觉中开始学习，是徐斌老师"无痕教育"追寻的基本境界。

课始，徐老师从谈话引入，出示了三道口答题：6里面有几个3？10里面有几个2？15里面有几个5？学生一下子想到了可以依次用6÷3=2，10÷2=5，15÷5=3来计算。接着，教师追问：求一个数里面有几个另一个数用什么方法计算？学生自然想到了除法。这样的复习，针对性强，帮助学生理解了两个数之间的联系，唤醒了他们认知结构中与新知相关的旧知，为"倍的认识"做了很好的铺垫。

接着，教师创设了赏花情境图。当学生数出蓝花有2朵、黄花有6朵、红花有8朵时，教师提出了要求：根据这些信息，你能提出哪些数学问题？帮助学生把目光聚焦到数学学习上来。由于先前的知识经验，学生很快提出了求和与求差的实际问题：蓝花比黄花少几朵？黄花比蓝花多几朵？红花比黄花多几朵？在学生自主提问的基础上，教师总结说：其实，比较两个数，除了谁比谁多多少、谁比谁少多少，还有一个方法，今天我们就来学习"倍的认识"。

从新课导入设计来看，徐老师关注、顺应了儿童的学习心理，在新知学习前创设的情景，抓住了二个衔接点：复习简单的除法，复习比较两个数量之间的方法（求和或求差），在此基础上引出比较两个数的另一种方法——倍，显得非常自然、巧妙。这种基于儿童学习心理的数学教学，使新知的生长点建立在学生已有的知识经验和基本活动经验上，调动了学生学习数学的积极心向，为新课的教学奠定了基础。

2. 加强比较，关注"训练面"

"教是为了更好地学"。三年级的学生对于"倍"来说，知识储备不是很多。由此，在倍的概念引入时，徐老师除了演示和讲述外，紧紧抓住"比较"，让学生在具体的情景中感知"倍"的含义，帮助学生建立"倍"的概念意义。具体体现在下面三个层次上。

（1）从演示到画图，在比较中感知

教师根据学生数出的花朵，先把2朵蓝花圈在一起，然后把6朵黄花排在一起，每2朵圈一圈，并指出"黄花有3个2朵，黄花的朵数是蓝花的3倍"。在演示操作时，教师不断追问：为什么说是3倍？并提醒学生以后说黄花和蓝花的关系时，就可以用"倍"来说，让学生初步感知"倍"的由来。接着，教师引导学生拿红花与蓝花比，并邀请学生上台摆一摆，其他学生在书上圈一圈、填一填。操作时，教师注重思维训练，不时追问：要求红花是蓝花的几倍，就是求什么？学生在动手动脑中，明确了蓝花有2朵，红花有4个2朵，要求红花是蓝花的几倍，就是求8里面有几个2？可以用$8 \div 2 = 4$来表示。于是，通过比较，学生发现了不仅黄花和蓝花有倍数关系，红花和蓝花也有倍数关系。相同的是，都把蓝花看作1份。

（2）从模仿到变式，在比较中强化

例题教学后，徐老师通过多层次的比较，强化学生对于"倍"的认识。首先是1份数不变（即蓝花朵数是2朵），红花的朵数由8朵依次变成10朵、12朵、4朵、2朵，要求红花朵数是蓝花的几倍？怎样用除法计算？让学生通过计算，体会每份数不变，红花朵数增加时，红花是蓝花的倍数也就增加了，而红花朵数减少时，倍数也就减少了。特别是当红花有2朵时，红花朵数是蓝花的1倍。通过"1倍"这一特例，回到两个数比较的出发点——同样多，把"倍比"与"差比"进行了很好的沟通与关联，促进了学生思维的发展。这也是徐斌老师无痕教育的"进——退"之艺术，退到学生的思维起点，进到学生的认知结构。

第二次变式时，1份数（蓝花的朵数）发生了变化，教师把蓝花的朵数从2朵变成3朵、4朵、1朵，要求黄花朵数仍旧是蓝花的3倍，黄花应该怎么变？学生在直观形象的演示中，看到1份数发生变化，要使倍数不变，黄花的朵数也要随着蓝花的变化而变化。不难发现，这些变式练习，教学"无痕"，让学生对"1份数"（1倍数）有了更深的认识和体悟。

（3）从操作到表达，在比较中理解

操作是思维的基础和源泉，是学生获取新知的主要途径之一。动手操作能丰富儿童的感性认识，建立清晰的表象，是理性认识的基础。数学的特点是高度的抽象性和概括性，而小学生的思维具有形象性。上述环节中，从1份数不变，总数变化，引出倍数的变化，然后到1份数发生变化，倍数不变，总数随着1份数的变化而变化。在不断地"变"与"不变"中，让学生充分感受到"倍"是两个数相比较的结果；在不断地操作、观察和比较过程中，帮助学生从具体逐步抽象，把倍的概念与"几个几"以及"份数"关系进行了沟通，促进学生认知结构的形成。在师生"问"与"答"的多边活动中，"倍"的概念也在不露痕迹中得到深化理解，学生同时还体会到数学的神奇魅力。诚如数学家开普勒所说："数学就是研究千变万化中不变的关系。"

3. 凸显本质，拓展"知识线"

《义务教育数学课程标准（2011年版）》突出强调："数学学习应该是一个思维活动，而不是一个程序操练的过程。数学学习的过程，应该是学生体会数学思维抽象性、逻辑性的过程，应该是学生学会数学思维的过程，应该是学生学会从数学的角度思考问题进而建立数学模型并做出解释与应用的过程。"对于原本枯燥的"倍"概念，徐老师有针对性地对教材进行了"二度开发"，凸显了"倍"这一概念的本质，激活了学生思维，促进他们深入探究，从而提高学习能力。

首先，练习设计形式多样。从拍手游戏到小棒操作，从观察图片到测量线段、连线填空。这些练习，不仅针对性强，而且富有层次感。从设计思路看，基于儿童学习心理规律的深度洞察是实施无痕教育的关键所在，徐老师充分把握了儿童的学习心理,遵循了他们的认识规律,尤其是数学学习的规律。从素材看,除了教材内容,还利用师生间的拍手游戏,活跃了课堂气氛,愉悦了师生情感。

其次,知识方法同步发展。纵观对"倍"的前后认识过程,除了教师的示范演示,大多是学生的动手操作、眼睛观察、语言交流、对话表达,从动作思维过渡到形象思维,再从形象思维发展为逻辑思维,体现了由浅入深、由扶到放、由具体到抽象的过程,不断内化对倍概念的理解程度,关注了概念的产生、形成和发展,体现了知识与方法的同步发展。另外,我觉得徐老师三次关于学生对倍的认识的提问("倍是怎样产生的?"),分布在新课开始、新课结束以及巩固练习之后三个环节,很好地帮助学生对"倍"这个概念的理解由粗浅的感性认识上升到了"数学化"的理性认识,促进学生积极主动地从经历走向"经验",及时积累、提升和丰富了数学活动经验。

再者,数学思想蕴藏其中。徐斌老师一直认为:在数学教学中实施无痕教育,能使学生有机地提升数学思想。纵观整节课,他除了采用"比较"这一思想方法外,还有机渗透了抽象、数形结合、集合、对应、模型等数学思想方法,尤其是最后的测量线段练习,课件演示了从红带子、绿带子图逐渐变窄,并渐变为线段图时,凸显了倍概念的本质特征——绿带子是红带子的几倍,与带子的宽、窄没有关系,只与它们各自的长短有关系。而线段图的精彩呈现,为高年级学习用乘、除法运算解决实际问题埋下了伏笔。难怪有学生课末总结说:把一个数看作1份,另一个数有这样的几份,就是几倍。还有的学生说,倍跟"几个几"有关系。

基于上面的思考,我们似乎可以这样言说:徐老师抓住了概念教学的规律,从新旧知识的衔接点入手,为学生确立了合适的学习起点,注重比较,巧妙训练,于无痕的教育中,让方法在情景中自然产生,让概念在过程中自觉生成,有效构建知识网络,发展了数学思想,提升了学生思维的品质。

(点评:江苏省特级教师 江苏省张家港市梁丰小学 陈惠芳)

课例8

"一位数乘两位数"教学案例

"一位数乘两位数"教学设计

教学内容

义务教育数学教科书（苏教版）三年级上册第11页。

义务教育数学教科书（苏教版）三年级上册第11页。

教材简析

"一位数乘两位数"是义务教育教科书三年级上册的内容。在此之前，学生已掌握表内乘法及万以内数的加、减法。这部分内容的教学旨在帮助学生初步理解一位数乘两位数的算理，同时掌握竖式书写方法，明确竖式计算的基本程序。

本节课教材在编写上充分体现从直观到抽象的特点，先后引导学生动手摆小棒，利用小棒表示数的特点探索计算方法，并借助已有的口算经验，感悟加法与乘法的内在联系。学生在无形中经历了乘法分配律的直观运用，感悟到一位数乘两位数的基本算理，也为乘法竖式的教学做重要的铺垫。"想想做做"的题目帮助学生沟通一位数乘两位数口算和笔算原理的内在联系，巩固一位数乘两位数（不进位）的笔算方法。

教学目标

1. 使学生经历探索两位数乘一位数算法的过程，理解两位数乘一位数的算理，并掌握计算方法，会口算整十数乘一位数，会笔算两位数乘一位数（不进位）的乘法。

　　2. 培养学生迁移类推的能力和解决简单实际问题的能力。

　　3. 培养学生养成自主探索、合作交流的良好习惯。

教学过程

一、创设情境　复习铺垫

　　师生谈话：同学们好！大家看，今天谁来做客了？大象给我们带来什么数学问题呢？

（点击课件出示笔算和口算题）

笔算题是：

$$
\begin{array}{cccc}
& 1\ 3 & 2\ 0 & 3 \\
+ & 1\ 3 & +\quad 6 & \times\ 2 \\
\hline
\end{array}
$$

口算题有：2×4　3×3　1×5　6×2　5×8　7×9

　　　　　　$40+40$　　　$30+30+30$　　　$20+20+20+20$

　　　　8个十是（　　）　10个十是（　　）

　　　　15个十是（　　）　56个十是（　　）

请三位同学板演笔算，其他同学完成口算，再指名汇报。

提问1：笔算题答案中的"6"都在哪一位上？

提问2：笔算题答案中两个"2"又表示什么意思呢？

心理学思考

　　根据学生的认知规律，当新知识与原有知识经验的关联程度越深，就越容易激发学生的学习欲望；已有认知经验的激活程度越高，就越容易实现对新知识的个性化学习。在以上教学中，教者并没有刻意从生活中创设外在的复杂情境，把生活与数学的联系绝对化，而是提供了有利于学生建立新、旧知识之间联系的学习材料，以此激活学生内在的已有知识经验。其中，对三道竖式题的计算及个位上和十位上的数所表示意义的理解，又为后面两位数乘一位数竖式的教学搭建了"脚手架"。

二、自主探索　学习新知

1. 一位数乘整十数的口算

（1）观察情境图并回答问题。

提问：每头大象搬了多少根木头？你是怎么知道的？

大象一共运来了多少木头呢？用算式表示。

预设回答1：20+20+20。

预设回答2：20×3。

预设回答3：3×20。

（2）学生独立思考，再组织全班讨论。

交流：今天我们就来研究"乘法"（师板书），20×3等于多少？你是怎么计算的呢？

预设回答1：用加法算。

预设回答2：看图算。每堆10根，一共6堆就是60根。

预设回答3：想口诀"二三得六"算，再在6后面添0等于60。

教师小结算理：算2个十乘3得6个十，6个十是60。

（点击课件）提问：又来了一些大象，现在一共运来多少根木头呢？怎样列式算？

如果图上一共有8头大象呢？

（3）对比练习。完成"想想做做"第1题，边做边比较上下两题的相同点。学生独立完成，再交流汇报。

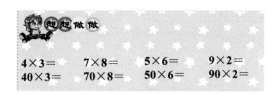

$$4\times3= \qquad 7\times8= \qquad 5\times6= \qquad 9\times2=$$
$$40\times3= \qquad 70\times8= \qquad 50\times6= \qquad 90\times2=$$

（4）互对算式。教师说一道一位数乘一位数的口算题，学生再对一位数乘整十数的题目进行计算。（师生互对，同桌交换进行，教师深入小组参与互动）

心理学思考

　　一位数乘整十数的乘法口算是为乘法竖式计算服务的。在教学中，教者从学生的实际出发，利用学生已有的知识资源，启发学生主动探寻方法，对学生显性的"把0前面的数乘了之后添上0"这一简便的思考方法，教师不失时机地顺势引导出"就是相当于求出了多少个10"这一算理。为使这一巧妙方法能熟能生巧，在"想想做做"之后，通过比较、"对算式"等形式，不仅使口算技能得以自动化，双基教学落到实处，而且为后面的教学扫清了障碍。

2. 一位数乘两位数的笔算乘法

（1）（点击课件）谈话：两只猴子一共采了多少个桃子？怎样列式解答呢？

同桌商量，摆学具帮助理解。（组织学生小组讨论）

学生可能会出现如下算法。

预设回答1：14+14=28。

预设回答2：图中右边两筐一共8个，左边一共20个，20+8=28。

预设回答3：10乘2等于20，4乘2等于8，20+8=28。

心理学思考

在教学过程中，教师注意充分挖掘文本资源，留给学生充足的时间和空间，极大程度地发挥学生的主体地位，进而产生了多种算法。这是自主的课堂让教学生成的一个闪光画面，是课堂教学中动态生成的资源，是教师与学生民主平等教学氛围的结晶。

（2）回顾计算过程，形成"原始"竖式。

提问：4乘2等于8，其实就是指哪一部分？

计算左右两个筐里的桃子就是算什么呢？

我们先算了个位上的，再算了十位上的，接下来该怎么办呢？

（生汇报，师逐步板书如下：）

$$
\begin{array}{r}
1\ 4 \\
\times\qquad 2 \\
\hline
8 \quad\cdots\cdots 4\times2=8 \\
2\ 0 \quad\cdots\cdots 10\times2=20 \\
\hline
2\ 8 \quad\cdots\cdots 8+20=28
\end{array}
$$

像这样一种算法，我们称之为竖式计算。

（3）师生共探，简化竖式。

组织学生尝试用竖式计算13×2，11×7，32×3。

（请三名学生上台板演，其余学生尝试自己解决）

$$
\begin{array}{r}
1\ 3 \\
\times\ \ 2 \\
\hline
6 \\
2\ 0 \\
\hline
2\ 6
\end{array}
\qquad
\begin{array}{r}
1\ 1 \\
\times\ \ 7 \\
\hline
7 \\
7\ 0 \\
\hline
7\ 7
\end{array}
\qquad
\begin{array}{r}
3\ 2 \\
\times\ \ 3 \\
\hline
6 \\
9\ 0 \\
\hline
9\ 6
\end{array}
$$

提问：这些算式有什么共同的地方？你发现了什么？

（借机板书课题——"两位数乘一位数"）

这样写竖式有些烦琐，我们可以把它简写，一起来看屏幕——（点击课件）

$$
\begin{array}{r}
1\ 4 \\
\times\ \ 2 \\
\hline
2\ 8
\end{array}
$$

（4）练习用简单写法完成竖式计算3×21=_____。

（学生完成并互相校对）

心理学思考

乘法竖式的计算方法是本节课的重点。教师利用主题图，帮助学生直观形象地领悟了竖式的算理，让学生在直观的基础上来学习抽象的算法，学生很容易就能掌握竖式的"原始"形式。而简便竖式的教学也不是教师强加给学生的，是在师生的共同计算、观察、比较的基础上自然生成出来的。教师在教学完乘法竖式的计算步骤之后，并没有立刻对算法进行简化，而是引导学生继续用这种方法做题，促使学生自己亲身体验后发现："原始"算法虽然清楚，但"有点烦"。通过这一引导，"把竖式进行简化"这一想法呼之欲出，成了全体学生的追求方向，水到渠成地"创造"出了更简便的竖式写法。在这里，过程是学生亲身经历的，方法是大家在充分研究的基础上生成的，充分发挥了学生的主观能动性，把主导和主体有机地结合在一起，给了学生足够的探讨空间去体验、去创造、去领悟，充分地相信学生的能力，尊重学生的感悟，达到了真正理解的目的。

三、练习巩固　形成技能

1. 自主解答

$$
\begin{array}{r} 2\ 4 \\ \times\quad 2 \\ \hline \end{array}
\qquad
\begin{array}{r} 1\ 1 \\ \times\quad 5 \\ \hline \end{array}
\qquad
\begin{array}{r} 3\ 1 \\ \times\quad 3 \\ \hline \end{array}
\qquad
\begin{array}{r} 4\ 3 \\ \times\quad 2 \\ \hline \end{array}
$$

2. 解决问题

（1）图上你得到了哪些信息？先在本子上写横式，再用竖式算出来！

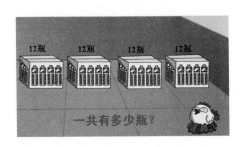

（2）老师上次到商店里买衣服，现在想买3套，一共需要付多少钱？

裤子　　　　上衣
10元　　　　11元

预设回答1：先算一套的价格10+11=21（元）；再算三套的价格21×3=63（元）。

预设回答2：分别算三条裤子的价格10×3=30（元）；

三件上衣的价格11×3=33（元）；再相加30+33=63（元）。

（3）星期天，一个班级的小朋友到游乐园去乘飞机。你们能知道哪些信息呢？先互相商量，再汇报。（生讨论交流）

3. 灵活运用

要求：如果大家到商店里只买一种玩具，但是可以随便买几个，要准确计算出自己要花多少钱。

（生看图自主选择玩具，计算价钱）

心理学思考

　　在巩固练习中，教者设计了形式多样、有思维坡度、富有情境化和生活趣味的练习题，既调动了学生学习的积极性，当堂复习了新知，也为学生后继学习埋下了伏笔。教师在教学完新知识后，并没有避讳计算教学会枯燥、教学气氛会不热烈的这一难题，而是让学生就书上的"练一练"进行计算，以此来强化学生所学的知识，逐步形成技能，然后才是应用到生活实际中。练习题选择的素材是学生经历过、感兴趣的题目，买衣服、乘飞机、买玩具等活动充分体现了数学与生活的紧密联系，使数学回归生活，用课堂中解决数学问题的方法去解决生活中的问题。教师所选的题目体现了浓浓的生活味，具有很强的开放性，练习的过程充分体现了学生的自主性和教师的民主性。

"一位数乘两位数"教学实录

教学过程

一、创设情境　复习铺垫

　　师：同学们好！大家看，今天谁来做客了（出示大象图）——今天大象给我们带来了什么数学问题呢？

　　（请三位同学到黑板上板演，其余同学口算）

　　笔算题是：

$$
\begin{array}{r} 1\ 3 \\ +\ 1\ 3 \\ \hline \end{array}
\qquad
\begin{array}{r} 2\ 0 \\ +\ \ \ 6 \\ \hline \end{array}
\qquad
\begin{array}{r} 3 \\ \times\ 2 \\ \hline \end{array}
$$

　　口算题有：2×4　3×3　1×5　6×2　5×8　7×9

40+40　　30+30+30　　20+20+20+20

8个十是（　　）　10个十是（　　）

15个十是（　　）　56个十是（　　）

师：大家口答得很好！我们再来看一看，黑板上三位同学做得对吗？

生：对！

师：这些笔算题目答案中都有一个"6"，这些6都在哪一位上？

生：都在个位上。

师：个位上的6表示多少？

生齐答：都表示6个一。

师：对。那这里两个2又表示多少？

生1：这两个2都在十位上。

生2：这两个2表示2个十。

二、自主探索　学习新知

师：看来小朋友以前的知识学得非常扎实。大家看，大象在干什么？

（变化课件）

生：大象在用鼻子搬木头呢。

师：有几头大象在搬木头呀？

生：3头。

师：每头大象搬了多少根木头？你是怎么知道的？

生1：我先数一堆是10根，两堆就是20根。

生2：我用10×2得到20。

师：想得都很好。3头大象一共运来了多少木头呢？你能用算式表示出来吗？

生1：我用3×20。

生2：我用20×3。

生3：我用20+20+20。

师：大家想出了不同的方法来解答，真不错！今天我们就来研究前面两种方法，也就是"乘法"。（板书）那这题20×3等于多少？

生（齐答）：是60根。

师： 哦，那你们是怎么得到这个答案的呢？

生1： 我是用20+20+20得到60根的。

生2： 我是看图上有6堆，每堆10根，就是60根。

生3： 我先想"二三得六"，再把那个0加上等于60。

师： 生3的这种想法有意思，你是先用了一句乘法口诀"二三得六"，那后来又添了一个0是什么意思？

生3： 我是这个0先不看，乘出来后，再把这个0写上去。

师： 用这种方法想时，先不看0，其实也就是先算2个十乘3得6个十，6个十是60，所以再在6后面写0。

师： （课件变化）继续看屏幕，又来了一些大象，现在一共运来多少根木头呢？你是怎样列式计算的？

生1： 一共有5头大象，我用20×5。

师： 20×5又等于多少呢？

生1： 等于100根。

师： 那你是怎样想的呢？

生1： 20+20+20+20+20，结果等于100根。

师： 不错。有没有同学跟他的想法不一样？

生2： 我是用"二五一十"这句口诀来算的。

师： 哦，用"二五一十"，那这个0——

生2： 先不看这个0，等到乘出结果后再添上去。

师： 为什么要再添上0？

生2： 先用2×5=10，表示10个十，是100，所以要再添上一个0。

师： 像图上这样，如果一共有8头大象，那一共运来多少根木头呢？

生3： 20×8，想口诀"二八十六"，再添上0，就等于160根。

师： 看来，有很多小朋友喜欢用这种方法来解答。那有没有小朋友还有其他不一样的想法呢？

生4：我不是这样想的。开始3头大象运来60根，后来5头大象又一共运来100根，100+60=160。这样8头大象一共运来160根。

师：真好！很会动脑筋，这种方法其实也不错啊！

（教师和学生为这位同学鼓掌）

师：现在请大家完成"想想做做"第1题。请大家直接把得数写在课本上，在计算时边做边比较上下两题有什么相同的地方。

（生汇报计算结果，投影随机显示答案）

师：刚才这四组题都算对的小朋友请朝老师笑一个。

（生纷纷作笑脸状）

师：这四组题在算的时候，有什么相同的地方？

生1：都可以用乘法口诀来算。

生2：每组上下两题都想同一句乘法口诀。

生3：每组下面算式的结果都比上面多一个0。

师：每组下面结果为什么都会多写一个0的呢？

生3：因为每组下面算式算的都是两位数乘一位数，都是几个十了，所以会多写一个0。

师：像这样的算式你们还会算吗？

生（齐答）：会！

师：下面老师出一道题，请咱们小朋友来对出另一道，看哪位小朋友对得快？$4 \times 6 = 24$，请小朋友来对一道几十乘几的算式。

生1：$40 \times 6 = 240$。

师：不错！还可以怎么对？

生2：$4 \times 60 = 240$。

师：很好！其他同学想对一对算式吗？

生（齐答）：想！

师：请同桌一位同学照老师那样先说一道一位数乘一位数的，另一位同学来对一道一位数乘整十数的，然后把答案算出来，同桌之间交换进行。

（全班学生同桌互动，分别举例、计算，教师深入小组参与互动）

师：同学们，请看图（课件出示），你知道了些什么信息？

生1：有两只猴子在采桃。

生2：一只猴子采了14个，另一只猴子也采了14个。

生3：14个桃子都是10个放在一个筐里，还有4个放另一个筐里。

师：那么两只猴子一共采了多少个桃子？怎样列式解答呢？

生1：14+14。

生2：14×2。

生3：2×14。

师：那这道题你是怎么算的呢？同桌间可以商量一下。需要摆小棒的就用小棒摆一摆。

（生交头接耳进行讨论）

师：谁来说说你是怎样想出结果的？

生1：我是用14+14，得到28的。

生2：我是看图的，右边筐里一共是8个，左边筐里一共是20个，合起来是28个。

生3：我是用乘法来想的，10乘2等于20，4乘2等于8，20加8等于28。

生4：我的想法和他们不一样。14是2个7，乘2后就是4个7，四七二十八。

师：哦，你这种想法真好！

（全班学生为生4热烈鼓掌）

师（指着屏幕）：刚才有位同学说4乘2等于8，其实就是指哪一部分呀？

生：是图上右边的那两个筐里的8个桃。

师：那么计算左边两个筐里的桃子就是算什么呢？

生：10乘2等于20。

师：刚才我们先算了个位上的，再算了十位上的，接下来该怎么办呢？

生：相加。

师：是啊，要把右边筐里的和左边筐里的桃子都相加，就可以算出一共有多少个桃子。

（师逐步板书如下）

$$
\begin{array}{r}
1\ 4 \\
\times\qquad 2 \\
\hline
8 \quad\cdots\cdots 4\times2=8 \\
2\ 0 \quad\cdots\cdots 10\times2=20 \\
\hline
2\ 8 \quad\cdots\cdots 8+20=28
\end{array}
$$

师：像这样一种算法，我们称之为——

生（齐答）：竖式计算。

师：对，是一种用竖式进行计算的方法，像这样的算法你们想试试吗？

生（齐答）：想！

师：好，请大家拿出自备本。我们一起来用这样的竖式计算13×2、11×7、32×3。

（请三名学生上台板演，其余学生自己尝试解答）

$$
\begin{array}{r}
1\ 3 \\
\times\quad 2 \\
\hline
6 \\
2\ 0 \\
\hline
2\ 6
\end{array}
\qquad
\begin{array}{r}
1\ 1 \\
\times\quad 7 \\
\hline
7 \\
7\ 0 \\
\hline
7\ 7
\end{array}
\qquad
\begin{array}{r}
3\ 2 \\
\times\quad 3 \\
\hline
6 \\
9\ 0 \\
\hline
9\ 6
\end{array}
$$

师：我们来看黑板上的竖式。这些算式有什么共同的地方？

生1：它们都是两位数和一位数相乘。

师：你观察得很仔细。

（板书课题——"一位数乘两位数"）

生2：第一次乘下来都得一位数，第二次乘下来都得两位数。

生3：我发现第二次乘下来都得整十的数。

生4：我发现得数个位上的数就是第一次乘得的数，十位上的数就是第二次乘的数。

师：大家观察得都很仔细。那么你觉得像这样写怎么样？

生1：比较清楚。

生2：清楚是清楚，不过有点烦，有些地方好像不需要写两次的。

师：是啊，要是能简单些就好了！

生3：其实这个竖式积里十位上的数字可以移动到个位数字的左边来，其余可以擦去的。

师：哦，你的想法挺好的，我们一起来看屏幕——

（屏幕上动画演示竖式由繁到简的过程，如右图所示）

$$\begin{array}{r} 1\ 4 \\ \times\quad 2 \\ \hline 2\ 8 \end{array}$$

师：老师也来写一次，你们看——

这样写比原来是否简单多了？

生（齐答）：是！

师：我们以后列乘法竖式时，可以选择简单的方法来写。

师：刚才写的三道竖式，你们能不能把它们分别改成简单的写法？

（原来板演的三名学生上黑板，其余学生也动手用橡皮将初始写法改成简单写法）

师：刚才这道题14×2与2×14都是一位数和两位数相乘，我们写竖式的时候，一般都将两位数写在上面，一位数写在下面。

师：请打开课本看第77页"试一试"，在课本上完成竖式计算3×21=____。

（生在课本上完成并互相校对）

三、巩固应用 形成技能

师：接下来我们就用这种简单的竖式写法来算课本第78页第2题。

$$\begin{array}{r} 2\ 4 \\ \times\quad 2 \\ \hline \end{array} \qquad \begin{array}{r} 1\ 1 \\ \times\quad 5 \\ \hline \end{array} \qquad \begin{array}{r} 3\ 1 \\ \times\quad 3 \\ \hline \end{array} \qquad \begin{array}{r} 4\ 3 \\ \times\quad 2 \\ \hline \end{array}$$

（全体学生自主解答练习题）

（教师选择一位学生的作业投影展示反馈）

师：我们来看看生活中遇到的一些实际问题。（课件显示）从这幅图上你得到了哪些信息？

生1：饮料每箱有12瓶，一共4箱。

生2：问一共有多少瓶饮料？

师：那请我们小朋友先在本子上写横式，再用竖式算出来，好吗？

（全体学生动笔练习，教师巡视，并个别辅导，说明在写算式时，一般把两位数写在竖式上面）

师： 谁能够来说说你是怎样算的吗？

生： 12×4=48（瓶）。

师： 真好！这里的单位名称可不能忘记，算对的小朋友请朝老师笑一个。

（生纷纷作笑脸状）

师：（课件显示）老师上次到商店里去买衣服，看到这样的标价，你们感觉怎样？

生： 很便宜。

（师和生都笑了）

师： 老师现在想买3套，一共需要付多少钱？大家能够口算就口算，当然也可以列竖式计算。

（生自主列竖式计算或口算解答，师巡视辅导）

师： 谁来说说你是怎样算的？

生1： 徐老师一共要花63元。

师： 那你是怎样想的呢？

生1： 我先算10+11=21（元）。

师： 这个算式表示的是什么呀？

生1： 这是一套衣服要花多少钱，然后21×3=63（元），三套一共要花63元。

师： 有没有小朋友有其他不同想法呢？

生2： 我是先算3条裤子，共要10×3=30（元）；再算三件上衣，共需11×3=33（元）；然后再把裤子的钱和上衣的钱加起来，就得30+33=63（元）。

师： 其实这两种方法都不错。

师：（课件显示）星期天，一个班级小朋友到游乐园去乘飞机——你们能够从如右图所示的图中知道哪些信息呢？

生1： 一共有3架飞机。

生2： 每架飞机只能乘13人。

师： 你是怎么知道的？

生2：上面写着"限乘13人"，多乘了人就会出危险的。

（生和师都肯定地笑了）

生3：这个班级有41个小朋友去乘飞机。

生4：第35号小朋友在想——"这次我能上飞机吗？"

生5：第40号小朋友也在想——"我呢？"

师：大家可以先互相商量，再汇报。

（生互相讨论）

生：35号小朋友这次能够上飞机，但40号小朋友这次不能上飞机。

师：那为什么呀？

生：因为有3架飞机，每架飞机可以乘13人，那么总共可以乘39人。所以35号小朋友可以上飞机，但40号小朋友这次就不能上飞机了，他下一批上。

师：（课件显示）最后请大家到商店里去瞧一瞧，大家仔细看一看右图中有哪些玩具，价格分别是多少？

请你选择一种自己最喜欢的玩具，要买几个随便你，不过，要准确计算出自己要花多少钱。

（生看图自主选择玩具，计算价钱）

生1：我想买3辆汽车，$21 \times 3 = 63$（元）。

生2：我想买2只小狗，$23 \times 2 = 46$（元）。

生3：我想买3个机器人，$32 \times 3 = 96$（元）。

生4：我只买一个机器人，不用算就知道要花32元。

（生都笑了）

生5：我想买42个机器人，因为我明天就要过生日了，我想给我们班级每人买一个做礼物。$42 \times 32 = \cdots\cdots$徐老师，我不知道怎么算了？

（生和师都情不自禁地笑了）

师：哦，徐老师首先祝你生日快乐！其实买42个机器人，用42×32列式是完全正确的，但要怎样算呢？我们以后会逐步学习的，感兴趣的同学可以课后先自己想想办法。

师：今天我们就学到这儿。同学们再见！

"一位数乘两位数"教学反思

1. 关于学习起点的理性分析

本课是义务教育教科书（苏教版）三年级的教学内容。教材安排了两个例题：例1通过大象运木头的情境教学整十数乘一位数的口算，例2通过小猴采桃的情境教学两位数乘一位数（不进位）的笔算。在这之前，学生已经学过乘法的意义和表内乘除法，学过用竖式计算一位数乘一位数，学过整十数和整十数相加、两位数和一位数相加等口算。

本课是学生初次学习两位数乘一位数的口算和笔算。进行整十数乘一位数的口算时，可以有不同的算法。进行两位数乘一位数笔算时，在学生自己探索的基础上，重点介绍乘法的笔算方法。在学习笔算方法时，先分步演算，再简化中间环节，得出一般写法，结合计算教学培养学生应用知识解决简单实际问题的能力。

2. 关于复习铺垫与情境创设

曾有人认为，在课程改革后，课堂一开始都要创设情境，在情境中直接学习新知，不必再进行新课前的复习准备。其实这并不是千篇一律的，因为数学的来源，一是来自数学外部现实社会的发展需要；二是来自数学内部的矛盾，即数学本身发展的需要。新课前的复习准备，一是为了通过再现或再认等方式激活学生头脑中已有的相关旧知，二是为新课作出铺垫，或分散难点，只是不要人为地设置一条狭窄的思维通道。本课在教学时，只需简要地创设情境，通过复习铺垫，再现一位数乘一位数、整十数相加、几个十是多少以及两位数加法和一位数乘法笔算等相关旧知，就可以唤醒并激活学生头脑中的相关思维细胞，为新知学习做好准备。

3. 关于算法多样化和算法优化

整十数乘一位数的口算有进位和不进位两种情况，学生学习了不进位的口算，就可以通过对比进行迁移。在学习不进位的口算时，先放手让学生自主探索口算方法，然后通过交流和汇报，展示学生自己探索的口算方法，允许学生有多样化的算法，让学生自己比较，选择自己认为简便的方法，老师不做硬性的规定。再结合例题引申计算20×5、20×8，让学生说思考方法。然后通过一组对比练习，引导学生逐步优化口算方法。

4. 关于直观算理和抽象算法

学生算出14×2的得数并不难，可以口算，也可以用加法算。例题教学的重点应放在引导学生用竖式计算，理解竖式计算的算理。我们常见到的乘法竖式教学情况是：例题呈现的是十分形象的实物图形，紧接着却是十分抽象的竖式计算，缺少过渡性的中间状态。常常是初始竖式刚刚建立，马上就采用简化竖式进行计算，缺乏竖式与直观图形的对应，缺乏对算理的深层理解。本课在教学例2时做了两方面的强化：一是在实物图和抽象竖式之间，增加了操作小棒这一环节，操作小棒的目的不仅仅是摆出得数，更重要的是让学生借助这种半形象半抽象的工具，理解位值原理；二是在初始竖式建立后，让学生充分运用初始竖式进行计算，在体验中理解算理，同时通过比较和讨论，自己探索出简化竖式。

在教学这节课的同时，我也有一些困惑，与大家讨论：（1）如何让学生在计算规则的学习中不断体验成功？（2）如何处理口算时多种方法的比较？是否强化简便的算法？（3）笔算时，如果学生坚持先算十位上的数相乘，怎么处理？（4）实际应用时如何紧密结合学生的生活实际等。

"一位数乘两位数" 教学评析

【点评1】

回过头来综观整个教学过程，平实中见新奇，之所以能获得"满堂彩"，本节课至少体现了四个"实"：很真实，这是一节回归常态的原汁原味的公开课；很扎实，整堂课注重双基凸显能力，只有双基落到实处，创新才能有基础；很朴实，教者既没有太多的激情洋溢，更没有五彩缤纷的画面，教学的针对性、实效性强，使听课者感到是真正的有效教学；很充实，学生不但学会了本节课的知识，在双基、智能和情感上都得到了培养。以上"四实"归根结底是来源于教师数学底蕴的厚实，我认为这与教者正确处理好了5个"结合"是分不开的。

1. 情境创设与复习铺垫的有效结合

新课改提倡情境创设，通过情境创设来激发学生的学习兴趣，让情境为学生学习数学服务，促使学生用数学的眼光关注情境，使情境为数学知识和技能的学习提供支撑。为此，教者在课堂上出示了许多生动的故事和精彩的动画课件，在导入时，并不是一味地创设情境，而是根据教学的需要，努力寻求新知的"生长点"来创设情境。在复习铺垫中，教者创设的大象问题正是解决本节课需要利用的已有知识。通过复习这些旧知，为学生提供了新、旧知识之间联系的材料，少了几许花哨，多了一些平实。

2. 算理直观与算法抽象的有效结合

在教学中教师采用直观教学的手段，化抽象为具体，调动了学生思维的积极性，提高了学生的注意力，突出了重点，突破了难点，收到了良好的教学效果。本节课在教学乘法竖式的计算步骤时，教师没有一味地去讲计算方法，而是紧紧地联系算理，让学生在直观算理的支撑下去学习抽象的算法。通过"刚才有位学生说4乘2等于8，其实就是指哪一部分啊？""那么计算左边两个筐里的桃子就是算什么呢？"这两个设问，巧妙地引导学生把视角投向竖式计算的实际情景中：14×2，该分两步计算，先算4乘2，这其实就是算了右边两个筐里的8个桃；然后算1个十乘2，这其实就是算了左边两个筐里的桃子；最后把20和8加起来。这样，把原本抽象的算理，在老师的引导下，学生通过联系主题图，很直观、明了地理解了算理。教者注意把直观的算理与抽象的算法紧密联系在一起，使学生学得很轻松，理解得也比较透彻。

3. 算法多样化与算法最优化的有效结合

在面对一个计算问题时，解决计算结果的策略可以是多样的，只要思维的方法和过程合理、合乎逻辑，就应加以肯定。教师在教学14×2的时候，充分尊重学生的个性，引导学生调动计算方面已有的知识和生活经验，采用适合自己的方式和策略主动寻求问题的解决；再通过自主探索、交流，形成自己的方法，并对自己的算法加以调整和修正，从而获得成功的体验。其中，有一位学生说到14

是2个7，乘2后就是4个7，四七二十八，得出结果为28。教师说："哦，你这种想法真好！"这样，在众多的方法中比较和感受出哪种方法最好。算法最优化的过程成了学生自己体验、感受的过程。教师给了学生一定的空间，给了学生真诚的鼓励，以平等的身份耐心倾听学生的发言，出现了简便而富有创意的方法。再如学习乘法"原始"竖式的计算步骤之后并没有立刻把算式简化，而是顺应学生的思路，把原始方法加以应用，促其体会到"比较烦"，进而想到能否"简化"，让学生体验发现：可能还有更方便的方法，然后顺势加以简化，达到了水到渠成的功效。在这节课中，教师很好地处理了算法多样化与算法最优化的矛盾，使两者得以完美地统一。

4. 学生探究与适时引导的有机结合

学生在探究中，教师不是看客，而是参与者和引导者。本节课中教师注意审时度势，准确地把握火候，并进行必要的引导。例如，在计算一共有多少个桃子时，学生通过讨论，探究列出了多少个算式，这些算式是不是都能利用已有的知识算出结果呢？教师这时进行必要的引导，让学生通过"两个14相加得28"和"14可以看作2个7，乘2等于4个7相乘，等于28"这两种算法自己算出结果，而对14×2和2×14不会计算，是因为还没有学过，急于解决竖式计算的趋势已悄然形成，这正是本节课需要解决的问题。再如在学生探究出竖式计算的"原始"算法之后，教师没有直接引导出简便写法，而是让学生利用探究出的方法去解决问题，接着再加以适时引导："通过计算你发现什么？""你觉得这样写怎么样？""要是能简单一些就好了！"通过一个一个的设问、谈话，一步步把学生的思维引向目标：原始算法"烦"，需要"简化"。这时再通过动画演示"由繁到简"，学生对简便写法的印象就会更为深刻。由于教师组织学生自主探究时，创建了一种民主开放、积极互动的课堂氛围，有较强的教学机智，注重了师生之间动态的信息交流、沟通和补充，因此达到了预设与生成的完美统一。

5. 计算教学与问题解决的有效结合

我们知道，计算是由于解决实际问题的需要而产生的，它是解决问题的一部分。以前的计算教学忽视了计算的现实背景，削弱了计算与实际问题的联系，不利于学生体会计算的实际意义。在本节课中，教师利用学生已有的生活经验和这节课所获得的知识来探索解决问题的方法，一改过去套题型、反复训练的教学模式，而是促使学生自主获取信息、处理信息，为解决问题服务，又使问题解决与数学思维能力的培养结合起来，取得了"一石三鸟"的功效。一开始，教者由一个生活问题引入了数学问题，当学生在教师的引导下掌握了乘法竖式的计算方法后，教师并没有马上让学生将所学的知识应用于实际生活中，而是让学生就书上的"练一练"进行计算，以此来强化学生所学的知识，然后再把所学到的数学知识应用到生活的实际中去。这样做，既巩固了本节课的学习内容，又避免了单纯的技能性训练。教师在练习中创设和提供了去商店购物等实际生活情境，让学生从数学的角度获取信息、提出问题，用所学的计算解决问题。这样，使学生真切地感受到现实生活中所蕴含的丰富数学信息，既体会到计算的价值，又发展了学生的应用意识和实践能力。

（点评：江苏省特级教师 南京市江宁区教研室 詹明道）

【评析2】

看了徐斌老师《一位数乘两位数》的教学实录与反思，我深切地感受到徐老师"追寻有效的数学课堂"的足迹（注：本课实录刊发在《教师之友》2005年第2期上时用"追寻有效的数学课堂"作标题）。

文章的标题引起了我的关注，进而引发了我的思索：为什么是"追寻"？怎么会是"追寻"？这是否说明在一些数学课堂中，数学教学的有效性正悄然离我们而去？或者说其有效性已大打折扣，更谈不上什么高效？

我以为事实正是如此，在我们身边的确看到有这样一些课：不关注或不明确本节课的目标达成度，无教学重点的突破，无教学难点的分散，整节课追求表面的热闹，结果只呈现了一派浮华的景象。仅从徐老师文章标题我们即可感受到一位优秀数学教师对当前数学课堂教学一些现象的深刻思考。

本节实录共三个环节："创设情境、复习铺垫""自主探索、学习新知""巩固应用、形成技能"。这种对学生学习过程及教师教学过程的大致划分，我感到既亲切又陌生，有点久违了的感觉，尤其是第一、第三个环节。对学生学习过程和教师教学过程的这样一种合乎规律的阶段划分，体现了教师的主观能动性和对学生资源的审视、驾驭和组织，是执教者必须要思考和构建的。但这些方面在一些教师的心目中已经淡漠了，有相当多的数学课堂存在着眉眼不分、眉毛胡子一把抓及走到哪里到哪儿歇的现象。这样，"双基"如何落实？"过程与方法"又从何谈起？

本节课铺垫时所用的题目都是精心选择的（执教者在反思中已有论述）。这种铺垫的依据不是源自固定的教学程式，而是源自教学内容之间的必然联系和学生的认知心理。这样的铺垫是实现课堂教学有效和高效的必要手段。它的关键是教师对教材内容整体、深刻地把握。这也是当前部分教师非常缺乏的。

在学生学习不进位的口算时，教师对算法多样化的思想领会是深刻的。在"多样化"与"优化"二者的度上把握精准，既未束缚学生思维，又在不经意间（不露痕迹地）使学生对不同的解答思维有所借鉴、印证和比较，对算理理解得很清楚。这种"不经意"显示了教师精湛的教学艺术和深厚的自身底蕴。

执教者设计的"根据几乘几来对一道几十乘几"的练习很独到，非常好。既具有开放性，又能进一步加深学生对"几十乘几"算理的理解，同时加大了课堂上的练习密度和学生的练习量。这种量的积累，有助于学生口算的迅速与准确，这正是《数学课程标准》所要求的。

例2的教学重点是引导学生用竖式计算。竖式计算的算理与口算是一致的。教师在口算和竖式计算的过渡上及简化竖式的建立自然而清晰。学生通过比较初始竖式和简化竖式数学本质的一致和繁简的差异；通过用橡皮将初始写法改写成简单写法这一显得十分"笨拙"的方式（本可在初始写法旁边重写的方式），给学生留下十分鲜明深刻的印象，十分合乎低龄儿童的心理特点。

"实践和生活是学生认知的活水。"在"巩固应用、形成技能"这一环节中，执教者设计了丰富、源自生活实际且有层次的练习，进一步巩固了学生对算理的理解，并将所学用于解决简单的实际问题。让人感到训练扎实、到位，课堂教学亲切自然、充满童趣，充满了开放、和谐的气氛，学生真正学得既轻松又踏实。

（点评：四川省成都市青羊区教育研究培训中心　高幼年）

【点评3】

前不久，我有幸与特级教师徐斌进行了一次零距离的全面接触。徐老师从容不迫的大家风范、平易近人的教学态度、随机应变的教学机智，以及他的先进课改理念与精湛的课堂教学艺术给我留下了深刻的印象。他的课堂不急不缓，娓娓道来，清新自然，趣味盎然，以"简单、鲜活、有趣"著称，能够真正体现"为学生的数学学习服务"的教学思想，恰如其分地体现了数学课堂的一种理想境界，让我感触颇深。

感触之一："厚"

所谓"厚"，即理论功底厚。徐老师对新课改理念下课堂教学中的一些热点问题都有其独特而又精辟的见解，其中包括对课前是否要安排口算、小组合作学习如何操作、怎样看待学生的算法多样化问题等。

感触之二："透"

所谓"透"，即对教材内容的深挖细掘、理解透彻。徐老师的这节《一位数乘两位数》，从情境的创设、活动的设计、学生的参与、教师的"煽诱"等方面，无不折射出一位特级教师对于所教教材钻研之深、钻研之透，及熟练驾驭教材的能力，真正做到教材为我所用。可谓"台上一分钟，台下十年功"。

感触之三："顺"

徐老师的课可以用"行云流水"来形容。《一位数乘两位数》的课堂教学结束以后，所有听课的老师都明白了什么叫兴趣、什么叫投入、什么叫诗意、什么叫精彩纷呈、什么叫行云流水、什么叫虚怀若谷！师生共享的四十分钟在一片欢笑声中结束了，感觉那么得让人留恋、让人不舍、意犹未尽……这样的课，正是我们所努力的目标。

下面几个课堂真实场景或许能够窥其教学艺术之一斑。

场景一——提倡口算唤旧知

徐老师开始上数学课时，便用动画演示：小朋友，今天大象也要给我们出题，你们会算吗？20+6、13+13、20+20+20、6×2、5×8、8个十是（　）、16个十是（　）等。

学生一一作答好，徐老师追问："你是怎样想的呢？"

解读：如今公开课，已经难以见到"老土"的口算题了。其实众所周知，口算对于学生的心算能力和数学思维训练能力都有着极其重要的价值。《义务教育数学课程标准》也明确提出"小学阶段应该加强口算"，但很多教师觉得这种形式比较老，没有新意，也不够热闹，所以大多都已经摒弃了课堂前的口算。从徐老师的习题设计中我们不单能够看到口算这一形式，而且能看到，这些习题的选择是有针对性地为学生下一步的新知学习服务的。

场景二——数形结合揭算理

徐老师在黑板上列好算式，引领学生计算14×2时说明算理。

学生答："二四得八。"

徐老师抓住时机，将学生的目光引向屏幕，并问："二四得八，哦，那刚才所说的就是图上的哪一部分呢？"

学生："二四得八算的是两只猴子右边筐里的8个。"

徐老师："哦，那左边还有两个筐，又是多少呢？"

学生："左边还有两个十，是二十。"

徐老师："现在谁还能说14×2到底等于多少呢？"

学生："是20+8，得28……"

解读：课后徐老师也谈到，学生认知时，从直观到抽象间需要有一定的过渡。学生在进入抽象认知时需要一些直观的图形加以运用，这样有利于学生更好地理解算理，帮助学生更好地建立数学模型。数学教学应该重视学生思维发展的一般特点，在充分了解学生认知心理的情况下设计教学。

场景三——强化算理用练习

在学生理解"一位数乘两位数"的算理后，徐老师还请学生算了一组对比题。4×3、40×3；7×8、70×8；5×6、50×6；9×2、90×2，并提醒学生：这些题，你算的时候，觉得有什么相同的地方？有什么不一样的地方？

解读：许多教师上课时，在学生理解算理之后，往往立刻解决生活中的问题。但徐老师在了解算理与解决生活情境中的问题之间设置了一个过渡，使得学生在理解算理后进行了加强性刺激，帮助学生形成技能，这种练习可以说是一个"拐杖"，是一种"支撑"，有利于学生更有效地掌握算理。

场景四——解决问题求发展

在学生熟练掌握算理之后，徐老师将学生引入到生活情境中，来解决生活中的实际问题。投影出示了以下极具有开放性的生活问题。

裤子10元一条，上衣11元一件，老师想买3套，一共需要花多少元？

徐老师："同学们，你们有什么好办法帮老师算出一共要花多少钱吗？"

学生："我先算一条裤子和一件上衣一共要21元，然后用21×3，得63元。"

徐老师："哦，那你又是怎样想的呢？"

学生："我是先算出一套衣服要多少钱，然后再算三套的。"

徐老师："大家同意他的想法吗？……真不错，那还有不同的想法吗？"

学生："我先算10×3，等于30元，再算11×3，等于33元，然后再用30+33，等于63元。"

徐老师："是啊，这位同学的想法也得到63元，不知你是怎样想的？"

学生："我是把上衣与裤子分开来算的，三条裤子用10×3等于30元，三件上衣用11×3等于33元，再把上衣和裤子花去的钱加起来，一共要花去63元。"

解读：生活是数学教学的源头与归宿。因此数学活动也不是一般的活动，学生在课堂上不只是听数学、看数学、练数学，更多的是做数学、玩数学，在数学思维活动中经历、体验和探索数学，从而获得广泛的数学的价值和意义。从以上题目设计中不难看出，徐老师在引导学生解决生活问题时，非常注重教学设计的层次性与开放性，注重学生数学思维能力的培养，可谓独具匠心，很有创意。这样的课堂教学和课堂生活，蕴含着教者的价值选择，体现着教者的价值引领。

（点评：江苏省苏州市吴江区教育局 盛伟华）

课例9
"解决问题的策略（画线段图）"
教学案例

"解决问题的策略（画线段图）"教学设计

教学内容

义务教育数学教科书（苏教版）三年级下册第29~31页。

义务教育数学教科书（人教版）三年级上册第72~73页。

教材简析

本节课的学习内容主要让学生借助画线段图的方法解决两步计算的实际问题，进一步实践并体验从问题出发分析和解决问题的策略。教材从日常生活中的问题入手，在例题中给出"裤子48元"和"上衣的价钱是裤子的3倍"两条信息，提出了"买一套衣服要多少元"的问题，引导学生采用"从问题向条件推理"的思路，借助画线段图的方法，探索数量之间的关系，引发解题思路，自主解决问题。然后通过"试一试"让学生求出上衣与裤子相差多少元。在"想想做做"中除了安排类似的问题外，还安排了数量关系与例题稍有不同的实际问题，培养学生形成解决问题的策略，提高灵活解决问题的能力。

从解决实际问题的思路发展来看，苏教版三年级上册《解决问题的策略》这一单元让学生学习综合法思路，即实现"从条件向问题"的推理；从三年级下册的本单元开始学习分析法思路，即实现"从问题向条件"的推理。本节课例题教学，所求的问题是"两个数一共是多少"（用加法计算）及"一个数比另一个数多多少或少多少"（用减法计算）。这是学生熟悉的问题，容易说出所求问题的数量关系，能想到需要先算什么，才能再算什么，通过分析法思路的进一步学习，培养学生形成解决问题的策略意识，提高学生分析和解决问题的能力，发展思维能力。

利用图形描述、分析问题是小学生解决问题最为常用的辅助手段。本节课是学生第一次正式学习画线段图解决问题，线段图对于三年级学生来说是比较抽象的。学生在二年级已经初步认识了线段，知道线段的图形特征，但用线段图来表达抽象的数量关系，依然比较难理解。从这一视角考虑，本节课的教学一方面需要让学生了解线段图的由来，理解线段图的意义，掌握线段图的画法，应用线段图分析数量关系和探索解题方法；另一方面也需要激发学生产生画线段图的认知需要，体验线段图对解决问题的独特价值，感悟数形结合的数学思想。

教学目标

1. 使学生经历和探索用线段图表达数量关系和解决问题的过程，初步理解"几倍求和""几倍求差"和"相差求和"的计算实际问题的数量关系。

2. 使学生学会用画线段图的方法分析和解决问题，了解数量之间的内在联系，感受解决问题策略的价值，进一步发展学生的观察、比较、抽象、概括、推理等能力。

3. 使学生进一步积累数学活动经验，增强解决问题的策略意识，获得解决问题的成功经验，提高学好数学的信心。

教学准备

课件、作业纸一份。

教学过程

一、复习旧知，引出线段图

谈话引入，提问口答：（课件逐步动态渐变显示）

你能说出图上红花的朵数是蓝花的几倍吗？为什么？

如果用两种颜色的正方形分别表示蓝花和红花，可以看清数量之间的关系吗？

如果把这些红色小长方形靠近并拼接在一起，你还能看清倍数关系吗？

如果把带子的宽度变窄一些，长度不变，你还能看清倍数关系吗？

如果把带子再变一变，这就成了什么图形？（板书：线段图）

第一条线段表示什么？第二条线段的长度有几个第一条那么长？

揭题：线段图是学习数学的重要帮手。今天这节课我们就一起来学习画线段图解决问题。（揭示并完善课题：解决问题的策略——画线段图）

心理学思考

> 线段图对于三年级学生来说是比较抽象的，要让学生在复习旧知和直观感知中逐步了解线段图的来源和含义。课始，设计了红花和蓝花之间的倍数关系实物图，过渡到正方形图，渐变为条形图，进而抽象为线段图。这样的设计，符合儿童的认知规律，展现了直观到抽象的发展过程，使学生对线段图的产生和意义有了本源性认识，为接下来画图和分析数量关系做好铺垫。

二、学习新知，理解线段图

1. 创设情境，提出数学问题（课件显示已知条件）

谈话：国庆长假期间，妈妈带小红去商场买衣服。（出示情境图）

48元

上衣的价钱是裤子的3倍

提问：图中你能获得哪些信息？你能提出什么数学问题？

学生可能提出的四个问题：

（1）一件上衣多少元？

（2）一套衣服多少元？

（3）一件上衣比一条裤子贵多少元？

（4）一条裤子比一件上衣便宜多少元？

教师选择前三个问题板书。

心理学思考

例题的引入，创设生活情境，通过商场服装标价问题，唤醒学生的生活经验，让学生在整理数学信息的前提下，提出数学问题。学生提出的问题有一步直接计算的（求一个数的几倍是多少），也有两步计算的（几倍求和与几倍求差）。这样的设计，体现了对学生问题意识的培养，因为问题产生于对已知条件之间关系的理解，更产生于生活中的实际需要。学生提出不同的问题，也反映了不同思维水平儿童真实的认知需要。

2. 试画线段图，初步解决问题（一步问题）

提问：要解决"一件上衣多少元"这个问题，如何画线段图来表达数量之间的关系呢？把哪个数量看作一份？（板书："裤子"及线段）

追问：只画一条线段，能看出多少元吗？（板书：括线和"48元"）

48元

裤子 ⌐‾‾‾‾‾‾‾⌐

谈话：表示裤子价钱的线段图画出来了，那么表示上衣价钱的线段图如何画，你能试试吗？

学生尝试画出表示上衣价钱的线段图，教师巡视指导。

指名到黑板上画一画，并形成板书。（板书："上衣"及线段图）

师生交流反馈。

提问：怎样在线段图上表示出所求的问题呢？（板书：括线和"？元"）

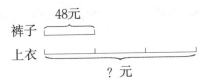

比较：看着线段图与文字信息，你有什么不一样的感觉？

口头列式解答：48×3=144（元）

心理学思考

让学生学会画线段图解决两步实际问题，是有一定难度的。因此，新课伊始，从简单出发，先解决一步计算的问题，着重让学生学会画线段图，并初步运用线段图表达和分析数量关系，初步感受线段图的直观形象性。此处虽然是学生第一次学习画线段图，但复习时的铺垫及教师的示范和启发，准确指向了学生的"最近发展区"，学生能自主探索表达上衣价钱的线段图画法，自主建构数学模型。

3. 完善线段图，分析数量关系（几倍求和）

提问：如果求的问题是一套衣服多少元，在线段图上如何表示出所求的问题呢？

学生操作：尝试修改线段图。（板书：括线和"？元"）

师生交流修改方法。

学生尝试解决问题，指名板演，师生交流。

列式：48×3=144（元），48+144=192（元）

启发：仔细观察线段图，裤子的价钱是1份，上衣的价钱可以看成这样的几份，你还能想到什么？

提问：你还能列出不同的算式解决刚才的问题吗？

学生尝试用不同的方法解决问题，指名板演。

板书：3+1=4，48×4=192（元）

小结：借助线段图，从问题出发寻找相关条件，用不同的方法分析并解决了一套衣服需要的钱。

心理学思考

利用画线段图的方法解决两步计算的实际问题是本课的新知，在一步计算问题的线段图基础上，重点引导学生在线段图上表达所求问题，然后运用线段图分析数量关系。首先根据"上衣的价钱＋裤子的价钱＝一套衣服的价钱"列出算式，紧接着引导学生继续观察线段图，由图中直观的份数关系启发得到第二种思考方法，即"裤子的份数＋上衣的份数＝一套衣服的总份数；每份的价钱×总份数＝一套衣服的价钱"。尤其是第二种思考方法，进一步体现了线段图的直观性和简洁美。

4. 应用线段图，拓展解题方法（几倍求差）

提问：如果要求第三个问题"一件上衣比一条裤子贵多少元"，怎样在线段图上表示出所求问题呢？

指名修改板书中的线段图，其他同学在作业纸上修改完善。

交流：根据线段图，你能自己分析数量之间的关系并想出解决问题的方法吗？

学生先独立列式，再同桌交流，指名板演。

师生交流：根据列式说说你的分析思路。

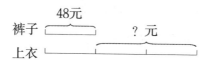

方法一：48×3=144（元），144-48=96（元）

方法二：3-1=2，48×2=96（元）

回顾：观察、比较画线段图分析和解决问题的过程，你有什么感受？

心理学思考

在一步计算及"几倍求和"两步计算解决问题的经验基础之上，引出"几倍求差"的问题后，放手让学生进行独立思考与交流分享，实现思路与方法的迁移，进一步加深线段图对解决问题的支撑作用。最后的比较和小结，帮助学生实现从一步计算问题到两步计算问题的跨越，实现"几倍求和"问题到"几倍求差"问题的迁移，从而有效促进认知结构的形成。

三、巩固练习，应用线段图

1. 看图列式回答问题（几倍求和与几倍求差）

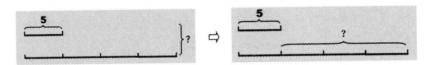

出示线段图并提问：看图说说你知道了什么条件？要求什么问题？

提出要求：学生独立列式计算。

提醒：算得快的同学思考能不能用不同的方法列式。

交流反馈：展示学生的算式进行反馈评价。

2. 看图解决实际问题（相差求和）

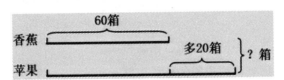

提问：上面的线段图中，两个数量之间存在倍数关系吗？从图中你知道了什么？要求什么问题？你能观察线段图进行列式计算吗？

学生列式；师生交流。

方法一：60+20=80（箱），60+80=140（箱）

方法二：60×2=120（箱），120+20=140（箱）

方法三：60+60+20=140（箱）

心理学思考

　　学生对线段图从认识到理解，从理解到掌握，再从掌握到应用，需要在充分感知中不断积累活动经验。巩固练习设计分两个层次逐步深入：首先是看线段图从数的关系进行分析并列式计算，然后是看线段图从几倍求和与求差扩展为相差求和的实际问题。学生对线段图的感悟逐步加深，在对比和应用中形成画图技能，在体验和分析中提高解决问题的能力，在充分感知和比较归纳中感悟数形结合的数学思想。

四、总结经验，感悟线段图

总结全课，让学生感悟线段图的独特价值。

交流：遇到问题需要解决时，何时需要画线段图？怎样画图？

1. 灵活画图（可以在本子上画图，也可以在脑中画图，然后用手势比画交流）

2. 独立解决问题

3. 拓展性练习（不动笔，在脑中尝试画图解决）

心理学思考

　　画线段图不是教学的目的，画线段图只是辅助手段，目的是让学生逐步学会合理运用线段图分析数量关系并解决实际问题。因此课末安排的独立解决问题，学生可以画线段图进行形象思维，也可以直接列式进行符号思维，体现个性化学习需求。

"解决问题的策略（画线段图）"教学实录

教学过程

一、复习旧知，引出线段图

　　师： 今天这节课，徐老师首先和同学们玩一个魔力变变变的游戏，我们来比比看谁的眼力好，有没有兴趣？

　　生： 有。

　　师： 好！仔细观察屏幕，你发现了什么？谁能用数学语言表达一下。

　　生： 我发现有2朵蓝色的花。

　　师： 嗯，说得非常好！刚刚他用一个数表示了蓝花的朵数，是几？

　　生： 2。

　　师： 继续看，哪位同学能用数学语言表达出红花朵数与蓝花朵数之间的关系？

　　生1： 我发现有8朵红花。

　　生2： 我发现红花的朵数是蓝花的4倍。

　　师： 讲得有道理！你是怎么看出来的？

　　生： 蓝花有2朵，红花有4个2朵，所以红花的朵数是蓝花的4倍。

　　师： 继续观察，小眼睛不要眨哦！

（课件渐变）

师：什么变了？什么没变？

生1：花朵变成了正方形。

师2：图形变了，数量没变。

师：红色正方形的个数是蓝色的几倍？

生：4倍。

师：继续看，什么变了？什么没变？

（课件渐变）

生1：2个正方形变成了一个长方形。

生2：红色长方形的个数是蓝色长方形的4倍。

师：再看，又发生了怎样的变化？

（课件渐变）

生1：红色长方形都连起来了。

生2：红色长方形的长度还是蓝色长方形的4倍。

师：同学们不但善于观察，还勤于思考。继续看，什么变了？什么没变？

（课件渐变）

生：长方形的高矮变了，长度没变，倍数也没变。

师：说得真形象。再看，变成了什么？认识吗？认识就一起说出来。

（课件渐变）

生：线段。

师：像这样把线段画在一起表示数量之间的关系，我们就叫它线段图。线段图是我们学习数学的重要帮手，今天这节课我们就一起来学习画线段图解决问题。（适时板书课题：解决问题的策略——画线段图）

二、学习新知，理解线段图

师：国庆期间，妈妈带小红去商场买衣服。

（出示情境图）

师：从图上你能获得哪些数学信息？

185

生1：每条裤子48元。

生2：上衣的价钱是裤子的3倍。

师："上衣的价钱是裤子的3倍"，这句话是什么意思呢？

生：买3条裤子的价钱相当于买一件上衣的价钱。

师：也就是哪种衣服贵？哪种衣服便宜？

生：上衣比较贵，裤子比较便宜。

师：你能根据这两条信息提出数学问题吗？

生：一件上衣多少元？

师：说得很好! 徐老师把这个问题写在黑板上。【板书：（1）一件上衣多少元？】

师：还有谁能提出不一样的问题？

生：一件上衣和一条裤子一共多少元？

师：说得很完整，把一件上衣和一条裤子搭配起来，在生活中就叫一套衣服。所以我们可以说成买一套衣服多少元？【板书：（2）一套衣服多少元？】

师：谁继续提问题？

生：一件上衣比一条裤子贵多少元？【板书：（3）一件上衣比一条裤子贵多少元？】

师："求一件上衣比一条裤子贵多少元？"就是求一件上衣与一条裤子相差的价钱，相差多少元还可以怎么表达呢？

生：一条裤子比一件上衣便宜多少元？

师：同学们真爱动脑筋，不仅提出了问题，还提出了不一样的问题，不过这3个问题难易程度可不太一样，你认为哪一个问题最简单？

生：第（1）个。

师：那么我们就从简单的问题入手。要求一件上衣多少元？对于我们班的同学来说一点儿也不难。但是今天徐老师有个小小的要求，请同学们试着画线段图来分析数量关系。

师：怎么画呢？我们一起看条件，哪一个数量已经告诉我们了？

生：裤子。

师：那么我们就先写上"裤子"，再在后面用一条线段表示裤子的价格，并在上面写上48元。

师：接下来该画什么？

生：上衣。

师：徐老师想请同学们一起来画。在老师发给大家的作业纸上，表示裤子价格的线段已经画好了，表示上衣价格的线段该怎么画呢？请同学们拿出笔和直尺在作业纸上试着画一画。

（生尝试画一画）

师：老师请一位同学到黑板上画一画，请其他同学先放下手中的笔，一起来看看这位同学是怎么画的。

（指名到黑板上画线段图，其他同学仔细观察）

师：谁能说说刚才这位同学是怎么画的？

生：这位同学在画上衣价格的时候，先画了一条和裤子一样长的线段，然后又接着画了2条和裤子一样长的线段。

师：这样可以表示什么呢？

生：上衣的价格是裤子的3倍。

师：那么要求的问题是一件上衣多少元？怎样在线段图上标出这个问题呢？谁愿意到黑板上试一试？其他同学请在作业纸上标出问题。

（指名到黑板上表示，其他学生试着在作业纸上表示）

师：这位同学做得又快又好！其他同学看看自己标对了吗？

师：刚才老师和同学们合作完成了第一个问题的线段图。现在请同学们仔细观察屏幕上的信息，再看看黑板上的线段图，对比一下，谁来说说根据线段图和屏幕上的信息，你有什么不一样的感觉？

生1：屏幕上的信息只告诉我们它是多少，而线段图会告诉我们该怎么算。

师：说得有道理！

生2：看文字信息要一个字一个字地看，而看线段图能一下子看出上衣价格是裤子的3倍。

师：的确是的！通过线段图能一眼就看出上衣的价格是裤子的3倍。也就是说借助线段图可以使我们更加清楚地看出题目中的数量关系。

师： 现在你能直接列式求出一件上衣是多少元吗？（指名回答）

生： 48乘3等于144元。（板书：48×3=144元）

师： 第一个问题解决了，那么要解决第二个问题，求一套衣服要多少元，这个线段图还合适吗？为什么？

生： 问题变了，原来的"？"表示的不是一套衣服的价格，需要修改。

师： 是啊，你能自己擦一擦、改一改，表示出求一套衣服的价钱吗？谁愿意到黑板上改一改呢，"？"标在哪儿可以表示一套衣服的价钱呢？

（指名板演）

师： 请大家看看现在的线段图（左上图），这样能表示求一套衣服的价钱吗？

生： 能。

师： 你有什么需要提醒这位同学的呢？

生： 画图时要注意美观。

师： 这个提醒非常有必要，我们在画图的时候还要注意美观、规范，现在徐老师把它调整一下（右上图），请大家也学着这样调整一下。

师： 现在请大家看线段图，求一套衣服需要多少元，用一步计算能解决吗？

生： 不能。

师： 需要几步才能解决？

生： 两步。

师： 谁愿意到黑板上列式的？其他同学在作业纸上列式计算。（指名板演）

生（列式）：48×3=144（元），144+48=192（元）。

师： 我们一起来看这位同学列的算式，同意他的列法吗？

生： 同意。

师： 请这位同学说说看，你是怎么想的？

生： 因为一套衣服的价钱=一件上衣的价钱+一条裤子的价钱，所以先用

48×3求出一件上衣的价钱，再用上衣的价钱加上裤子的价钱就求出一套衣服的价钱了。

师： 这么想的同学举举手。

师： 是的。抓住问题，借助线段图我们很容易就发现一套衣服的价钱包括一件上衣的钱和一条裤子的钱。

师： 一般人都是这么算的，聪明的人可能还会有特殊的想法。请大家仔细看线段图，裤子的价钱是1份，上衣的价钱可以看成这样的几份呢？

生： 3份。

师： 继续想下去，你还能想到什么？

生： 一套衣服的价钱可以列式为：48×4=192（元）。

师： 哎，这里的4是哪里来的呢？

生： 裤子是1份，上衣表示这样的3份，一套衣服可以看成4份，列式为1+3=4。

师： 一套衣服看成这样的4份，每一份表示多少元？

生： 48元。

师： 要求一套衣服的价钱，就可以列式为：1+3=4，48×4=192（元）。

（板书：1+3=4　48×4=192元）

师： 同学们，刚才我们借助画线段图的方法，从问题出发分析并解决了买一套衣服的钱，同学们非常爱动脑筋，得到了两种不同的方法，真厉害！

师： 下面请看第三个问题，我们还是借助线段图来分析。这个问题求一件上衣比一条裤子贵多少元，这个"？"标在哪里能表示"贵多少元"呢？你还能改一改吗？（指名板演）

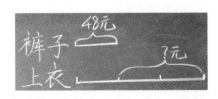

师： 请大家看这位同学修改的，有道理吗？大家都是这样修改的吗？现在你能根据线段图解决问题吗？请大家在作业纸相应的空白处列式计算，看看谁能用

不同的方法计算。（两名学生板演）

生1：列式：48×3=144（元），144-48=96（元）。

生2：列式：3-1=2，2×48=96（元）。

师：好，我们一起看第一位同学的列式，谁来解释一下他的方法？

生：他是先求出一件上衣的价钱，再用上衣的价钱减去裤子的价钱就得到一件上衣比一条裤子贵的价钱。

师：说得非常有条理，那第二种方法中的两步算式又分别表示什么呢？

生：第一步表示上衣有3份，裤子有1份，所以3-1=2，表示上衣比裤子多2份，而其中1份是48元，所以2份就是48乘2等于96元，表示一件上衣比一条裤子贵96元。

师：课上到现在，不知不觉，我们已经画了几次图了？

生：3次。

师：解决了3个问题，这3道题其实我们看的是同一个线段图，你认为画线段图好不好？

生：好！

师：同样的图，我们不仅能看清数量关系，而且还能标出不同的问题，你认为自己现在会画线段图了吗？

生：会！

三、巩固练习，应用线段图

师：是的！会画图是一种水平，别人画好的图你能看懂又是一种更高水平，想不想试试？

（课件出示：看图列式回答问题1）

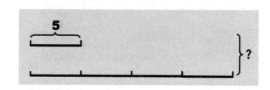

师：谁来说说要求的是什么？

生：两条线段一共表示多少？

师：题目告诉我们的已知条件是什么？

生：第一条线段表示5，第二条线段是第一条线段的4倍。

师：你会列算式求这两条线段一共表示多少吗？

生1：4+1=5，5×5=25。

生2：4×5=20，20+5=25。

（课件出示：看图列式回答问题2）

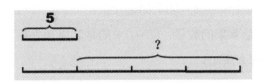

师：现在求的是什么问题？怎样列式呢？

生1：4-1=3，3×5=15。

生2：4×5=20，20-5=15。

师：同学们，刚才我们既画了图，又看了图。不过这些问题都差不多，如果略有变化的图你能看懂吗？

（课件出示：看图解决实际问题3）

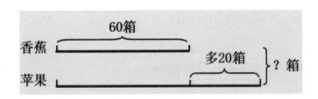

师：这个线段图和我们刚才自己画的、看的图有什么不一样？

生：刚才画的线段图没有把多的部分告诉我们，而这道题把多的部分告诉我们了。

师：聪明的孩子看本质。

生：这里没有出现1份、2份、3份，直接出示香蕉是60箱，苹果比它多20箱。

师：你已经接近本质了。

生：前面是60箱，后面多的不是60箱，是20箱。

师：离问题本质又迈进了一步。

生：没有倍数关系。

师：说得真棒！前面我们解决的画线段图表示的是倍数关系，这个线段图中苹果的数量和香蕉的数量之间存在倍数关系吗？

生：不存在。

师：那你还能看懂图的意思，列算式计算吗？

生：60+20=80（箱），80+60=140（箱）。

师：60+20求的是什么？80+60求的是什么？

生：60+20求的是苹果的数量，80+60求的是苹果和香蕉一共的数量。

师：有不一样的方法吗？

生：2×60=120（箱），120+20=140（箱）。

师：苹果和香蕉的箱数没有倍数关系，那这里的2乘60表示什么呢？

生：有两个60箱。

四、总结经验，感悟线段图

师：我们来回顾一下，今天这节课我们主要学习了什么？

生：画线段图解决问题。

师：对，你感觉到画线段图好吗？

生：好！

师：解决所有的问题都要用线段图吗？

生：不一定。

师：那什么时候要用线段图呢？

生1：有倍数关系的时候。

生2：有多多少、少多少这种相差关系时。

生3：我觉得是用文字表达很不清楚的时候用线段图表示方便一些。

师：你发现了本质，不管是倍数关系，还是相差关系，简单易懂的内容就不需要画图，如果内容很抽象，不容易读懂，我们就需要画线段图来帮助理解。

师：画线段图是好，但需要纸和笔，如果没有纸和笔，又需要画线段图，该怎么办呢？

生：在头脑中画。

师：在头脑中画图那可是高水平的。想不想试试？

生：想！

师：那徐老师出一道题考考大家，可以自己动脑筋，也可以同桌讨论，但不动笔，看看你能不能在头脑中画图。请大家看题（"妈妈的年龄是小芳的4倍，妈妈比小芳大27岁，求小芳和妈妈的年龄各是多少岁？"）。

生：小芳的年龄9岁，妈妈的年龄36岁。

师：你是怎么想的？

生：小芳的年龄大概在8～10岁之间，我猜9岁，推算出妈妈是36岁，验算后发现是正确的。

师：你是先猜一猜，再用算式验证的。

生：妈妈年龄是小芳年龄的4倍，画图就可以发现后面多出3份（用手势比画），正好大了27岁，所以每份就是9岁，小芳的年龄是9岁，妈妈的年龄是36岁。

师：这位同学还把头脑中画的图用手势比画给大家看了，非常棒。

师：其实我们在解决实际问题的时候，有的时候不需要画线段图，有的时候需要画线段图，聪明的人就是在需要画的时候画，即使没有纸他还能在脑子里画。同学们今天初步学习了画线段图解决问题，以后如果能灵活运用线段图解决问题，那么你就会变得越来越聪明。

"解决问题的策略（画线段图）"教学反思

线段图是学生学习数学的重要法宝。不过，有经验的数学老师常常发现这样的学习现状：在解决问题时，思维水平高的学生不需要画线段图就能正确列式解决，而思维水平低的学生总是不能正确地画出线段图。因此摆在我们面前的问题是：如何引发学生对线段图的内在需要？如何使得学生了解线段图的由来？如何使得学生真正感受到线段图的应用价值？如何培养学生养成画线段图的良好习惯？带着这样的问题，笔者设计了这节课，执教之后有如下感受。

首先，如何引发学生对线段图的内在需要？一般来说，对于第一学段的学生来说，解决一步应用题不需要画线段图，而两步计算以上的实际问题，常常需要借助图示来理解和分析数量关系。刚上三年级的学生，其思维水平以形象思维为主，尤其是初步学习解决两步计算实际问题时。本课的学习内容是几倍求和、几倍求差以及相差求和等比较适合画线段图分析和解决的两步计算的实际问题。让学生在阅读和理解已知条件与所求问题的含义时介入线段图，在分析数量关系时利用线段图，从而让学生逐步产生对线段图的内在需要。

其次，如何使得学生了解线段图的由来？线段图不应该成为强加给学生的机械工具。课始，我设计了从实物图到平面图，从正方形到条形图，从条形图到线段图的逐步渐变过程，让学生在具体感知中了解线段图的由来，沟通起具体实物数量与抽象线段数据之间的本质联系，从而在直观与抽象的对比变化中理解线段图的实际意义。这样的设计，顺应了儿童的思维规律，培养了数形结合的数学思想。

再次，如何使得学生感受线段图的价值？画线段图不是教学目的，通过画线段图使得学生能直观地理解题意，从而具体分析出数量之间的关系，探寻到解决问题的钥匙。在学生画线段图解决问题时，教者没有强迫学生画图，而是引发学生对直观图的需要。同时，在每次画线段图之后不着急列式解决问题，而是把线段图与文字叙述进行对比，让学生在对比中感受到线段图的实际价值。进一步，在解决问题之后，让学生对比不同方法之间的联系，再次感受到线段图对思维简洁性的促进作用。

最后，如何培养学生养成画线段图的习惯？为此，我设计了三个层次的画图教学：第一层次是由抽象的文字叙述转化为直观的线段图，初步学会画图；第二层次是读图能力的训练，让学生读懂线段图，把直观的线段图信息转化为文字叙述的信息；第三层次是尝试在头脑中画图，这是更高水平的画线段图。这样的多层递进式学习，逐步培养学生对线段图的感情，感受到线段图的内在价值，进而养成自觉画线段图的良好习惯，为今后学习解决更复杂的问题做好准备。

"解决问题的策略（画线段图）"教学点评

"解决问题的策略"是苏教版小学数学教材的特色内容。在此之前，学生在三年级上册已经学习了"从条件想起的策略"这一内容。本册教材安排了"从问题出发分析和解决问题的策略"，共两道例题。本课是第二课时的教学内容，因此，这节课是在进一步体验这一策略的基础上，重点让学生借助线段图来分析和解决问题。学习了徐老师的课收获颇丰，下面撷取其中一二与大家分享。

1. 活动过程丰富，促进了学生经历向经验的转变

《义务教育数学课程标准（2011年版）》指出："数学活动经验的积累是提高学生数学素养的重要标志。帮助学生积累数学活动经验是数学教学的重要目标，是学生不断经历、体验各种数学活动过程的结果。"课程标准把"基本活动经验"提到了如此重要的地位，这是期待教师能充分给予学生经历各种活动的机会，表明只有让学生经历于"行"，才能将经验指向于"心"。

本节课的例题教学中，教者让学生经历了三次画线段图的活动。第一次从简单的问题入手，师生合作完成线段图，着重让学生学习画法；第二次让学生根据初步形成的经验及所求问题，尝试修改线段图，努力实现从感觉走向感悟；第三次让学生根据问题独立修改线段图，让学生在修改中对比，在对比中发现，在发现中理解，在理解中建模。教者设计了这样一个由易到难、由扶到放、循序渐进的过程，使学生对线段图的感悟逐步加深，从认识到理解，从理解到后续的应用，最终指向学生数学素养的提升。

2. 学材选择适切，促进了学生形象思维向抽象思维的发展

著名认知心理学家皮亚杰指出儿童的思维发展分为四个阶段：感知运动阶段、前运算阶段、具体运算阶段和形式运算阶段。而三年级学生正处于第三个阶段，即具体运算思维阶段。此时的儿童已经从表象性思维中解脱出来，认知结构中具有了抽象概念，因而能够进行逻辑推理，但运算仍离不开具体事物的支持。换言之，三年级学生抽象思维的形成需要建立在大量形象思维的基础之上，离开

了这个基础，学生就会对认知对象感到枯燥乏味、抽象难懂。

线段图，在学生的视野里不是第一次出现，但以知识形态呈现在课堂上却是首次，这对于三年级学生来说是抽象的。如何呈现给学生才不显突兀，顺应思维，这是教者关注的一个重要内容。因此在引入线段图部分的教学中，教者精心选择了学材，巧妙设计了"魔力变变变"游戏，以"倍数关系"为载体，借助花朵图→正方形图→长方形图→条形图→线段图等一系列的图示表征，引导学生在数形变化现象中探寻本质，沟通了新旧知识之间的联系，打通了形象到抽象之间的"通道"，让学生的思维逐步深入，不知不觉对线段图就有了"本源性认识"，为后继画线段图与理解线段图中的数量关系做好了铺垫。

当学生充分认识、理解了线段图，能把抽象的线段图内化为直观的图示后，教者再次引导学生进行思维的"爬坡"。在本节课最后，教者设计了"高水平画图——在头脑中画图"这一环节，又一次将"形象"演绎成"抽象"，给学生的思维注入新的动力，"逼"着学生进行深度思考。名师的课堂就是这样，他善于洞察学生的思维活动，让学生不断地在自我发展的进程里获得思维的提升，促进认知逐步走向深刻。

总之，本节课教者十分注重教学资源的整合与优化，追求愉悦而具有思维挑战的数学课堂，尊重学生的生命需求，引领学生成长，把"无痕教育"的思想演绎至极。

（点评：苏州市学科带头人 苏州大学实验学校 余荣军）

课例10
"平均数"教学案例

"平均数"教学设计

教学内容

义务教育数学教科书（苏教版）四年级上册第49～50页。

义务教育数学教科书（人教版）四年级下册第91～93页。

教材简析

本课的学习内容主要是认识作为统计量的平均数，包括平均数的意义和算法。教学平均数的目的不限于怎样求平均数，更在于用平均数进行比较，用平均数描述、分析一组数据的状况和特征。苏教版教材关于"平均数"，编写了一道例题、一道练习、练习八和一次综合与实践活动"运动与身体变化"和一篇"你知道吗"，联系平均数的实际应用介绍了演唱比赛时是怎样计算平均分的。

本课例题选择一个小组男、女生进行套圈比赛的情景作为教学素材，4名男生和5名女生进行套圈比赛，每人套中的个数表示在条形统计图上，要比较男生套得准一些还是女生套得准一些？由于男生人数与女生人数不等，所以比较男、女生套中的总个数显然不合理。又由于女生中有2人成绩很好，另3人套中的比男生少，所以很难对应着进行比较。在学生产生认知冲突的时候，教材提示学生：分别求出男生和女生平均每人套中的个数。虽然男生平均每人套中的个数、女生平均每人套中的个数都是新概念，但由于学生有"平均分"为基础，又在现实情境之中，因此，他们大都能够接受。怎样计算男生、女生平均每人套中的个数？

197

教材让学生自己想办法，可以在条形统计图上移多补少，使每人套中的个数同样多；也可以把各人套中的个数合起来平均分。无论哪种方法，都清楚地体现了平均数的意义——4名男生套中的总数不变的前提下，重新分配，让各人套中的个数都相同。学生在探索计算平均数的方法的过程中，领会了平均数的意义。求得男生平均每人套中7个后，继续求得女生平均每人套中6个，这时就很清楚地发现男生套得准一些。在这道例题里，学生学到了计算平均数的方法，体会到平均数能反映一组数据的状况，体会到平均数作为一种统计量的作用。

教学目标

1. 在实际情境中使学生经历和感知平均数产生的必要性，初步理解平均数的意义。

2. 使学生探索求平均数的方法，初步掌握先求和再均分的计算平均数的方法，能初步运用平均数解决简单实际问题。

3. 使学生进一步积累数学活动经验，发展数据分析观念，体会数学与生活的密切联系，提高学好数学的信心。

教学准备

课前学生进行套圈游戏活动，记录自己的成绩；每个学生准备计算器。

教学过程

一、创设情境，引出平均数

（课件显示套圈场景图片）

谈话：同学们玩过套圈游戏吗？如果两个人比赛，制定怎样的规则比较公平？如果两个队比赛呢？

第一场比赛：两队人数相等且每队各自套中个数相等

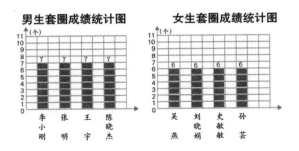

提问：能判断哪个队套圈准一些吗？为什么？（板书：整体水平）

第二场比赛：两队人数相等但各自套中个数不等

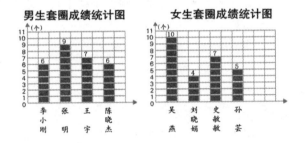

提问：套圈情况与第一场比赛有什么不同？能判断哪个队套圈准一些吗？为什么？【把总数加起来：6+9+7+6=28（个），10+4+7+5=26（个）】

第三场比赛：两队人数不等但每人套中个数相等

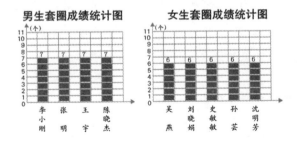

提问：哪个队套得准一些？把总数加起来能比较吗？（感知人数不等，加总数不好比，还是得看整体水平）

第四场比赛：两队人数不等且每人套中个数与总个数均不等

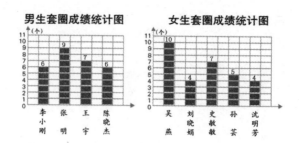

提问：该如何判断呢？（引导学生观察数据特点：每人套的不完全相同，参与人数不同，套圈总数也不同）

思考：需要一个什么样的数来进行比较呢？（这个数要基本反映一组数的整体水平，揭示课题：平均数）

心理学思考

课程标准指出："能从报纸杂志、电视等媒体中，有意识地获得一些数据信息，并能读懂简单的统计图表。"学生的"读图"可以分为三个水平：数据本身的读取（用能够得到的信息来回答具体的问题，这些问题图表中有明显的答案）、数据之间的读取（插入和找到图表中数据的关系）、超越数据本身的读取（通过数据来进行推断、预测、推理）。这个环节设计的4组统计图的依次出示与对比，培养了学生的读图能力，使学生在4次比赛的问题产生与解决中，不断引发认知冲突，产生对表达一组数据整体水平的平均数的需要。

二、讨论探索，理解平均数

1. 直观操作，移多补少

操作：通过移多补少，得出每人都同样多（课件可随机点击拖动小方格，板书：移多补少）。

提问：得到的平均数"7"表示什么含义？你觉得平均数是一个怎样的数？这个平均数"7"与王宇套圈的"7"有什么不一样？

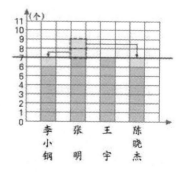

　　由于有条形统计图的直观显示，再加上数据不大，让学生首先采用移多补少的方法求得平均数。同时结合直观操作，让学生初步感知平均数的范围，理解平均数的意义。

　　2. 抽象思考，列式计算

　　提问：除了用在统计图上移动小方格的方法求出平均数，还可以怎样算出平均数呢？

　　学生讨论并尝试后得出：6+9+7+6=28（个），28÷4=7（个）。

　　提问：为什么要先求和再平均分？（板书：求和平分）

　　演示：（课件动态显示6、9、7、6个小方格合并起来，再均分成4份）

　　3. 联系对比，感悟意义

　　提问：用移多补少与求和平分的方法都能求平均数，你觉得这两种方法各有什么特点？

　　4. 迁移类推，解决问题

　　提问：要求女生套中圈的平均数，你想用什么方法？估计一下平均数在什么样的范围？（板书：最大和最小之间）

　　学生自主选择方法进行探索，板书：10+4+7+5+4=30（个），30÷5=6（个）。

　　先在两个统计图上画出表示平均数的一条虚线，再直观比较。

　　提问：那么，现在可以比较出男生套得准还是女生套得准一些吗？

　　小结提问：通过刚才求出了两个平均数并进行比较套圈情况，你觉得平均数是什么样的数？（在最大的数据和最小的数据之间，代表整体水平）

　　如果说移多补少是从直观层面理解平均数，那么列式计算则是从抽象意义上理解平均数。在学生进行抽象运算之后，通过课件的动态演示，再次回到直观，让学生理解先求和再均分的原理，从算法角度加深学生对平均数的理解。然后把移多补少与数据运算的方法进行对比，沟通两种方法之间的联系与区别，比较两种方法的特点与优劣，帮助学生获得策略性知识。

三、巩固练习，应用平均数

1. 移多补少（"练一练"的题目：平均每个笔筒里有多少支笔？如下图所示）

（课件先出示笔筒图，动态显示移多补少的过程，然后逐步变化为条形图，再点击显示下题不含数据的带子图，如下图所示）

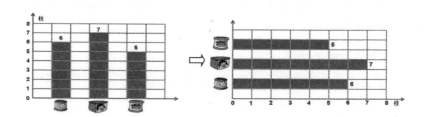

2. 取长补短（"练习八"第1题）

提问：如果用取长补短的方法，不标出长度（如下图所示），那最长的那条带子该剪下多长呢？中等长度的到底需不需要剪下一段呢？

（引导学生进行数据运算，求平均数）

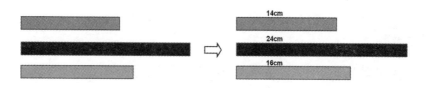

3. 假如我当经理（"练习八"第4题）

先估计一下苹果卖出数量和橘子卖出数量的平均数，再与同桌分工计算，然后画出表示平均数的那条线。

提问：如果你是水果商店的经理，你看到如下图所示的数据和平均数情况，有什么想法？

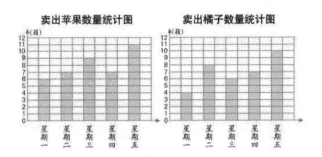

4. 篮球队员的身高（"练习八"第3题）

提问：李强是学校篮球队队员，如下图所示，他身高155厘米，可能吗？学校篮球队可能有身高超过160厘米的队员吗？（显示篮球队5名队员的身高统计表）

思考：如果姚明加入学校篮球队，平均身高会如何变化呢？（图片显示）

$160 \times 5 = 800$（厘米），$800 + 226 = 1026$（厘米），$1026 \div 6 = 171$（厘米）。

这时得到的平均身高，具有什么样的特点？（具有极端数据的话，平均数也有失灵的时候）

心理学思考

从移多补少到取长补短，从直观操作到抽象运算，从数学方法到生活问题，从正向思维到逆向思维。这样的练习设计，不仅能巩固平均数的运算方法，更重要的是能让学生对平均数的理解逐步走向深入，并通过观察与运算、判断与讨论、估计与对比，在实际应用和问题解决中获得对平均数的全面认识，培养学生的数据分析观念。

四、总结经验，感悟平均数

提问：为什么需要平均数？平均数有什么样的特点？生活中哪些地方会应用到平均数？

最后回到套圈情境的例图，提出：第五场比赛时，男生人数不变，又来了一个女生，据说是一个神秘高手。要使得女生套圈成绩提高到和男生套圈一样准，她必须要套中多少个呢？如果女生套圈的准确程度要超过男生，她要至少套中多少个？

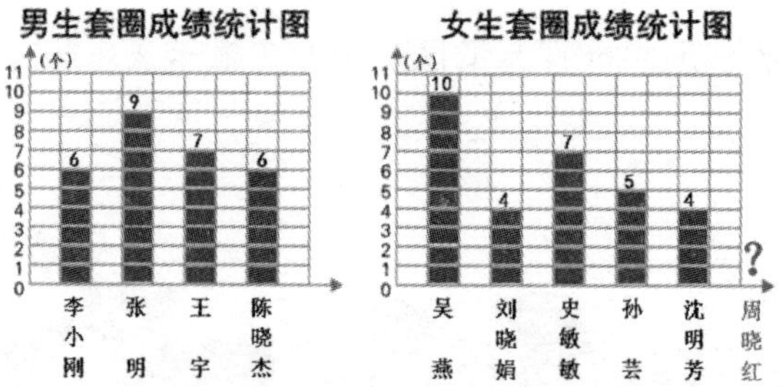

心理学思考

在回顾中梳理课中所学、所得，思考学习“平均数”的价值，并和生活中的实际事例结合起来，着眼于培养学生的统计意识。课末，回到课伊始的问题情境，既能前后呼应，又以“神秘高手”的出现引发学生进一步思考，持平时应该套中多少个，超过时至少套中多少个？关注学生的数感培养和解决问题策略的有机渗透，从而把学习向数学素养培养不断行进。

"平均数"教学实录

一、创设情境，引出平均数

师：前几天在活动课上徐老师带大家做了"套圈"这个游戏，你套得准不准？

（有的学生说"准"，也有的学生说"不准"）

师：大家看大屏幕，这里有一个班级的同学也在进行套圈游戏。同学们，假如就两个人来进行比赛的话，可以制定怎样的比赛规则？

生1：每人4个圈，看谁套中的多。

生2：还可以在规定的时间内看谁套中的多。

师：既要看你套得准不准，还需要你速度快，太快有时候不太容易瞄得准。两个人比赛制定这样的规则就可以了；如果有两队人来比试，看看哪一队套得准，该怎么比呢？

生1：把每个人套中的个数加起来然后比较。

师：可以，这也是一种办法。

生2：把每个人套中的个数加起来然后除以一共有几个人。

师：你的想法很有道理。我们来看看这个班级男女生比赛套圈时的比赛情况。

（课件出示：四年级第一小组的男、女生进行套圈比赛，每人套15个圈）

师：左边是男生套圈的成绩，右边是女生套圈的成绩。仔细观察图，有一个箭头的线是往右的，另一个箭头的线是往上的。往上的箭头表示的是他们套中的个数，往右的是等会儿他们要出场的队员。首先来看，男生队派出了四大高手。女生队呢？

生：也是四大高手。

师：我们看看他们套圈时套中的情况。

（课件出示：4个男生，每人都套中了7个）

生（很惊讶）：男生每个人都套中了7个。

师：用一个数来表达男生套圈的情况，你觉得可以用哪个数？

生：数字7。

师：对呀，他们每个人都套中了7个。这个7就代表了男生队的？

生：整体水平。（板书：整体水平）

师：下面轮到女生队了，女生队也是每人15个圈。

（课件出示：4个女生，每人都套中了6个）

师：奇迹又发生了，女生每个人都套中了6个。不过你觉得是男生套得准还是女生套得准？

生：我觉得男生套的准。

师：为什么？

生：因为男生每个人套7个，而女生每个人只套了6个。

师：7个大于6个。第一场比赛就这样结束了，女生不服气，说再来一场比赛，男生同意吗？

生（多数人）：同意。

师：第二场比赛的成绩没有那么巧，大家看，男生四个人套中的还是一样多吗？

生：不一样。

师：最多的套了几个？最少的呢？

生：最多的套了9个，最少的套了6个。

师：有多有少。（板书：多 少）再来看看女生的情况。

（课件出示：4个女生分别套中了10个、4个、7个、5个）

生：哇！

师：也有多有少。你觉得哪个队赢啦？

生：我觉得男生队赢了。

师：怎么看出来的？

生：因为男生套中的个数加起来比女生多。

师：我们一起来算一算。

（生说算式，师板书：男生6+9+7+6=28个，女生10+4+7+5=26个）

师：不过女生有点儿不服气，男生套圈的总数比女生多，但是女生中有一个人套中的可多了！她套中了10个。如果你是男生队的一员，你觉得女生这样想可以吗？

生：虽然女生队有一个人比男生套的多，但是他们的整体水平不如男生。

师：女生的整体水平不如男生，我们加起来比一比就行了。第二场比赛结束了，女生很不服气，说再比一场，男生们，有信心吗？

生：有！

（课件出示：4个男生每人都套中了7个）

师：奇迹又一次发生了，第三场比赛男生每个人都套中了7个。女生呢？

（课件出示：4个女生每人都套中了6个）

师：4个女生套完之后，女生提出申请，女生力气小，她们还有一个女生套圈也很好，能不能再加一个人？男生非常大度，也同意了。新加入的女生也套中了6个。女生非常高兴，都觉得自己赢了，男生们，你们怎么想？

男生1：女生的人数比男生多，不公平。

男生2：女生的整体水平还是6个，男生的整体水平还是7个，还是男生赢。

师：人数虽然不一样，但从整体水平看，男生每个人都是7个，更高一些。这时，女生说，要不再来比场决赛？男生敢接受挑战吗？

男：好！

师：这时，场上女生有5人，叫谁下去都不好。女生又弱弱地提了一个要求，要么就5个人吧？男生竟然也同意啦！

（课件出示：第四场男、女生套圈成绩统计图）

师：你觉得这次是男生赢了还是女生赢了？

生：女生赢。女生总共套中30个，男生只有28个。

师：男生们，你们服气吗？

生：不行，女生现在人数比男生多，女生是5个人，男生只有4个人。

生：如果每个人套中的一样就好办了。

师：你的意思我听明白了。现在每个人套的个数不一样，不能一眼看出他们的整体水平是多少，另外人数也不一样多，总数多了也不一定说明你水平高。这

207

个时候就需要想一个办法，让男生和女生都能够服气。数学往往就在人们最需要的时候产生了，你觉得需不需要一个量来比较比较呢？

生：需要，把女生套中的个数加起来除以5个人。

师：什么样的量来比较呢？

生：平均的量。

师：我们以前学过平均，以前学的是？

生：平均分。

师：今天我们学习的是一个新的统计量，叫作平均数。（板书：平均数）有了它，我们就能比较男生和女生的套圈水平了。

二、讨论探索，理解平均数

师：下面，我们就来探索平均数。先来看男生的（6、9、7、6），现在不动手，仔细观察图，假如这个图上的方格可以移动，你能一下子让人看出男生的整体水平吗？

生：可以把多的移给少的。

师：你上来移一移。

（请一生上台操作）

师：现在情况怎么样？

生：都是7个。

师：我们可以说，男生套中的平均数是7个。7个到底是什么意思啊？真的是每个人都套了7个吗？

生：不是，是每个人的平均水平。

师：那平均数的7和王宇的7个完全一样吗？

生：不是。

师：哪儿不一样？

生：王宇本来套的就是7个，李晓刚和陈晓洁是从9个那里分一个来以后才变成7个的。

师：你这个"分"用的太好了，它们是分来后变成的数。而且是怎么分的？

生：平均分。

师：看来平均数跟平均分也有一定联系的。

生：就是把多的多出来的给少的，要和中间的一样。

师：真聪明！把多的匀点给少的，像课件这样，把多的移过来给少的，这其实就是一种重要的方法。这就是移多补少（板书：移多补少），这是求平均数的一种重要方法。

师：当然除了用移多补少的方法，我们也是可以用计算的方法求平均数。大家想试试看吗？在作业本上，你能算出男生平均每人套中多少个吗？

生：先把男生所有的成绩全都加起来，6+9+7+6=28个，因为男生有4个人，然后就是用28除以4，每个人的平均水平是7个。

【板书算式：6+9+7+6=28（个），28÷4=7（个）】

师：这个7就是什么数啊？

齐：平均数。

师：7就是这四个数的平均数，看来这种方法也不错。计算时第一步把4个数加起来，得到的是什么呢？

生：他们的总数。

师：求完总数，再干什么？

生：平均分。

师：这也一种求平均数的方法。（板书：求和平分）

（课件出示：将所有的方格放到一起再平均分）

师：用移多补少与求和平分的方法都能求平均数，这两种方法各有什么特点？

生：移多补少看起来比较直观。

生：但是，如果数据很多的话，移多补少就比较麻烦，用求和平分就比较简单。

师：看来，两种方法各有各的优点，一个直观形象，一个简单明了。

师：求女生套中圈的平均数，你想用什么方法？

生：求和平分。

生：移多补少。

师：都可以的。估计一下，它的平均数在什么样的范围内？

生：比10个少，比4个多。

师：那是多少呢？大家移一移、算一算。

【根据学生的回答，板书：10+4+7+5+4=30（个），30÷5=6（个）】

（课件在两个统计图上画出表示平均数的一条虚线）

师：现在可以比较出是男生套得准还是女生套得准一些吗？

生：男生平均每人套7个，女生平均每人套6个，男生套得准。

生：男生更准一些。他们平均数的那条线更高。

师：通过刚才的套圈活动，你觉得平均数是什么样的数？

（引出：平均数比最大数少，比最小数多）

（板书：最大和最小之间）

三、巩固练习，应用平均数

师：接下来我们就用刚才学到的知识来解决一些实际问题。首先看，这里有三个笔筒，分别装了几支笔？（课件出示）

生：5支、6支、7支。

师：你能很快地告诉我平均每个笔筒里有几支笔吗？

生：平均每个笔筒里有6支。

师：怎么想的？

生：6+7+5=18（支），18÷3=6（支）。

生：可以从7支笔里面取1支笔给装5支的那个笔筒。

师：大家一眼就看出来了，这个方法叫什么？

生：移多补少。

师：你觉得哪种方法更加简便？

生：移多补少。

师：为什么？

生：只需要移动一支铅笔。

师：如果我把铅笔的支数画成条形统计图，能看出来怎么移吗？（课件出示）

生：能，把多的移给少的。

师：老师想改动一下，我把这个条形统计图横轴和纵轴换个方向，这个时候怎么移呢？

生：把那个长的取下来放到短的后面去。

师：有一个成语怎么说的？

生：取长补短。（板书：取长补短）

师：取长补短在数学上就是移多补少。大家接着看，三条不同颜色的丝带。（课件出示）

师：求平均长度，如果让你来取长补短，你能一下子就知道从哪儿剪下来，然后放到哪儿去吗？

生：不知道。

师：为什么这时候不能？

生：三根彩带还不知道长度。

师：看来，我们需要具体的数据。（课件出示丝带的具体长度），怎么剪呢？独立算一算。

生：平均数是18厘米。把24厘米的彩带先剪去4厘米给红色丝带，再剪2厘米黄色丝带。

师：现在为什么能解决了？谁帮了我们的忙？

生：丝带的长度。

师：确实，求平均数时，数据很重要！

师：接下来我们来模拟当经理。（课件出示：苹果和橘子5天所卖箱数的统计图）

师：如果你是经理，员工向你报告：下周多进一些哪种水果，你怎么回答？

生：苹果平均每天卖8箱，橘子平均每天卖7箱。苹果要多进一些。

师：你是一个优秀的经理。但是员工还有个疑问，为什么星期一卖得少，而星期五卖得多？

生1：星期一，大家都上班了。

生2：星期五，马上就是周末，大家比较有时间。

师：作为经理，你会怎样调整营销策略？

生1：星期一，打折促销，让更多人来买。

生2：星期五，涨价。

（全班笑）

师：很有想法，称职的经理常常能根据市场需求做出调整。不过涨价的幅度要控制好呀！

（课件出示学校篮球队图片：平均身高是160厘米）

师：这个160厘米是什么意思？

生：是所有的队员身高加起来后的平均数是160厘米。

师：李强是学校篮球队队员，他身高155厘米，可能吗？

生：有可能。

师：有没有可能有一位队员的身高超过160厘米？

生：也有可能。

师：看来这个160厘米只是这个篮球队队员身高的什么水平？

生：平均水平。

师：我去找了找他们队员的名单和身高情况，果然不仅有155厘米的，还有150厘米的。（课件出示5名队员的具体身高：150厘米、155厘米、160厘米、165厘米、170厘米）

师：某一天一个神秘人物加入了篮球队后，这个人的身高和原来5个队员的身高合起来得到一个平均身高之后，原来五个人的身高竟然都达不到平均水平，是171厘米。有可能谁来了？

生：姚明。

师（课件出示）：姚明身高是226厘米，姚明一来之后，平均数发生了什么变化？

生：被拉高了。

师：而且高到这5个人都达不到的高度。看来，平均数也会受极大数据的影响。

师：同学们，今天我们学习了平均数。那么，我们为什么需要平均数？

生1：有的多，有的少，个数不一样多。

生2：这样比总数的话就会不公平，就要比平均数。

师：所以，平均数有什么特点？

生1：分一分、匀一匀后，每个同样多。

生2：比较公平。

师：生活中哪些地方会应用到平均数？

生1：考试的平均分。

生2：楼房的均价。

生3：开车的平均时速。

……

师：最后，女生想再进行一次终极比赛，你们敢接受挑战吗？

男生：敢！

师：之前的5个女生请来了一位神秘高手，请问第六个女生至少要套多少个圈，男生和女生才能套的一样准？（课件出示：第五场比赛男、女生套中个数）

生：12个。

师：你是怎么想的？

生1：如果女生也是平均数7，6×7=42个，扣掉原来的30个，还需再套中12个。

生2：还可以这样想，周晓红可以先套6个，这时平均数还是6个，要使平均数变成7个，每个人还要再多套中1个，6个人还要再多套中6个，6+6=12个。

（生自发地鼓掌）

师：真会想办法！如果女生想赢男生，那么至少要套中多少个？

生：至少套中13个。

师：对！关于平均数，还有更多的应用，下节课我们继续学习。下课！

"平均数"教学反思

从统计与概率的编排和教学的发展来看，一年级主要教授简单的分类与整理信息、象形统计图，二年级教授简单的数据收集和分类整理，三年级教授数据的汇总和简单分析，从四年级（上册）的本单元开始教授数据的分段整理和单式统计表、条形图以及平均数的意义、计算方法和实际应用。平均数是小学阶段最重要的统计量，其本质是反映一组数据的集中趋势。学生学习平均数，不仅要理解平均数的意义，掌握求平均数的方法，还要了解平均数的来源和价值，感受其刻画数据集中程度的需要。

为了让学生更好地理解平均数，本课在教学设计中主要体现了如下四点思考。

1. 理解的前提是充分感知

对于四年级学生来说，理解平均数的统计意义，掌握求平均数的方法，运用平均数解决实际问题，是有一定难度的。为帮助学生突破这一难点，新课引入环节，老师设计了学生喜闻乐见的套圈游戏活动场景，并让学生来当裁判。四次套圈比赛统计图的呈现，让学生充分感知了数据和图表，了解了套圈比赛的具体信息，并让学生运用生活经验和已有旧知做出判断。四次套圈比赛，由易到难，逐步深入：第一次比赛，人数相同，每人套中个数相同，一目了然，直接可以判断胜负；第二次比赛，人数相同，每人套中个数不同，求和即可比较胜负；第三次比赛，人数不同，但每人套中个数相同，观察即可比较判断胜负；第四次比赛，人数不同，每人套中个数也不同，无法直接观察和比较判断。在充分的数据感知中，学生逐步学会寻找一组数据的代表，逐步产生对平均数的需要，同时使得平均数的含义具有丰富的直观基础，为理解平均数的意义做了充分的感性支撑。

2. 理解的关键是顺应儿童

小学四年级儿童的思维特征是以具体形象思维为主，逐步向抽象逻辑思维过渡。正如乌申斯基所说："一般说来，儿童是依靠形状、颜色、声音等一般感觉来进行思维的。"在二年级学习除法时，学生对"平均分"已经有了一定的认识和了解，在此基础上学习求平均数的方法，可以顺应儿童的思维规律，不仅从字面上沟通"平均数"与"平均分"的概念联系，更从方法层面进行对接与深化。同时，在理解平均数的含义以及探索求平均数的方法阶段，让学生用手势比画平均数的范围，用虚线描画平均数，用移多补少法演示平均数等，让学生在内在的需要中感悟平均数，理解平均数，运用平均数。

3. 理解的目的是形成技能

在学生初步理解了平均数的来源和意义之后，如何求出平均数是从知识到方法的提升，也是由理解到掌握的必由之路。移多补少法是学生在理解平均数时自然产生的方法，而求和平分法则是更为普遍与简洁的方法。为促进学生求平均数技能的形成，教者没有机械地让学生使用哪种方法，也没有让学生每题都要使用两种方法，而是设计了由具体到抽象、由简单到复杂、由单一到复合的方法选择与应用情境：笔筒直观图，让学生直接移多补少得出平均数；竖式条形图，让学生由实物图到条形图进行移多补少；横式条形图，让学生由移多补少联想到取长补短；没有数据的彩带条形图，让学生无法用移多补少法准确进行操作；有数据的彩带条形图，让学生体验求和平分法的简便。这样的设计，帮助学生沟通了移多补少法与求和平分法的内在联系，以形成灵活的应用技能，达到对平均数的深度理解。

4. 理解的核心是发展思维

数学是思维的体操，数学教学是数学思维活动的教学，数学理解的核心价值是发展儿童的思维水平。在引入平均数、建构平均数、应用平均数等环节，始终围绕平均数的数学本质和统计意义展开教学，让学生进行丰富的统计活动，感悟对平均数的需要，探索求平均数的方法，体验平均数的应用价值，发展学生的数学思考能力。尤其是通过数据的变与不变、自变与因变、极端数据干扰、利用数据合理决策等方面的学习体验，使学生对平均数的内涵与价值有充分的经验积累，从而有效地培养学生的观察、比较、归纳、概括能力，在发展数学思维的同时，培养学生的数据分析观念，提升学生的数学素养。

"平均数"教学点评

徐斌老师所坚守的"无痕教育"旨在"把教育意图与目的隐蔽起来，通过间接、暗示或迂回的方式，给学生以教育的一种教育方式"。我以为，他所追求的

"无痕教育"，其目标指向是"为学生的数学学习服务"。

解读徐老师执教《平均数》的整个教学流程，我们不难发现，他所倡导的"无痕教育"教学主张在课堂上有充分的体现，现从三个方面来进行解读。

第一重境界——淡墨无痕处"落笔"

杜威在论述"什么是教育"时指出："一切教育都是通过个人参与人类的社会意识而进行的。这个过程几乎是在出生时就在无意识中开始了。""由于这种不知不觉的教育，个人便渐渐分享人类曾经积累下来的智慧和道德的财富。"徐老师显然深谙此道，他常常在淡墨无痕处落笔，在不知不觉中教学已经开始，让学生在自然、和谐的学习氛围中获得真实、有效的学习技能和学习体验。

对于数学教材，徐老师总是坚持"尊重、理解和创生"的整合思路。今天的课堂上，新课伊始，徐老师创设有效的学习情境，出示了两个小组套圈游戏的四场比赛的四组统计图，从相同人数且每次套中个数相同到人数不同且每次套中个数不同的4次转变中，巧妙地激活了学生相关认知，唤醒了学生已有的知识经验、数学活动经验和问题解决经验，不断引发认知冲突，"无痕"地引入平均数。这是"无痕教育"所追寻的基本境界——"不知不觉中开始新课学习，对数学教学内容的整体把握"。

仔细分析这组情境图的数据，我们可以看到徐老师的用心良苦。从简单入手，一步一景地推进，让学生在观察、分析、推断中，培养起读图能力和数据分析观念。可以说是平淡中见真奇，也可以说是"于无声处听惊雷"。

创设有效的教学情景，采用学生喜闻乐见的方法巧妙链接旧知与新知，逐层递进，引导学生向思维的深度进发，不知不觉中开启学生愉快的数学思维之旅。

第二重境界——不着痕迹中"勾勒"

《义务教育数学课程标准（2011年版）》在课程目标的"数学思考"方面，有这样的阐述：体会统计方法的意义，发展数据分析观念，感受随机现象。基于四年级学生的理解水平，在理解平均数意义时，徐老师采用循序渐进的方式，紧紧抓住数学概念内涵，在不着痕迹中勾勒，使学生对平均数的认识渐次加深。

1. 操作观察理解平均数

平均数是一个"虚拟的数",怎样"化虚为实"？在教学中,徐老师加强了直观的观察和操作,以条形统计图为载体,从每个人套中的一样多的"整体水平",到每个人不一样多的移多补少,以及移动小方格后得到的平均数画线,使平均数变得可观、可做、可见、可想。学生理解了平均数的取值范围,从而在直观上理解平均数的意义。

2. 比较分析感悟平均数

徐斌老师认为,实施"无痕教育",一方面要潜移默化地培养学生的各种数学技能,另一方面,也要有序发展学生的各种思维能力。因此,紧接着徐老师让学生利用计算的方法,以求和平分求得平均数。并通过对比"平均数"和"数据中的每个数",感悟平均数的意义。这样的教学设计,能使学生有序地发展思维能力,从直观的演示到抽象的计算,从算法角度加深对平均数的理解。

3. 迁移类推应用平均数

怎样让学生触摸到平均数作为一种统计量的作用？徐老师采用迁移类推的方式,追问：要求女生套中圈的平均数？你想用什么方法？并让学生估计一下平均数在什么范围？当学生自主选择自己的方式来解决实际问题时,他们对平均数代表整体水平这一含义有了更深入的理解。

我们都说数学是思维的体操,儿童学习数学的过程就是数学思维活动的过程。徐老师和学生一起"勾勒"平均数意义的过程,让我们看到了"无痕教育"的魅力所在,没有强制和牵引,没有统一的要求和方法,更多的是启发和启迪,是唤醒和鼓舞！依托儿童学习心理理论,在学科元素中融入儿童基点,调动各种手段,帮助学生主动获得新知识、新能力,使学生的数学思维向青草更深处漫溯！

第三重境界——潜移默化中"创作"

徐斌老师认为,学生学习数学的过程,既是在教师指导下的意义建构过程,又是自身需求发展中的自主建构过程。课堂上,徐老师精心组织学习过程,通过设计富有层次的练习,步步深入,培养学生的数据分析概念及观察、比较、估计等数学能力。我以为,这是一个潜移默化的"创作"过程。体现在如下两个方面：

1. 变式练习暗藏玄机

课堂上，我们看到练习设计的精妙之处：从第一题的移多补少，到第二题的取长补短，突出数形结合，突出两种方法的适用性和选择策略。从"一眼看出"到"说不清楚"，让学生感悟到统计过程中数据的重要性，进一步地推动数据分析观念向学生的策略意识更进一步。

2. 联系生活增强感受

通过"假如我当经理"和"篮球队员的身高"这两个习题，徐老师带领学生走进生活，引导学生从关注苹果和橘子卖出的数量，这些"数据本身能说明什么"逐步过渡到"基于数据进行一些有意义的推断"。而求篮球队员的身高，则是从逆向思维角度鼓励学生思考。紧密联系学生的实际，通过生活问题的解决，学生慢慢体会到数据中蕴含的信息，提高了运用数据分析问题、解决问题的能力。

当然，徐老师课堂教学的高明之处还有很多：总结环节，突出"平均数"的学习价值和广泛应用。课末，通过套圈游戏情境的再次利用，首尾呼应，再一次在"无痕"教学中，触发学生的数学思考，让学生灵活应用所学、所得，不仅会学，更是善学。

近代王国维写了治学的"人生三境界"，今天，徐斌老师描摹了"无痕教育三境界"。作为"人民教育家培养对象"，他已经站在学科教学的新高度，让数学变得"好玩""耐看""有趣"起来——学科的数学、过程的数学以及教育形态的数学，学习的过程同时是情智体验的丰厚过程，他的实践与探索必将引发我们对"无痕教育"的进一步共鸣与思索！

（点评：江苏省特级教师 江苏省张家港市梁丰小学　陈惠芳）

课例11
"解决问题的策略（列表）"教学案例

"解决问题的策略（列表）"教学设计

教学内容

义务教育数学教科书（苏教版）四年级（上册）第63~65页。

教材简析

"解决问题的策略"是苏教版数学教材独特的内容。运用学过的数学知识和技能解决简单的实际问题，是小学数学教学的重要目标之一。在第一学段的学习中，学生已经积累了一定的解决问题的经验，初步了解同一问题可以有不同的解决方法。为了让学生把解决问题的一些具体经验上升为数学思考，不断增强运用策略解决问题的有效性和自觉性，进一步提高解决问题的能力，教材从第五册起，每册安排一个单元，相对集中地介绍一些解决问题的基本策略。在三年级主要介绍了"从条件想起"和"从问题想起"两种基本学习策略，本课是学生第三次正式学习解决问题的策略（列表）。

本课首先让学生学习用画图和列表等方法收集、整理信息，并在画图、列表等活动中分析数量关系，寻找解决问题的有效方法。教材呈现的例题素材来源于学生的日常生活，问题中的数量关系也是学生所熟悉的，只不过问题情境中呈现的信息相对较多，而且需要根据解决的问题进行适当的整理和组合。这样，既使学生自主探索解决问题的方法成为可能，也能使学生在交流中真切感受到画图和列表的必要性，从而愿意主动掌握并运用这些策略解决问题。

教学目标

1. 使学生在解决简单实际问题的过程中，初步体会用画图或列表的方法整理相关信息的作用。会用画图或列表的方法整理简单实际问题所提供的信息，会通过画示意图或列表的过程分析数量关系，寻找解决问题的有效方法。

2. 使学生进一步积累解决问题的经验，增强解决问题的策略意识，获得解决问题的成功经验，提高学生学好数学的信心。

教学难点

体会画图或列表等方法作为策略的价值，主动运用列表等策略解决简单实际问题。

教学过程

一、创设情景，揭示主题

1. 师生谈话

今天这堂课，我们要运用已经学过的知识去解决一些问题，而且还要思考在解决问题中的一些策略。（板书：解决问题的策略）

提问：你知道什么叫策略吗？你在哪里见过或者用过？（学生举例）

2. 创设情境

讲述：国庆期间，老师上街，路过一个文具店，听到一则广告——（出示图片）

提问：在这幅图上，直接告诉我们哪些已知条件？假如要求小华用去多少元，你想选择哪些条件？你能不能把这些条件摘录下来，也可以用画图或列表的方法，使我们看得更加清楚一些？

小华　　小明　　小军

学生中可能出现的方法有：

生1：（摘录条件）　　　小明：买3本18元

　　　　　　　　　　　　小华：买5本？元

生2：（画方框图）

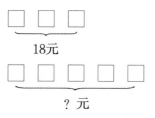

生3：（画线段图）

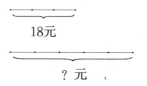

（教师肯定学生的摘录条件和画的图非常清楚）

生4：（列表）

小华	小华买了5本	用去 ？元
小明	小明买了3本	用去18元

交流：你觉得这张表怎么样？（有些重复了）

提问：那怎样填能简便些呢？

小结：刚才我们进行了条件的整理，可以把题目中找到的已知条件摘录下来，也可以画示方框图或线段图，还可以用列表的方法。

教师逐步板书：

小明	3本	18元
小华	5本	？元

提问：为什么选择把小明的情况列到表里面？（板书：相关）

追问：刚才我们解决这个问题时，用了很多方法来整理已知条件。那现在，要求小军买了多少本，你能选择有关的条件填表、列算式吗？（生填表，师来回巡视，加以指导）

展示交流：

小明	3本	18元
小军	？本	42元

3. 对比发现

提问：这两个表有什么共同的地方？这两个表格我们也可以合并起来。（电脑演示合并过程，表格逐步演变成箭头图）

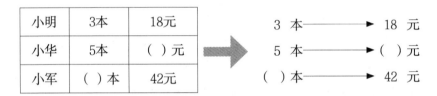

思考：观察这个箭头图，你发现什么在变化，什么没有变化？（板书：对应）

心理学思考

　　有效的数学学习应该让学生有更多的机会从周围熟悉的事物中学习和理解数学，使他们体会到数学就在身边，感受到数学与生活的紧密联系。新课导入时抓住了国庆节期间文具店的一些商品信息，为学生提供了熟悉的背景资料，使学生对数学产生了亲近感。由于学生生活经验与思考角度不同，解决问题的策略也必然存在着很大的差别，教者应充分尊重和理解学生，鼓励他们独立思考，进行小组合作探究。当课堂上出现摘录条件、画方框图、画线段图、列表等解决问题的多种策略后，教者在不经意间调整自己的思维方向，注重引导学生加强观察、比较，同中求异，使学生初步感受到列表解决问题的策略比较方便可行，为下一个环节的学习奠定了基础。

二、初次运用，建构模型

1. 出示情境

同学们用盆景美化教室，三年级有4个班，四年级有6个班，五年级有5个班，三年级每个班放8盆，四年级每个班放7盆，五年级每个班放10盆。

要求：出示两个问题，请每人选择一个问题，再寻找你认为有用的信息填到表格里，然后解答。你也可以自己先提一个问题，再列表解答。

2. 自主探究

学生动手选择问题和提出问题，并填表、解答。

（1）三年级和五年级一共放多少盆？

三年级	4个班	每班8盆
___年级	___个班	每班___盆

8×4=32（盆）
10×5=50（盆）
50+32=82（盆）

（2）四年级比三年级多多少盆？

___年级	___个班	每班___盆
___年级	___个班	每班___盆

6×7=42（盆）
4×8=32（盆）
42-32=10（盆）

（3）_____？

___年级	___个班	每班___盆
___年级	___个班	每班___盆

3. 观察思考

提问：解决这几个问题有什么相同和不同的地方？解决这几个问题所列的表格和刚才两个问题列表有什么不同的地方？（同桌学生交流）

小结：列表时根据需要，可以全部填已知条件，也可以把相关的已知条件和

223

要求的问题填进去。

心理学思考

　　在尝试问题解决这个环节中，教者再次选择了学生熟悉的生活事件，不断为学生提供"做"数学的机会。通过开发和利用学生这一潜在的课程资源，不断丰富他们的数学认识与体验。对于同学们美化教室情境中出现的两个问题，教者善于将学生之间的差异转化为教学资源，引导学生在尝试——表达——倾听——调整中，掌握解决问题最一般的策略。同时，为了加深学生对于列表方法的理解，教者并没有强调列表的重要性，而是为学生提供了自主学习的时间和空间，加强了知识之间的比较：有例题与尝试题的比较；问题与条件的比较；条件与条件位置的比较等。在学生摘录信息、制表、列式计算及比较的过程中，在他们静态的思考和动态的交流中，学会合理选择信息，处理有效信息，最终使学生在体验中感受列表法的优越性。

三、解决问题，拓展应用

1. 字典有多高（"想想做做"第1题）

讲述：学校图书室的桌子上放着一摞一摞的字典，仔细观察两人的对话，你能解决他们提出的问题吗？你可以选择用列表法或者用箭头表示的方法来进行整理。

提问：你觉得图中哪些信息是已经直接告诉我们的？观察这幅图时，要特别注意些什么？隐藏条件，先得找到。（板书：隐藏条件）

（讲评学生作业，让学生说出每一步求什么）

（1）

6 本	高 168 毫米
? 本	高 420 毫米
18 本	高 ? 毫米

（2）168毫米 ──────▶ 6本

420毫米 ──────▶ ?本

?毫米 ──────▶ 18本

$168 \div 6 = 28$（毫米）　$420 \div 28 = 15$（本）　$18 \times 28 = 504$（毫米）

比较发现：解决这两个问题时，都是先求什么？用列表或画图的方法解决问题，你感觉怎么样？

2. 如何购买球（"想想做做"第2题）

讲述：学校体育室缺少一些球，体育老师带着学生去买球。（出示图片，观察信息）学生尝试用列表的方法整理有关信息。

学生独立完成，教师交流讲评。

小结：我们在算的时候，要把买足球的钱或者买8个排球的钱转化成老师一共带了多少钱。（板书：转化）

3. 灵活应用

讲述：在生活中经常用到解决问题的策略。前两天，老师经过一家文具商店，听到商店里正播放着降价消息呢——

（录音播放）"顾客朋友们，你们好！本店由于街道拆迁，所有文具降价大甩卖喽！书包原价80元现价50元，文具盒原价20元现价12元，卷笔刀原价10元现价4元，钢笔原价15元现价8元……"

（出示文字信息）

小力：我买了3个文具盒。

小红：我买4个书包。

小芳：我买了10个卷笔刀。

问题1：小红比小芳多付多少元？

问题2：小力比小红少付多少元？

提问：请你选择解决一个问题，先设计一下表格怎么填，互相交流一下设计的表格；然后选择信息填表解答。

学生选择问题、设计表格后，师重新播放录音信息，学生选择记录并解决问题。

四、课堂总结（略）

心理学思考

心理学研究表明，良好的学习心境可以使学生的思维活跃，才思敏捷，可以提高他们的创新能力，教师积极的情感能极大地激发学生的创新意识和问题意识。最后一个环节通过计算一摞字典的高度、买篮球的事件以及记录录音信息解决实际问题等，让学生运用本课学到的知识来解决他们学习生活中的实际问题，与课始呼应。一方面激发学生学习活动的兴趣，另一方面，拓展学生的思维，使他们体验运用列表的策略解决问题的价值，感受数学学习的快乐，发展自己的个性。

"解决问题的策略（列表）"教学实录

教学过程

一、创设情景，揭示主题

师：今天这堂课，我们要运用已经学过的知识去解决一些问题，而且还要思考在解决问题中的一些策略。（板书：解决问题的策略）

师：策略是什么意思？

生：解决问题的方法。

师：是什么样的方法？是一般的方法吗？

生1：简便的方法。

生2：经过精心策划的方法。

师：用了"策划"这个词挺好的，那么你们以前在什么地方，或者在什么书上看到有人用策略的？小说里也行，电视里也行，古时候的人也行，现在的人也行。

生：曹冲称象。

师：曹冲就善用策略，然后把大象称出有多重了。还有呢？

生：围魏救赵。

师：这是一种战争的策略。那么在我们数学上会不会有一些策略能够帮助我们更好地解决问题呢？

生：有！

师：今天这堂课我们就一起来探索这个问题。

师：首先我们一起走进文具商店，去看一看文具商店柜台前发生的事情。在这幅图上你知道了哪些数学信息？

（出示情境图）

生1：小华买了5本练习本。

生2：小明买了3本练习本，用去18元，小军买练习本用去42元。

师：首先请小朋友们一起来解决这个问题，小华用去多少元？要解决这个问题，你觉得要用到哪些数学信息？

（同桌两个人先互相说一说）

师：以前当你们遇到像这样的数学问题时，你首先想干什么？

生：列式计算。

师：那么今天我们在列式之前，能不能把要用到的一些信息和要求的问题整理出来呢？以前整理过信息吗？有没有画过线段图？

生：画过。

师：画线段图就是整理信息。有没有把要用到的条件用波浪线画出来？

生：画过。

师：有没有把要用的条件摘录下来？

生：没有。

师：有没有用列表的方法把要用的条件和要求的问题写出来？

生：没有。

师：那今天我们就来尝试用列表的方法整理信息，要求小华用去多少元，要用到的是谁的信息？

生：小明的。

师：在这里跟小军有联系吗？

生：没有。

师：暂时还看不到联系，那么我们把有联系的两个人写下来。（师在黑板上画出表格）

小明		
小华		

师：接下去你会列吗？

（指名学生上黑板补充表格信息）

小明	3本	18元
小华	5元	？元

师：像这样列表的话，你感觉跟没有列表的时候相比一下，感觉怎么样？

生：简单了，清晰了。

师：清晰了，这个词用得好。前面是人的姓名，中间是他买的本数，第三格表示什么？

生：用去了多少钱。

师：而且一看就知道问题是求什么？

生：求小华买5本用去多少钱。

师：请大家在本子上用算式算出小华用了多少钱？

（生独立列示，指名板演）

$$18 \div 3 \times 5$$
$$= 6 \times 5$$
$$= 30（元）$$

师：第一步18÷3，这是什么意思？

生：表示一本多少元。

师：一本笔记本是多少元啊？

生：6元。

师：要买几本？

生：5本。

师：算出30元，对不对？

生：对！

师：看来这个问题并不难，但是我们现在学到了用一种什么方法来整理信息？

生：列表。

师：（板书：列表）列表就是一种策略。接下去请大家来解决第二个问题，小军买了多少本？你能像这样子先列表整理信息再写算式吗？

（展示学生的作业本）

小明	3本	18元
小军	？本	42元

18÷3=6（元）

42÷6=7（本）

师：我们看他列的表，最上面表示的是谁的情况？

生：小明。

师：下面呢？

生：小军。

师：问题是小军用42元买了多少本？看他这个算式，18÷3等于多少？

生：6元。

师：42÷6等于多少？

生：7本。

师：这两题我们都是先列表整理信息，然后再列算式。你们在列表的时候，有没有发现这两张表有什么相同的地方？

生：不管算哪个算式都得先看小明的信息。

师：为什么都要把小明的情况填到表里面去呢？

生：因为小明的本数和价钱都知道。而小华只知道买了几本，不知道用了几元；小军只知道用了几元，不知道买了几本。

师：他的意思就是说小明的这两个信息对解决求小华用了多少元或者小军买了多少本都是有用的，对不对？

生：对。

师：也就是我们在列表的时候要把有用的信息填进去，没有用的就怎么样？

（板书：有用）

生：不要填。

师：那么这两题在列式的时候第一步都是求什么？

生：买一本笔记本多少元。

师：其实呀，像这两个表格，有的时候根据需要我们可以把它合并起来，变成这样的一个表格。

（电脑演示合并过程）

师：如果把两次列的表格合并起来，把表格线条去掉，把姓名也去掉，数据之间用箭头连起来，你还能看明白吗？你能填出括号里的数吗？

（生尝试填写）

师：填完了我们再来观察。这里用箭头图，其实也是帮助我们整理信息。画箭头图的时候，如果我把上面的都不变，3本对着18元，5本对着30元，我把下面的42元写在前面，多少本写到后面，你感觉怎么样？看得还像这样清楚吗？

生：看不清了。

师：或者，我把3本对30元，5本对下面的18元，这么乱着对。

生：不行。

师：也就是说，我们列箭头图在整理信息的时候，应该要一个对一个，把相关联的对在一起，是不是？

生：是。

师：也就是说要注意对应着来用箭头图表示。（板书：对应）

师：再看看这个箭头图，你能够看出什么没有变，什么变了吗？

生：本数越多，钱越多。

师：那么在这个变的过程当中，你有没有发现什么没有变的？

生：每本多少元没有变。

师：对，因为他们买的笔记本都是怎样的？

生：相同的。

二、初次运用，建构模型

师：刚才我们初步运用列表的方法解决了问题。其实我们还可以用列表的方法解决我们生活当中经常碰到的一些比较复杂的问题。比如说，同学们在布置教室的时候，有这样的一些数学信息。

（课件出示题目）同学们用盆景美化教室，三年级有4个班，四年级有6个班，五年级有5个班；三年级每个班放8盆，四年级每个班放7盆，五年级每个班放10盆。

师：又有班级数，还有放的盆数，还有好几个年级，好几个班。你觉得这些数学信息量怎么样？

生：多。

师：嗯，信息比较多，如果要我们解决三年级和五年级一共放多少盆？你能把这个表填完整吗？

生：能。

师：试试看填表，在右边写出算式。

（生尝试填表列式，师巡视，展示学生的作业本）

师：看上去有那么多数学信息，我们要解决第一个问题，看他填的表对吗？

生：对。

师：三年级4个班，每班放8盆；五年级5个班，每班放10盆，算下来一共放82盆，对不对？

生：对。

师：第二个问题，四年级比三年级多多少盆？在这个表里面，我们看他先填的是什么信息？

生：三年级。

师：然后填的是——？

生：四年级。

师：算式，6×7减掉4×8，算出来是10盆，对不对？

生：对。

师：刚才同学们说这一题的信息很多，但是我们在解决问题的时候，列表了之后，你有什么感觉？

生1：信息变得十分清晰了。

生2：解决问题就比较容易。

师：是的，表格列对，问题就解决了一半了，是不是？

生：是。

师：那么大家再来比较比较，这两个表格和我们刚才一开始列的表格有什么不一样的地方吗？

生：刚才那两个表都是残缺的，只有一部分，有的条件不知道，而这个表格中是所有条件都知道。

师：在这次的表格里面，年级、每个年级的班级数和每班的盆数都知道了，而刚才表格的问题要写出来，是不是？

生：是。

师：在这里，虽然我们没有把问题在表格里面写出来，但是表格里面列出来之后，再算起来就会很——？

生：简单。

师：也就是说我们在列表的时候，也有不同的情况，列表时根据需要，可以全部填已知条件，也可以把相关的已知条件和要求的问题填进去，这就是我们今天学习的用列表的策略来解决问题。

三、解决问题，拓展应用

师：掌握这种策略之后，我们遇到一些有变化的、复杂的生活问题的时候，就可以考虑先列表，当然也可以考虑其他方法。接下来我们就一起看看在学校图书室里的这样一个问题。

（课件出示图片）

师：学校图书室的桌子上，放着一摞一摞的字典，仔细观察两人的对话，你能解决他们提出的问题吗？你可以选择用列表的方法或者画箭头图表示的方法来进行整理。

师：这里有一个隐藏在里面的条件，有谁发现吗？

生：6本高168毫米。

师：唉，这个6你是怎么得到的？

生：数的。

师：哦，很显然图上这个最矮的一摞是几本呀？

生：6本。

师：这个"6本"是一个隐藏的条件，大家可以把它作为已知条件，填到表里面去。

（板书：隐藏条件）

师：同桌两个同学可以互相交流一下，你是用哪一种策略的？你算出来这两个问题分别是多少？

（投影展示学生作业本）

师：我们看看这位同学列的表，6本168毫米，对不对？

生：对。

师：这是哪一摞字典？

生：第一摞。

师：然后多少本高420毫米，这是哪一摞？

生：第二摞。

师：18本高多少毫米？

生：第三摞。

师：看他列的算式，168÷6等于28，有谁知道这个算的是什么？

生：一本高多少毫米。

师：对，一本高28毫米，420÷28等于多少？

生：15本。

师：那么18本高多少，用28×18算出来等于504毫米，对不对？

生：对。

师：解决这个问题的时候，我们在列表时要注意，图上有一些信息有时不是直接写出来的，甚至是画出来的，也就是叫什么样的信息呀？

生：隐藏。

师：隐藏的信息，我们也要把它找出来。

师：接下来，我们再来看看学校体育室购买几种球的问题。

（出示图片，观察信息）

师：看图后，你能马上知道一个排球多少元？都买篮球能买几个吗？

生：一下子看不明白。

师：这题中关键的信息是什么？

生：我带的钱正好可以买6个足球或8个排球。

师：要么买6个足球，要么买8个排球。

师：这题看上去是有点复杂，我们借助列表的方法来整理信息，看看能不能把复杂的转化为简单的？

（生独立填表，列式解答）

足球	每个（56）元	买（6）个
排球	每个（？）元	买（8）个
篮球	每个（48）元	买（？）个

$$56 \times 6 = 336（元）$$

$$336 \div 8 = 42（元）$$

$$336 \div 48 = 7（个）$$

师：我们看他写的表格，足球每个56元，然后可以买几个足球？

生：6个。

师：如果买排球，可以买8个。如果都买篮球，买几个呢？

师：我们看看他的算式，第一步，56乘6等于336元，求的是买什么的钱？

生：他求的是6个足球一共用了多少元。

师：那么这个336还有其他含义吗？

生1：老师一共带了多少钱。

生2：8个排球的钱。

师：我们在算的时候，要把买足球的钱或者买8个排球的钱转化成老师一共带了多少钱。（板书：转化）

师：今天这节课我们用列表的策略解决了一些问题，在列表解决问题的时候，你觉得要注意些什么？

生1：要把有用的条件填到表里。

生2：有些条件是隐藏在里面的。

生3： 信息要对应填。

生4： 有的时候也要转化。

师： 这一些都是我们在列表的时候要用到的策略，而列表又是我们解决问题的策略当中的一种。接下来，我们就综合运用这些策略来解决稍微复杂一些的问题。在日常生活中，有的时候，有的信息不是写出来的，可能是声音的信息，你听到过吗？

生： 有。

师： 比如说有一回我经过一个文具商店，我就听到一些声音的信息。

（录音播放）"顾客朋友们，你们好！本店由于街道拆迁，所有文具降价大甩卖喽！书包原价80元现价50元，文具盒原价20元现价12元，卷笔刀原价10元现价4元，钢笔原价15元现价8元……"

师： 我发现有些同学已经试着开始写了，这是一个很好的习惯。当你在听的时候，你觉得可能有用的信息，就可以先记下来。

（出示文字信息）

小力：我买了3个文具盒。

小红：我买4个书包。

小芳：我买了10个卷笔刀。

问题1：小红比小芳多付多少元？

问题2：小力比小红少付多少元？

师： 每人选择一个问题，选好了，就在这个问题上打一个钩。在空白表格里把能填的信息先填进去，同桌两个人可以先商量一下，怎样设计比较好；有的还不能填，比如说这些商品的价格，大家一听就忘掉了，过一会儿，老师会重新播放一遍。

（生自主填写表格，师巡视）

师： 你们设计好了，老师就要重新播放了。在记录的时候，刚才我好像听到报了两个价格啊！

生： 原价和现价。

师： 那么你们记哪个价格啊？

生：现价。

（再次播放音频）

师：请大家在空白的地方列算式解决，解决之后请同桌的两个人互相交流一下。选1号问题和选2号问题的各派一个代表交流。

（展示学生作业本并讲评）

1号问题：小红比小芳多付多少元？

小红	每个50元	买4个
小芳	每个4元	买10个

$$50 \times 4 = 200（元）$$

$$4 \times 10 = 40（元）$$

$$200 - 40 = 160（元）$$

2号问题：小力比小红少付多少元？

小力	3个	12元
小红	4个	50元

$$50 \times 4 - 3 \times 12 = 164（元）$$

师：同学们，课上到这里快要结束了。今天我们学习的是什么？

生：解决问题的策略。

师：我们主要学习的是哪一种策略？

生：列表。

师：其实要解决问题，策略不仅仅只有列表，还可能有其他的策略，我相信只要我们同学们肯动脑筋，善于思考，你一定会发现更多更高明的策略。今天这堂课我们就学习到这里，下课。

"解决问题的策略（列表）"教学反思

本课的教学重点是解决问题的策略。所谓"策略"，是"根据事情发展而制定的方针和对策"，实质是一种对解决问题方法的理解、体会和升华。本课所解决的问题数量关系并不很难，只是情境中呈现的信息比较多，需要学生先进行整理，然后选择相关条件进行解答。列表只是作为解决问题策略的一种，本课进行了主要介绍。

在教学中我主要通过以下两个方面着手突破教学的重点。

第一，让学生逐步感受"策略"的价值。

主要体现以下六个层次：

（1）选择相关的信息（如让学生感受都要选择小明的相关信息）；

（2）体验信息的对应（如让学生感受本数与钱数的对应）；

（3）通过整理得到新的信息（如列表解决同学们美化教室的问题）；

（4）寻找隐藏的信息（如解决问题第1题让学生寻找隐藏的"6本"这一条件）；

（5）合理转化信息（如解决问题第2题，把"我带的钱可以买6个足球或8个排球"转化为总共带了多少钱）；

（6）灵活选择信息（如根据所求问题选择记录录音信息）。

第二，加强对教学资源的合理整合。

（1）例题——赋予实际情境的同时，放手让学生用自己的方法（如摘录条件、画实物图、画线段图、列表等）整理相关信息，并结合学生整理信息的实际情况展示列表的过程和方法。

（2）"试一试"——选择学生生活中常见的美化教室作为题材，让学生选择条件填表，根据自己的实际情况选择问题列表解答，并且和例题的列表进行比较。

（3）"想想做做"——对教材中的字典图作了"模糊"处理，并让学生选择列表或画箭头图两种方法进行整理；把教材中的第3题改为音频信息和文本信息同时呈现的方法，让学生灵活选择信息列表解答，充分体验列表整理信息解决问题的价值。

当然，课堂教学的魅力就在于它永远是一门遗憾的艺术。反思这节课的教学，我觉得至少有如下几方面需要进一步思考和改进：如何让学生在解决问题的过程中逐步了解一些基本的策略？如何让学生真切感受作为策略的价值？如何让学生主动运用列表的策略去解决实际问题？

"解决问题的策略（列表）"教学点评

【点评1】

生活是数学的源泉。徐老师的课堂教学过程贴近了学生的生活实际，使枯燥的解决问题策略变得生动、有趣、易懂。

课始，请学生观察情景图，描述问题与条件，加深了学生对于事情的发生、发展的了解，使学生真正走进国庆节的购物情景中，激发学生的问题意识。

课中，教师非常重视与学生之间真诚的交流，通过积极的引导和合理的调控，设计了以解决实际生活问题为主线的一系列活动。让学生在为班级美化教室、计算字典的高度以及篮球的个数等学习过程中去体验和亲历数学。在这些生活情境中，他们充分地动手、动口、动脑，积极参与数学的学习过程。也许就归一应用题解答而言，学生并不困难，但是，要在解决简单实际问题过程中，让他们初步体会用画图或列表的方法整理相关信息的作用就比较难。整堂课上，徐老师不是靠语言的描述来突出教学重点，而是不着痕迹地让他们在不断地尝试、观察和比较中，体会列表法整理实际问题所提供信息的重要性。教师为学生学习提供了充分的心理自由度，使学生一直处于积极、活跃、自由的状态，有力地促进了学生思维的发展。

课末，老师又将生活问题抛给学生，并让学生灵活运用列表整理信息的方法解决稍复杂的实际问题，让他们真正学以致用。

综观整堂课，问题解决的过程，正是学生们的态度、情感、价值观及学习能力全面发展的过程。在这样的课堂上，学生不仅学会了合理地摘录信息，有条理地表述自己的观点想法，还在解决问题的过程中，学会了认真倾听别人的观点，相互接纳欣赏，相互合作交流，并不断对自己和别人的想法进行批判和反思。通过教师的点拨引导，学生间的多向交流探讨，学生已经初步掌握了列表解决问题的策略，也让我们真切地感受到新课标下的小学数学课堂应该就是这样充满生活气息、人文气息，充满了师生的灵性和个性！短短四十分钟，真正是教学"无痕"，精彩"有痕"！

（点评：江苏省特级教师 江苏省张家港市梁丰小学 陈惠芳）

【点评2】

徐斌老师执教的《解决问题的策略》一课，积极引导学生自主探究解决问题的基本策略，通过建立模型、初次应用、解决问题、拓展提高等教学环节达到策略优化、实际应用的效果，充分体现了新课程的教学理念。

1. 精心选择现实问题

生活中有许多问题，徐老师挑选了贴近学生生活实际的买笔记本、放盆花、买降价文具等问题，经过精心编排，显得那么贴切、自然，学生的学习过程成了"乐学——能学——会学"的过程。

2. 以探索解题策略为重点

整个教学过程紧紧围绕探索解题策略展开，先出示隐含两种比较简单的数量关系的问题，让学生自主选择条件、方法进行解决，初步感知解题过程中可以通过填表格、画箭头等方式整理信息、分析关系；再通过三个问题情境让学生达到策略内化和优化；最后创设"播放商品降价信息"情境对解题策略进行拓展。在探究的过程中，教师重视讨论与交流，让学生从实践的角度对各种策略的可行性加以思考、比较和取舍。在策略的比较中，促进了学生认知能力的发展。让学生体会到：解决问题要从方法、策略入手，通过比较得出最优方法和策略。这种数学素养正是学生全面发展不可缺少的一部分。在这个过程中重视学生的个性化思维，让他们进行独立的思考发现，这种发现过程就是一种创新的体验过程。

3. 在多维的问题情境中强化策略意识

徐老师通过五个生活情境把建立模型、初次应用、解决问题、拓展提高四个主要教学环节有机地串联起来，每个问题情境都能有效地服务于教学环节。学生通过五个问题情境，对问题解决的策略进行有效地探究，学会用列表的方法整理实际问题中的信息，分析数量关系，寻找解决问题的有效方法，并进一步积累解决问题的经验，增强解决问题的策略意识，获得解决问题的成功经验。

（点评：浙江省特级教师　钱希有）

【点评3】

古罗马教育家鲁塔克曾指出：儿童的心灵"不是一个需要填满的罐子，而是需要点燃的火种"。我们清楚地看到，整堂课中徐老师成功地扮演了"火种"点燃者角色，学生的学习自始至终表现出在老师的引发下进行自主学习的积极状态。

1. 课头——开门见山，直奔主题

"同学们，今天这节课我们要学习的内容是——（板书课题）解决问题的策略""有谁知道什么叫策略？"学生凭借着各种资源共同作用下头脑中对客观事物的认识和了解应答："策略就是方法、方案""打仗有好策略，就能胜利"。学生精彩的回答博得全场听众的赞叹。

"说得真好！解决数学问题时我们也要用到策略，现在就让我们先来看看发生在文具商店里的故事吧。"新课伊始，简短的师生对话，快速地将学生的兴奋中心转移到学习内容上来，为学生学习新知奠定了良好的教学起点。

2. 课中——教学共融，适时提炼

电脑屏幕上呈现出同学们购买练习本的例题场景图：小明说——我买3本，用去18元；小军说——我用去42元；小华说——我买5本。（1）小华用去多少元？（2）小军买了多少本？对于学生来说，解答这道两问题一般不会有什么困难。

徐老师牢牢把握并瞄准了让学生在解决数学问题的过程中体会、感悟策略，并积累经验、增强解决问题的策略意识这一目标，突出"策略"教学的重点。设问："你们能用自己喜欢的方式把这些信息整理一下吗？"一石激起千层浪，只见学生们忙碌个不停：有的画图、有的画表、有的作线段、有的……忙得不亦乐乎。

然后，组织学生交流各自的方法。徐老师以列表的方法为选样：

小明	3本	18元
小华	5本	?元

小明	3本	18元
小军	?本	42元

"为什么不把小军用去的42元整理在表格里？""为什么第二个表格还选择小明的信息？"当学生回答第二问后，又组织学生对这两张表在选取整理信息方面的相同之处进行对比。从而使学生明白了无论是求小华用去多少元，还是求小军买了多少本，都要选择小明购物的有关信息。

再接着，把两张表合二为一变式为：

$$3 \ 本 \longrightarrow 18 \ 元$$
$$5 \ 本 \longrightarrow (\ \ ) \ 元$$
$$(\ \ ) \ 本 \longrightarrow 42 \ 元$$

"这样整理的方法能看得懂吗？如果把42元写在左边你觉得怎么样？"继而，在学生先后解决这两个问题的同时，把握"火候"，及时引导、帮助学生归纳提炼出解决问题过程中的一些关键环节和注意点，并板书：列表、选择、有用、相关等。使学生学会有条理地分析、筛选、重组、整理信息，有效地培养了学生善于缜密思考的习惯。

在教学过程中，徐老师还针对学生在解决问题时，往往由于疏忽了分析隐含在条件中的数量关系而导致错解的现象，进行了强化思维训练。当学生解答完想想做做的第2题（购物场景：足球画面下标价56元，篮球画面下标价48元，我带的钱正好可以买6个足球或8个排球。一个排球多少元?都买篮球能买几个？）徐老师于无疑处质疑："56×6算出的是什么钱？"（生：买6个足球的钱336元。）"336÷8算出的又是什么呢？"（生：一个排球42元。）"336元明明是买足球的钱,怎么又用它买篮球呢?"徐老师反问道。通过一系列问题的讨论,帮助学生弄清了买6个足球的钱就是买8个排球的钱。"用这些钱全部买篮球可以买多少个?"(生:用336÷48)"不会计算的同学可以不计算。"(借班上课的学生是三年级的没学过除数是两位数的除法)此间,学生尝试着计算,不一会儿,有些学生高兴地大声说:"我算出来了,7个。""你们是怎么算的?""我是用48乘7算的。"话音没落地,一个学生猛地站起来侃侃而谈:"因为6乘8是48,所以我先用336除以6,然后再除以8。""好想法!老师把掌声送给你们!"一句激励语,使全班同学将体验成功的那种愉悦,不经意地呈现在了脸上。接着,徐老师水到渠成地指出:买6个足球的钱就是买8个排球的钱,也是买篮球的钱,这里我们进行了条件的转换。(板书:转换)

3. 课尾——联系实际,提升能力

生活中到处有数学,教学资源无处不在。课尾,徐老师安排了这样一个有声的问题情境:(向学生播放某商场有关物品降价的录音)"书包原价80元,现价50元;文具盒原价20元,现价12元;卷笔刀原价10元,现价4元;钢笔原价15元,现价8元。"第二次播放录音时,要求学生记录并整理数据,根据信息各自提出心中想提的问题,用自己喜欢的方式整理信息、解决问题。这种既使学生进一步掌握筛选、重组、整理信息的方法,又使他们获得了解决问题的成功体验,提高学好数学的自信心的开放题设计,不失为一种"上佳"的策略。

总之,这节课设计理念先进,教学过程科学,学习效果实在,尤其在发掘意蕴,用真情、激情点燃学生智慧的火花等方面匠心独具,令人回味。

(点评:江苏省特级教师 殷家骅)

课例12

"解决问题的策略（画图）"教学案例

"解决问题的策略（画图）"教学设计

教学内容

义务教育数学教科书（苏教版）四年级下册第89～90页。

教材简析

"解决问题的策略"是苏教版教材的特色编排。"画图策略"是苏教版四年级下册的内容，在学习这部分内容之前，学生已对长方形、正方形等平面图形有了一定的认识，并会求出长方形、正方形的面积。学生也已经积累了不少画图的具体经验，比如画实物图、示意图、线段图等。"画图策略"更主要的是帮助分析数量关系，确定解题思路和方法，以解决稍复杂的具有挑战性的实际问题，将学生的无序思维有序化、数学化、规范化。

本节课将系统研究用画图的方法收集、整理信息，并在画图的过程中，分析数量关系，寻求解决比较复杂的面积问题的有效方法。"画图策略"教学不是解决几道关于长方形面积计算的数学问题，而是要让学生形成主动地选择画图策略解决问题的习惯，形成利用画图策略解决问题的基本能力，以及形成策略选择和应用的意识。

教学目标

1. 使学生初步学会用画图的策略理解题意及分析数量关系，从而确定合理的解题思路。

2. 使学生在对解决问题过程的不断反思中，感受画图策略对于解决特定问题的价值。

3. 使学生进一步积累解决问题的经验，增强解决问题的策略意识，获得解决问题的成功经验，提高学好数学的信心。

教学过程

一、唤醒经验，孕伏策略

1. 回顾（长方形面积的计算方法及其运用）

学生在自己本子上试着画一个长方形（可以用尺），并写出名称及面积计算公式。

提问：知道长方形的面积和宽，怎样求长？要求宽，需要知道什么？

（板书：长×宽＝长方形的面积　　面积÷长＝宽　　面积÷宽＝长）

2. 初探（决定长方形面积大小的因素）

提问：要使长方形的面积增加（或减少），可以有哪些办法？

学生讨论交流，并在刚才画的示意图上表示出来。

（预设：长增加，宽不变；宽增加，长不变；长和宽同时增加；……）

揭示并板书课题——解决问题的策略。

心理学思考

认知心理学研究表明，一切新的学习都是在原有学习的根基上产生的，新的知识总是通过与学生原有认知结构中的相关知识相互联系、相互作用后获得意义的。因此，必要的准备和铺垫是获得新知的必由路径。课始，回顾的目的是再现和激活，再现有关长方形的特征以及面积计算公式和应用，激活学生原有认知结构中的相关旧知，为本课解决问题做好认知准备。让学生初探决定长方形面积大小的因素，通过画图、讨论和交流，初步体验面积增加（或减少）的几种情形，为新知学习做好方法上的铺垫。在正式学习画图策略之前，让学生两次画图（第一次画出长方形，第二次比画出面积增加或减少），让画图成为接下来探索新知的有效策略准备。

二、激发需要，感受策略

1. 出示例题（梅山小学有一块长方形花圃，长8米。在修建校园时，花圃的长增加了3米，这样花圃的面积就增加了18平方米。原来花圃的面积是多少平方米？）

2. 画图分析

讲述：这道题和我们过去学习的计算长方形面积的题目有所不同。

（长增加了，面积增加了）

提问：这道题能直接求出问题吗？直接看文字叙述，你感觉怎么样？可用什么方法整理题中的条件和问题？

指导学生画图，标出有关数据，分析数量关系。

展示交流学生画图思考的过程。

（突出：小长方形的长=原来长方形的宽）

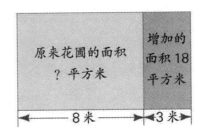

3. 列式解题

18÷3×8=48（平方米）

提问：18÷3求的是什么？

4. 回顾反思

提问：为什么需要画图？

（帮助看清小长方形的长等于原来长方形的宽，从而找到解决问题的方法）

变式：如果求"现在花圃的面积是多少"怎样列式？

【预设两种方法：（8+3）×（18÷3）或者18÷3×8+18】

心理学思考

例题所呈现的新知具有一定的挑战性，尤其当只有文字的叙述时，学生往往不能直接看出几个数量之间的关系，因此学生会产生画图的需要。在例题教学之初，教者没有直接让学生画图，而是通过四个问题来诱发学生对画图策略的心理需求，使学生主动地采用画图的策略。在学生初次画图时，老师适当进行指导和帮助（尤其是如何画"长增加3米"这个难点）；当学生画图之后，通过观察比较，将数与形的意义对应起来，结合已有旧知大多能解决所求问题。其中，展示交流学生画图和思考的过程，能从学生学习体验的角度把探究新知的过程充分呈现出来，加深学生分析数量关系的认知；而列式之后让学生说出"18÷3求的是什么"，再次数形对照，理解列式原理；解决问题之后让学生回顾与反思，感受画图策略的价值所在。

三、灵活运用，体验策略

1. 变换情景，灵活画图

（1）出示"试一试"：小营村原来有一个宽20米的长方形鱼池。后来因扩建公路，鱼池的宽减少了5米，这样鱼池的面积就减少了150平方米。现在鱼池的面积是多少平方米？

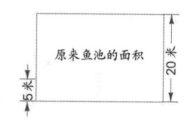

先让学生独立读题，然后在图上画出面积减少的部分，再列式解答。

（通过电脑演示，突出画图后减少的面积以及原来面积和现在面积之间的关系）

学生可能出现两种解法：$150÷5×（20-5）$或者$150÷5×20-150$

比较反思：与例题相比较，这道题画图解题时要注意什么？（减少部分画在原来长方形的里面）

（2）出示"想想做做"第1题：李镇小学的一块长方形试验田。如果这块试验田的长增加6米，那么面积就比原来增加48平方米；宽增加4米，面积也会比原来增加48平方米。你知道原来试验田的面积是多少平方米吗？

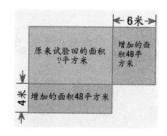

提问：这道题的长和宽都没有告诉我们，怎么办呢？

学生画图、讨论、交流、展示。

列式为：（48÷6）×（48÷4）

反思：表面上看，这道题似乎无法求解，但通过画图，可以清晰地看出长或宽增加与面积增加之间的关系，从而分别求出长和宽并解决问题。

2. 系统比较，发展思维

师：这两题与例题在画图时有什么不同？通过画图再解决问题，你有哪些体会？

（例题是面积增加，练习第1题是面积减少；前两题长或宽都告诉我们了，而练习第2题长和宽都没有直接告诉我们）

心理学思考

例题学习之后呈现了两道巩固性习题。第1题是对例题的模仿性应用，学生通过画图进一步体验画图作为策略的作用；第2题是综合性应用，在长和宽都没有告诉的情况下，综合考虑面积增加与长、宽增加之间的对应关系，分别求出长和宽再解决问题。这两道巩固题是对例题的延伸和发展，让学生在不同情境中不断感悟画图策略在解决有挑战性问题中的作用，同时发展学生的观察、比较、分析、推理的思维能力。

3. 拓展练习，综合应用

出示"想想做做"第2题：张庄小学原来有一个长方形操场，长50米，宽40米。扩建校园时，操场的长和宽各增加了8米。操场的面积增加了多少平方米？

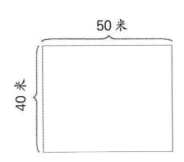

出示题目时逐步分解进行：

（1）长增加8米，面积增加多少平方米？

（40×8=320）

（2）宽增加8米，面积增加多少平方米？（50×8=400）

（3）长和宽各增加8米，面积增加多少平方米？

可以先让学生在脑中画图并口答，当学生遇到问题时用画图来验证。

（第3个问题学生容易被文字叙述产生负迁移，列式为320+400=720）

通过画图，学生可能出现的方法有：

方法一：$40 \times 8 + 50 \times 8 + 8 \times 8$

方法二：$(50+8) \times (40+8) - 50 \times 40$

方法三：$(50+8) \times 8 + 40 \times 8$

方法四：$(40+8) \times 8 + 50 \times 8$

变式1：长和宽各减少8米，操场的面积减少多少平方米？

（学生画图、讨论，叙说思路，电脑演示）

变式2：长增加8米，宽减少8米，面积改变吗？（变小）为什么？

（学生猜测，画图探究，电脑演示）

变式3：长减少8米，宽增加8米呢？（变大）为什么？

（学生猜测，画图探究，电脑演示）

比较归纳：由此，你发现了什么规律？

追问：有没有一种长方形，一条边增加与另一条边减少相同长度，面积不变？

（长与宽的相差数等于长和宽增加或减少的长度；正方形）

心理学思考

　　这道拓展题充分体现了画图策略的价值所在。教者采用一题多变的方式，让学生在运用画图策略的过程中探索变化规律，享受数学思维活动的快乐。首先，题目出示的方式具有心理暗示的效应：先以文字的"误导"让学生轻易地获得答案，再通过画图的策略寻找问题的关键，并通过对比让学生充分感受到画图的价值。接下来的"变式"设计，更是把数学思维推向高潮：由"各增加"到"各减少"的演变使学生的思维更加趋向严密，由长增加（减少）的同时宽减少（增加）相同长度而猜想面积的变化情况，培养学生对比推理能力，再通过"变化"和"不变"的追问让学生体悟到数学辩证法思想。这道拓展题的精心设计，紧

> 紧围绕画图策略，让学生不断猜测、验证、联想、推理，经历不同情形下的数形变化，探究图形变化中的内在规律，引导学生在数学思维活动中获得成功体验。

四、总结评价，提升策略

总结全课。

适当介绍画图策略的其他应用。（寻找数学、生活、其他领域运用画图策略解决问题的典型例子）

"解决问题的策略（画图）"教学实录

教学过程

一、唤醒经验，孕伏策略

师：同学们，我们已经学过一些平面图形。生活中常见的平面图形有哪些？

生：长方形、正方形、三角形、平行四边形、梯形、圆形……

师：我们一起来画一个长方形。

（生在自己本子上试着画一个长方形，并写出名称及面积计算公式）

师：知道长方形的面积和宽，怎样求长？要求宽，需要知道什么？

（板书：长×宽=长方形的面积　　面积÷长=宽　面积÷宽=长）

师：刚才我们画的是一个面积确定的长方形。如果要使长方形的面积增加（或减少），可以有哪些办法？

（生先讨论，并进行比画和想象）

师：请同学们汇报讨论结果。

生1：可以把长增加。

生2：可以把宽增加。

生3：可以把长和宽同时增加。

师：如果一条边增加，另一条边减少，面积会改变吗？

生：不一定。

师：今天我们就来学习有关面积变化的实际问题。

（板书课题：解决问题的策略）

二、激发需要，感受策略

师：我们首先遇到的是学校修建花圃的问题。

（出示例题：梅山小学有一块长方形花圃，长8米。在修建校园时，花圃的长增加了3米，这样花圃的面积就增加了18平方米。原来花圃的面积是多少平方米？）

（生自主阅读例题，理解题意）

师：这道题和我们过去学习的计算长方形面积的题目有什么不同？

生：长增加了，面积增加了。

师：这道题能直接求出原来花圃的面积吗？光看文字叙述，你感觉怎么样？

生1：不能直接求出原来花圃的面积。

生2：光看文字，一下子想不出办法。

师：可用什么方法帮助我们更清楚地整理题中的条件和问题？

生：可以画图。

师：是啊！画图是解决问题的一种策略。（板书：画图）请同学们根据题意先试着画图。

（生独立尝试画图）

（师指名学生到黑板上画图，并重点指导学生把"长增加3米"画出来——图1）

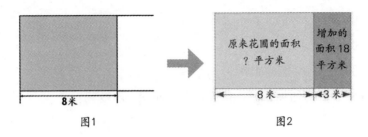

图1　　　　　　　　　　图2

（师进一步指导学生在图上标出有关数据和所求问题——图2）

（生逐步完善自己所画的图形）

师：画图之后再来解决问题，你愿意看着原来的文字思考还是看着图形思考？为什么？

生：看图形思考，比较方便。

师：画图后，你发现什么发生了变化？什么没有发生变化？

生：两条长边都增加了，面积也增加了，宽没有改变。

师：比较原来花圃和增加部分，这两个长方形有什么联系？

生：增加部分长方形的长就是原来花圃的宽。

师：现在你能列出算式解决问题吗？

（生自主列式计算）

$$18÷3×8$$

$$=6×8$$

$$=48（平方米）$$

师：18÷3求的是什么？

生：求的是原来长方形的宽。

师：刚才我们为什么需要画图呢？

生1：没有画图时，光看文字，看不出花圃面积具体是怎样变化的。

生2：画图之后，可以看出长增加了，但是宽没有改变，就可以先求出宽。

师：看来，画图确实是一种有效的策略。

三、灵活运用，体验策略

师：刚才我们遇到的问题是长增加了，面积也增加了，要求现在的面积。如果老师把题目改成长减少了，面积也减少，那该怎样画图呢？

（生用手势比画画图过程）

师：如果改为宽增加，面积增加，又该怎么画图？

（生用手势比画画图过程）

师：如果是宽减少呢？

（生用手势比画画图过程）

师：现在就遇到一个关于宽减少的实际问题。

（出示问题：小营村原来有一个宽20米的长方形鱼池。后来因扩建公路，鱼池的宽减少了5米，这样鱼池的面积就减少了150平方米。现在鱼池的面积是多少平方米？）

师：这道题目中，长方形鱼池的面积为什么会减少？

生：因为宽减少了5米。

师：你能在图上画宽减少的过程和面积减少的部分吗？

（生独立画图思考，列式解答）

（师展示学生画图的过程）

师：宽减少，是往图形的哪个方向画图？

生：是往长方形里面画图。

师：画图之后，再和文字叙述比较一下，你有什么感觉？

生：文字很长，画图比较清楚。

师：通过画图，你发现什么变化了？什么没有变化？

生：宽变化了，长没有变。

（师展示学生列式解答和思考的过程）

生1：150÷5×（20-5）

=30×15

=450（平方米）

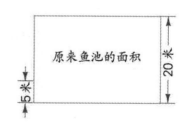

生2： 150÷5×20-150

　　　　=600-150

　　　　=450（平方米）

师： 与例题相比较，这道题画图解题时要注意什么？

生： 例题是面积增加，要往外面画图；这道题的减少部分画在原来长方形的里面。

师： 观察非常仔细！

师： 不过刚才两道题要么是已经知道长，要么是已经知道宽。如果一个长方形，长和宽都不知道，能求出面积吗？

（出示：李镇小学的一块长方形试验田。如果这块试验田的长增加6米，面积比原来增加48平方米；宽增加4米，面积也比原来增加48平方米。你知道原来试验田的面积是多少平方米吗？）

师： 这道题长和宽都没有告诉我们，怎么办呢？

（生画图、讨论、合作、交流）

师： 经过画图，你有什么发现？

生1： 根据长增加6米，面积增加48平方米，可以求出宽，因为长增加时宽没有变。48÷6=8（米）

生2： 根据宽增加4米，面积增加48平方米，可以求出长，因为宽增加时长没有变。48÷4=12（米）

生3： 再用长乘宽就可以求出原来长方形的面积：8×12=96（平方米）

师： 表面上看，这道题似乎无法求解，但通过画图，可以清晰地看出长或宽增加与增加面积之间的关系，从而分别求出长和宽并解决问题。

师： 这道题与前两题在画图时有什么不同？

生1： 例题和"试一试"，一个是面积增加，一个是面积减少，而这道题假设面积的两种不同的变化情况，但增加的面积却一样。

生2： 前两题，要么告诉我们了长，要么告诉了宽，第三题长和宽都没有直接告诉我们。

师： 通过画图来解决问题，你有哪些体会？

生1：画图能使我们看得更清楚。

生2：画图能使我们解决问题变得简单。

师：同学们已经能够在纸上画出图形帮助思考，已经具有了画图的思路。比较高级的画图策略是在头脑里画图呢，大家一起来试试在头脑里画图，好吗？

（师出示：张庄小学原来有一个长方形操场，长50米，宽40米）

师：如果长增加8米，面积增加多少平方米？你能在头脑里画出示意图吗？

（生在头脑里画图，并用手势比画）

师：你能列出算式计算出来吗？

（师根据学生的画图，展示课件对照，并板书：40×8=320平方米）

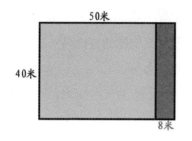 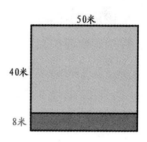

师：如果宽增加8米，面积增加多少平方米？你能继续在头脑里画出示意图吗？

（生在头脑里画图，并用手势比画）

师：你能列出算式计算出来吗？

（师根据学生的画图，展示课件对照，并板书：50×8=400平方米）

师：长和宽各增加8米，变成新的长方形。面积增加多少平方米？

师：大家在头脑里画好图了吗？你能很快说出面积增加多少吗？

生：面积增加720平方米，列式是320+400=720。

师：这样的思考与列式对不对呢？我们可以把头脑里画的图在纸上画出来，验证一下。

（生在纸上画图验证）

师：经过头脑里画图猜想和在纸上画图验证，大家发现面积增加的是720平方米吗？

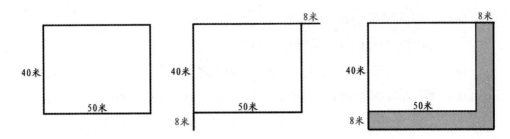

生：不对！还有那个外面的"角"没有算进去。

师：那个所谓的"角"是个什么图形？面积是多少？

生：是个正方形，面积是8×8等于64平方米。

师：那么增加的面积应该是多少？

生：应该是720+64=784平方米。

师：仔细观察我们画出的图，你还能有不同解决问题的方法吗？

（展示学生中出现的不同方法，并分别解释理由）

方法一：40×8+50×8+8×8

方法二：（50+8）×（40+8）-50×40

方法三：（50+8）×8+40×8

方法四：（40+8）×8+50×8

师：继续变化，长和宽各减少8米，操场的面积减少多少平方米？

（生画图、讨论，叙说思路，电脑演示）

师：如果长增加8米，宽减少8米，面积改变吗？

生（齐）：不变。

师：我一开始也是这样想的。

生：似乎不对！我在纸上画图后发现面积变小了。

师：看来，只是在头脑里画图还不是最高水平的画图策略。先在头脑里画图，然后在纸上验证一下，可以检验画图是否正确。

师：那么，如果长减少8米，宽增加8米呢？

（生猜测，画图探究，电脑演示）

师：由此，你发现了什么规律？

生：（略）

四、总结评价，提升策略

师：同学们，我们今天学习了解决问题的策略，你有什么收获？

生1：我学会了用画图来解决问题。

生2：我学会了用画图来验算。

生3：画图可以让题目更简单。

生4：画图可以让我们更快地了解题目的意思。

师：今天我们利用了画图这个策略解决了一些问题，我们还可以利用画图策略解决更多问题，课后我们可以继续去研究。

"解决问题的策略（画图）"教学反思

画图是解决问题时经常使用的策略。通过画图能直观地显示题意，有条理地表示数量，便于发现数量之间的关系，从而形成解题的思路。因此，人们在解决问题时喜欢使用画图策略。为什么需要画图？怎样让学生学会画图？不是把现成的图画好展现给学生看，也不是直接告诉他们怎样画，而是让学生在思考的过程中产生画图的需要，在自己画图的活动中体会方法、感悟策略、发展思维、获得思想。

个人觉得，本课在教学中主要体现了以下几个特点。

1. 引入策略

在本课学习画图的策略之前，学生已经积累了不少画图的具体经验，比如画实物图、示意图、线段图等，但是，以前的画图主要是使得题目更加形象和直观，而今天的画图则更主要的是帮助分析数量关系，确定解题思路和方法，以解决稍复杂的具有挑战性的实际问题。

在例题教学时，教师始终把画图作为一种策略让学生不断感悟：当学生面对抽象的文字叙述而一筹莫展时，通过老师的启发引导，学生产生了画图的动机和需要；当学生首次画有变化的长方形遇到困难时，教师适时指导帮助，使学生习得基本的画图方法；当学生画图后仍然停留在图形中时，教师及时诱发学生进行观察和推理；当学生画图后初步分析了数量关系时，教师又有效地引发学生确定解题思路，把图形分析转化为列式计算。

学生在画图的过程中，逐步把抽象的文字转化为形象的图形，把形式化的数据变成具象化的图像，从而更好地理解已知条件和所求问题之间的联系，直观地分析各个数量之间的关系，形成解决问题的思路，有效实现数形结合，发挥了形象思维和抽象思维的协同作用，从而获得问题的解决。

2. 形成策略

本课所学习的解决问题，是求长方形面积的灵活应用。这些问题不同于一般的简单实际问题，而是比较复杂和抽象的、适宜运用画图来解决的问题。通过画图，让学生学会推理，再通过计算，获得问题的解决。

例题呈现的是长方形面积增加的计算，"试一试"是长方形面积减少的计算，"想想做做"的两道题则更具有广泛性（长和宽均未知，长和宽均增加）。尤其是"想想做做"的第2题，一题多变，让学生在计算中推理，在推理中想象，在想象中比较，在比较中发现规律。

在学生解决问题的过程中，画图不是最终目的，画图是一种中介，画图是为了更好地思维。通过画图，让学生感悟到其作为策略的价值；通过画图，让学生积极地寻找计算面积的方法；通过画图，让学生学会有序推理和抽象思维。

3. 感悟策略

策略是什么？所谓"策略"，是"根据事情发展而制定的方针和对策"，实质是一种对解决问题方法的理解、体会和升华。可以这样说，策略是介于方法和思想之间的一种过渡状态。策略是方法的灵魂，是对方法本质的认识，是运用方法的指导思想；策略是思想的雏形，是形成数学思想的有力支撑。不过，方法和策略的获得并不是教学的终极目的，我们应该通过策略的学习，帮助学生不断积累数学活动经验，感受解题策略价值，提升数学思想方法。

作为四年级下学期的学生，已经积累了相当多的解决问题的实际经验（包括解决问题的基本方法和策略），本课集中教学"画图"的策略。从本课教学运行的流程可以看出，"画图"作为解决问题的一种常用策略，是学生通过画图不断解决问题的过程中逐步感悟获得的。而画图策略获得的教学过程中，依据"提出实际问题→解决实际问题→反思解题活动"的教学线索，采用了回顾与分析、变式与对比、感悟与体验等渠道，逐步使学生对"画图"策略达到深刻理解和一定的掌握水平，从而达到提升学生数学思想的目的。随着学习的深入，学生所遇到问题的类型在不断变换，而解决这些不同类型问题的策略却始终如一。学生对画图策略的运用越来越娴熟，对策略的理解也越来越深刻，从而形成"数形结合""变与不变""化归""自变与因变"等重要的数学思想。

"解决问题的策略（画图）"教学点评

苏教版课程标准数学教材在不同阶段以单元的形式编排了从条件想起、从问题想起、列表、画图、假设和转化等常用策略。用"画图法解决问题的策略"是苏教版小学数学第八册的教学内容之一。特级教师徐斌在执教该课时，精心设计教学流程，捕捉教学细节，引发认知冲突，让学生灵活掌握画图的策略，充分体验画图的价值所在。

1. 捕捉教学细节，探索画图方法

数学课程标准指出：应重视数学与现实生活的联系，数学教学活动应从学生现有的认知水平和知识经验出发。新课伊始，徐老师让学生回顾长方形的面积计算方法，带领学生一起画长方形。动手的同时，巧妙地提问：要使一个长方形的面积增加，你有什么办法？

接着，教师出示书上例1：梅山小学有一块长方形花圃，长8米。在修建校园时，花圃的长增加了3米，这样花圃的面积就增加了18平方米。原来花圃的面积是多少平方米？

学生默读题目后，教师大胆放手，让学生尝试把文字叙述用图画的形式表示出来。在独立练习的基础上，教师指名一生上台板演。

学生开始只把其中的一条长增加了3米，教师问："现在面积增加了吗？"

生说："没有增加。""那么，题目里说长增加了3米，面积就增加了18平方米，哪里是面积增加的部分？"

生迟疑片刻，再增加了另外的一条长。师又问："现在面积增加了吗？"学生感觉好像缺了什么，补上长方形的宽。

图画好后，教师让学生在图上注明题目中的信息。并追问：刚才我们为什么画图？光看题目里的数字知道怎么画吗？为什么一开始没找到面积增加18平方米？

经过观察思考，学生得到：题目中的长增加了，宽没有变化，面积发生了变化，这是解决问题的关键所在。原来通过画图，可以方便解决问题。

新课导入，直奔主题，不难发现教者的用心所在，如何将静态的语言文字转化为学生动态的数学思考?如何在动态的思考中感受画图的策略？教者非常关注学生已有生活经验，他让学生尝试画图。但仔细观察，发现徐老师将学生的笔和尺半控制着，将上图分三次画完，目的是让学生更好地理解"长增加3米，从而面积增加18平方米"的含义。这一细腻处理，点亮了教学细节，激发了学生对画图策略的心理需求。

2. 加强练习比较，凸显画图策略

著名的数学教育家斯托利亚尔指出："数学教学是数学思维活动的教学。"在新课展开环节，教者重视练习比较，激活学生思维，帮助学生灵活运用知识解决问题，凸显画图策略的重要性。

在初步掌握画图方法后，学生自主探索练习1：小菅村原来有一个宽20米的长方形浴池，后来因扩建公路，鱼池的宽减少了5米，这样鱼池的面积就减少了150平方米，现在鱼池的面积是多少平方米？

继续尝试画图后，教师通过电脑演示，突出画图后减少的面积以及原来面积和现在面积之间的关系。学生独立列式时，出现了两种不同的解法：

150÷5=30（米）	20-5=15（米）
20-5=15（米）	15÷5=3（米）

$30 \times 15 = 450$（平方米） $3 \times 150 = 450$（平方米）

教师先引导学生对这两种方法进行比较，同时追问：与例题相比较，这道题画图时要注意什么（减少部分画在原来长方形的里面）？ 两者有什么不同？通过观察，学生发现例题是长增加，面积也增加，而练习1是宽减少，面积也就减少。

紧接着，教师出示练习2：李镇小学的一块长方形试验田。如果这块试验田的长增加6米，面积比原来增加48平方米；宽增加4米，面积也比原来增加48平方米。你知道原来试验田的面积是多少平方米吗？

教师引导学生思考：这道题长和宽都没有告诉我们，怎么办呢？

学生经历了画图、讨论、合作、交流、展示，通过比较，得到启发：仅仅从文字上看，这道题很难解决，但通过画图，可以清晰地看出长或宽增加与增加面积之间的关系，从而分别求出原来的长和宽，再解决面积问题。于是，教师让学生对以上三个习题进行系统比较，要求学生想一想：这两题与例题在画图时有什么不同？通过画图来解决问题，有了哪些体会？

显然，呈现学生个性化思考的结果不是目的，通过追问不同个性化答案之间的区别和联系，引导学生以这些答案为思考材料，经历数学抽象的过程，凸显画图的策略才是教师的真正目标。在解决实际问题的过程中，徐老师善于引导学生根据表述问题的各种信息，唤起学生内在的画图需要，通过操作与思考、观察与比较、分析与推理，从尝试画图到充分体验画图作为策略的作用所在，帮助学生感悟数学知识，提炼数学思想方法，发展数学思考。

3. 引发认知冲突，体验画图价值

教学心理学告诉我们：在学生的内部认知结构中，刚刚获取若干知识点与整个系统的联系往往只处于松散状态，在这些新知识点（群）之间并未形成有效联通。只有通过互动交流、知识碰撞，引发出能暴露问题本质的各种信息数据，再由学生自主完成信息数据的收集、整理、分析，把问题的本质反映出来，才能实现知识点（群）之间的联通。新课练习部分，教师精心设计了富有层次性的练习，不断引发学生的认知冲突，帮助学生实现知识点的沟通与联系，让学生充分体验画图的价值所在。

教师先出示一个长方形操场，长50米，宽40米，依次设计6个小问题。

（1）长增加8米，面积增加了多少平方米？（2）宽增加8米，面积增加了多少平方米？（3）长和宽都增加8米，面积增加了多少平方米？（4）长和宽各减少8米，面积减少了多少平方米？（5）长增加8米，宽减少8米，面积改变了吗？（6）长减少8米，宽增加8米，面积改变了吗？

对于这些变式练习，教师不是平均使用力量，而是循序渐进，引领学生自主探究。第一和第二题直接让学生画图、讨论、口答算式，分别是40×8=320（平方米），8×50=400（平方米），出示第三个问题后，教师追问学生：用320+400=720（平方米），一定对吗？

文字 "误导"，尝试猜测，学生似乎轻易就获得了720平方米的答案，而教师的追问，似乎又蕴含着什么。于是，画图验证，交流思考，对比分析，寻找问题的关键，学生在思考中找寻思维发散的快乐。

验证环节，有位学生举手说："我想给大家一个提示，不能忘记哪里的一个角。"事实上，该生的意思是当长和宽同时增加时，除了720平方米之外，还应该加上一个小正方形的面积（8×8=64）。所谓的精彩，应该来自学生对知识的感悟与发现！

"计算也不是最重要的，遇到问题，我们可以在纸上画图，也可以在脑子里画图，或者先不画，通过计算，再通过画图验证。"教师的友情提醒恰到好处。练习第5题时，学生疑惑了：长增加8米，宽减少8米后，面积会改变吗？ 教师让学生和同桌讨论一下，面积会变吗？为什么面积变化了？经过交流，学生真正体会到：光看文字，长增加，宽减少，似乎抵消，面积应该不变，但通过画图，把文字转化为图形，却有了新的理解与顿悟。

新课到这里，可以告一段落，教者又抛出话题：会不会有一种情况，长增加，宽减少，面积没有变化？下课后有兴趣的话还可以和同学讨论讨论……这样的变式练习，由浅入深，不断引发学生的认知冲突，帮助学生累积数学活动经验，打破了学生在新旧知识间的平衡点，从平衡到不平衡，再到平衡，如此反复，不断地激疑布惑，引导学生的思维向更深处漫溯。

由此可见，教师尊重学生的画图经验，从提出实际问题→解决实际问题→反思解题活动，利用问题的挑战性，调动学生的学习主动性，在问题解决中，关注学生的思维过程，适时渗透"数形结合""变与不变"和"化归"等数学思想方法，让学生不断体验画图策略的重要价值，提升了思维能力。

（点评：江苏省特级教师 江苏省张家港市梁丰小学　陈惠芳）

课例13

"解决问题的策略（——列举）"教学案例

"解决问题的策略（一一列举）"教学设计

教学内容

义务教育数学教科书（苏教版）五年级上册第94～96页例1、例2。

教学简析

"解决问题的策略"是苏教版独特的编排内容。本节内容是苏教版小学数学教材五年级上册《解决问题的策略》这个单元的第一课时，主要教学用"一一列举"的策略解决一些简单实际问题。在此之前，学生已经学会用列表和画图的策略来解决问题，对这两种策略的价值已经有了具体的体验和认识。解决问题的策略不可能直接从外部输入，只能在方法的实施过程中通过体验获得，而体验是一种心理活动，是在亲身经历的过程中获得的意识与感受。学生通过这部分内容的学习，既可以加深对现实问题中基本数量关系的理解，增强分析问题的条理性和严密性，又可以经历策略形成的过程，从无序的个别的列举到有序的全面的列举，再到分类列举，更容易感受"一一列举"的特点和价值，并且能进一步体会到同一个问题可以用不同的策略以及从不同的角度去分析，从而增强根据需要解决的问题的特点灵活选用策略的意识，提高分析问题、解决问题的能力。

教学目标

1. 初步学会用一一列举的策略理解题意，并分析问题和解决问题。

2. 在对解决实际问题过程的不断反思中感受一一列举策略对于解决特定问题的价值。

3. 进一步积累解决问题的经验，增强解决问题的策略意识，获得解决问题的成功体验，提高学好数学的信心。

教学过程

一、唤醒经验、引入策略

1. 出示课题

（揭示课题："解决问题的策略"）引导学生回想：以前学过哪些解决问题的策略？

（教师结合学生的回答，相机板书：画图 列表 操作 等）

2. 出示飞镖靶纸

提问：如果全班每人都来投一次，可能得到多少环？

（教师结合学生的回答，相机板书：10环、6环、8环、0环。）

引导：这些都是可能的结果，现在老师把它们都——

（教师结合学生回答，板书：列举）

指出：列举就是一种策略，把每一种可能都列出来就叫作一一列举（板书：一一）。

3. 唤醒经验

其实一一列举也不是什么新的策略，我们过去的数学学习中已经接触过。

（1）分别出示"搭配规律"和"组合不同小数"的学习图片。

个 位	小数点	十分位	百分位
	·		
	·		
	·		
	·		
	·		
	·		

用 1、2、3 这三个数字和小数点可以组成 6 个不同的两位小数。把这 6 个数安从大到小的顺序填在右表中。

265

讲述：比如在我们四年级的时候，学习找规律——把两顶不同的帽子配到三个不同的木偶娃娃上面去，求有多少种不同的搭配方法。我们把每一种搭配方法都一一——列举出来。

这学期我们也用过一一列举的策略。在认识小数的时候，就有这样一道练习题——用1、2、3三个数字和小数点来组成不同的两位小数，我们也是 —— 一一列举出来（生答）。

（2）提问：列举时要注意什么？（板书：不重复，不遗漏）

心理学思考

开门见山，直入课题。课始让学生回顾以前学过的解决问题的有关策略（操作、画图、列表等），拨动学生脑海里有关解决问题策略的心弦，为新知学习做好心理铺垫。飞镖游戏和"搭配规律"及"组合不同小数"的呈现，从学生的游戏生活和数学学习经历出发，蕴涵了列举和一一列举的策略雏形，再现了相关旧知，激活了学生的认知结构，为新课学习做好了生活和认知准备。

二、合作交流、探究策略

1. 出示例1，理解题意

例1：王大叔用18根1米长的栅栏围成一个长方形羊圈，有多少种不同的围法？

学生读题，教师提问：这道题已知什么？要求什么？

引导学生由"18根1米长的栅栏围成一个长方形羊圈"一步步联想到长方形的周长是18米→周长的一半是9米→即长加宽的和是9米。

2. 自主探究，感悟策略

（1）讨论交流：可以用什么方法来一一列举呢？

（2）指导探究：接下来，我们运用以前学过的几种策略（指着板书中的操作、画图、列表），每人来选择一种，可以用小棒在桌子上围一围，同桌两人合作，一个人围，另外一个人记录；如果你想画图，在练习纸的反面方格图上去画一画，画完之后，把几种不同的情况再整理到一个表格里（出示表格）。

（3）学生活动：

①用小棒边操作边填表；

②在方格纸上先画图再填表；

③列表整理。

（4）小结过渡：大家在探索的过程中，有的可能摆着摆着就不需要再摆了，有的画着画着就发现秘诀了，还有的同学脑子里直接想好结果再列表，说不定也是一种好办法。现在，你们发现究竟有几种不同的围法？

3. 交流汇报，展示归纳

汇报：教师根据汇报适时引导学生体会，宽是从小到大，长是从大到小，这样就比较有规律，进而可以有顺序地把它列举出来（板书：有序）。

提问：这样的列举，有重复或遗漏吗？为什么？（重点解决长宽颠倒的重复现象）

明确：一一列举的基本要求（板书：不重复，不遗漏）。

4. 比较反思，探索规律

从四种形状不同的长方形周长相等过渡到面积是否相等的探索研究。

（1）算出围成的每个长方形的面积。

（2）思考：为什么周长是18米，面积却各不相同呢？

（3）比较它们的长、宽和面积，你有什么发现？结合图示（如下）观察，看看有什么规律。（长和宽越接近，面积越大）

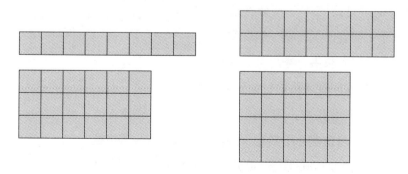

（4）提问：如果你是王大叔，你选择哪种围法？为什么？

（5）小结：教师带着学生根据板书回顾小结。刚才我们解决这个问题用的

策略是 —— 一一列举，而且我们在列举的时候，如果按照一定的顺序来列举，就会——不重复也不遗漏。

其实在我们的生活中经常要用到一一列举的策略。

心理学思考

让学生产生使用策略的需要是学习解决问题策略的认知起点。呈现例题之后，让学生分析题意，初步产生一一列举的策略需求，然后自主探索，经历策略的形成过程，再通过交流汇报和展示归纳，理解一一列举策略的本质，最后通过比较和反思，感悟一一列举的策略价值。教师在学生自主探索一一列举的策略过程中，充分放手，让学生依据自身的特点，选择小棒操作、方格纸画图、列表整理等方法，体现了面向不同思维状态学生的个性化需要。在学生比较反思和探索规律时，教师通过多次追问，将学生的思维引向深入，使学生的认知逐步结构化。

三、灵活运用，提升策略

1. 学习例2，分类列举

例2：订阅下面的杂志（三种杂志图略），最少订阅1本，最多订阅3本。有多少种不同的订阅方法？

（1）理解题意。"最少订阅一本"和"最多订阅三本"是什么意思？根据学生回答出示表格，然后完善三种分类情况（板书：分类）。

订阅方法	只订1本	订2本	订3本
《科学世界》			
《七彩文学》			
《数学乐园》			

（2）师生共同在表格中打钩列举。

（3）学生独立探究，用不同的方式列举，再同座交流，然后全班汇报。教师根据学生的学习情况介绍列表、画图和用符号表示等方法。

（4）比较例题1和例题2，提问：解决两道例题时有什么相同的地方？有什么不同的地方？（例题1是先找依据再有序列举，例题2是先分类再一一列举）

（5）小结：围羊圈的时候，大家一定注意到了，如果按照一定的顺序列举，就不会重复和遗漏；订杂志问题，先分好类再列举，也不会重复或者遗漏。其实在运用一一列举策略的时候，不同的问题情境需要不同的对应策略。

心理学思考

　　与例题1相比，例题2的一一列举策略更加复杂，除了要求学生正确运用策略有序地进行一一列举外，还要做到"不重复、不遗漏"，同时体会到先分类再列举的重要性。教师首先让学生分析题目，独立尝试，再进行小组交流和汇报，从多种方法中着重介绍列表的方法，在列举和比较中寻找简化的策略，并在与例题1的回顾对比中加深对一一列举策略的全面理解。

2. 解决实际问题

（1）公共汽车发车问题（练习第1题）

①学生先看懂列表并找到这两路车第一次同时发车的时间，再通过列举找到第二次同时发车的时间。

> 中山桥是1路和2路公共汽车的起始站。1路车早上6时20分开始发车，以后每隔10分钟发一辆车。2路车早上6时40分开始发车，以后每隔15分钟发一辆车。这两路车几时几分第二次同时发车？
>
> 你能列表找出答案吗？

1路车	6：20	6：30	6：40				
2路车	6：40						

②提问：解决这个问题和解决前面几个问题有什么不一样？（结合学生回答相机板书：先列举，再找规律）

（2）音乐钟响铃问题（练习第2题）

> 有一个音乐钟，每隔一段相等的时间就发出铃声。已经知道上午9：00、9：40、10：20和11：00发出铃声，那么下面哪些时刻也会发出铃声？
>
> 13：00　14：40　15：40　16：00

学生先自主解决问题，再在教师的引导下明确：先找规律再一一列举，然后观察对照，寻找答案。

3. 拓展练习（呼应课始的飞镖靶纸问题）

（1）学生独立解决问题，再交流。教师引导学生总结：列举时出现六种情况，投中的环数却是五种，因为其中有两种情况环数一样，即两个8环与一个10环一个6环，结果都是16环，在考虑投中的总环数时要防止重复。

一张靶纸共三圈，投中内圈得10环，投中中圈得8环，投中外圈得6环。

小华投中两次，可能得到多少环？（列举出所有可能的答案）

（2）变式：把题目中的"投中两次"改为"投了两次"，答案又是怎样的呢？

心理学思考

运用一一列举的策略解决相关实际问题与拓展练习是新课学习的必然延伸，是认知结构逐步形成后的外化过程。公共汽车发车问题、音乐钟响铃问题以及飞镖问题是生活中常见的实际问题，虽然都是运用一一列举的策略，但是由于情境和问题的特殊性，需要学生灵活运用策略。汽车发车问题需要学生先分别列举再寻找相同时间，从而解决问题；音乐钟响铃问题则需要先寻找规律，再一一列举并与给出时间进行对照；飞镖问题的变式，即把题目中的"投中两次"改为"投了两次"，更是需要学生细心审题，严密思考。

四、总结评价，回顾提升

师：通过今天的学习，你对用一一列举的策略解决实际问题，有了哪些认识？生活中还有哪些地方需要运用一一列举的策略？

（生交流，略）

"解决问题的策略（一一列举）"课堂实录

教学过程

一、唤醒经验、引入策略

师：今天我们要学习一个新知识，大家把课题一起读一遍。

（师板书课题）

生：解决问题的策略。

师：请大家回想一下，以前我们学过哪些解决问题的策略？

生1：从条件想起。

生2：从问题想起。

生3：画图、列表。

师：是的。其实，从一年级开始，我们就开始学习解决问题的策略了。比如说，我们在认数和认图形的时候，动手摆—摆学具，也就是动手操作，其实也是一种策略。

（板书：操作）

师：请看，在我们日常生活当中，经常会遇到这样的现象——飞镖游戏，玩过吗？

生：玩过。

师：这是飞镖的靶纸，如果让我们全班每人都来投一镖，大家有可能得多少环呢？

生1：有可能是10环、8环、6环。

师：（相应板书）还有其他可能吗？

生2：可能是0环。

师：对，可能连靶子都没有射上，那就是0环。

师：这些都是可能的结果，现在老师把它们都——

生：列举出来了。

师：说得很好！（板书：列举）列举就是一种策略，那刚才为什么要把它们列举出来呢？

生：我觉得应该是要知道它一共有多少种可能。

师：对，把每一种可能都列出来，就叫作——列举。

（板书：一一）

师：今天这堂课，我们就来学习——列举的策略。

师：其实一一列举也不是什么新的策略，比如说，在我们四年级的时候，学习找规律，（出示找规律例题）——把两顶不同的帽子配到三个不同的木偶娃娃上面去，求有多少种不同的搭配方法。我们把每一种搭配方法都怎么样啊？

生：都一一列举出来。

师：这学期我们也用过一一列举的策略。在我们认识小数的时候，就有这样一道题（出示练习题）——用1、2、3三个数字和小数点来组成不同的两位小数，我们也是——一——

生：列举出来。

师：今天这堂课，我们继续应用一一列举的策略来解决一些实际问题。

二、合作交流、探究策略

师：（出示准备题）请看，王大叔家里养了很多羊，最近他想围一个羊圈，他用什么来围呢？

生：（把题目读一遍）王大叔用18根1米长的栅栏围成一个长方形羊圈，有多少种不同的围法？

师：这道题告诉我们什么？

生：王大叔用18根1米长的栅栏围成一个长方形羊圈。

师：这句话里有两个重要信息，一个是——18根1米长的栅栏，这里的"18"也就是指什么呢？

生：是羊圈的周长。

师：18米其实就是羊圈的周长（板书：周长），这是什么形状的羊圈啊？

生：是长方形。

师：对，由周长是18米，你还能想到什么？换一句话说，周长和长方形的什么有关呢？

生：周长与长方形的长和宽有关。

师：那由18米你们可以推想出什么？

生：可以推想到长方形的长和宽一共是多少。

师：你能算出来吗？

生：用周长除以2。

（板书：18÷2=9）

师：9米就是——长与宽的什么？

生：和。

师：那到底有多少种不同的围法？接下来，我们运用以前学过的几种策略，（指着板书中的操作、画图、列表）每人来选择一种，可以用小棒在桌子上围一围，两个人合作，一个人围，另外一个人记录；如果你想画图，在练习纸的反面方格图上画一画，画完之后，把几种不同的情况再整理到一个表格里（出示表格）。

生：（操作或画图、填表）

师：大家探索出结果了吗？有的可能摆着摆着就不需要再摆了。还有的同学呢，在脑子里直接想好结果再列表，说不定也是一种好办法。那么，你们发现有几种不同的围法？

生：4种。

师：谁来汇报一下你们合作操作小棒的情况。

生：我们探索下来，发现有4种不同围法。

师：哪4种？

生1：第一种长是5米，宽是4米。

师：大家来看看，这一种符合不符合题目要求？长加宽的和就是——

生：9米。

师：继续说，还有呢？

生2：第二种长是6米，宽是3米。

生3：第三种长是7米，宽是2米。

生4：最后一种长是8米，宽是1米。

师：其他同学答案和他一样吗？

生：一样。

师：答案是一样，你们每次摆都是按照这样的顺序吗？像刚才那位同学说的，这样的排列方法，你感觉怎么样？谁来评判一下。

生：我觉得不错，因为这样长是8、7、6、5，宽是1、2、3、4，可以看得更清楚。

师：嗯，像这样，宽是从小到大，长是从大到小，这样就比较有——

生：规律。

师：对，比较有规律，我们就可以有顺序地把它列举出来（板书：有序）。

师：那么，不同的围法就这4种吗？有没有漏掉的呢？

生：没有。

师：你怎么知道没有漏掉的？

生：因为，如果再写下去的话，长是4米，宽就是5米。

师：（指表格）那其实就跟刚才一种是一样的。那么再摆下去，又会出现跟它一样的结果，只是长和宽颠倒了一下，对不对？

师：像这样子，一一列举出来，有没有重复的？

生：没有。

师：也就是说，在一一列举的时候，要注意不重复、不遗漏（板书：不重复，不遗漏）。其实，不重复、不漏掉就是我们一一列举的基本要求。

师：这是长和宽的情况，这几个长方形的周长都是多少？

生：都是18米。

师：那它们的面积一样吗？

生：不一样。

师：我们来算算看（表格出示面积一栏，如下图所示），第一种长方形的面积是多少？

生：8平方米。

师：第二种呢？

生：14 平方米。

师：第三种呢？

生：18 平方米。

师：第四种呢？

生：20 平方米。

长（米）	8	7	6	5
宽（米）	1	2	3	4
面积（平方米）	8	14	18	20

师：在这里，几种长方形的面积为什么会不一样呀？你有没有发现什么规律呢？

生：因为长和宽不一样，它们的面积就不一样。长和宽的相差越大，它们的面积就越小，长和宽的相差越小，它们的面积就越大。

师：是啊，长和宽相差越大，面积反而越小。像最后一个长方形长和宽只相差1，它的面积达到了20平方米，这又是什么原因呢？如果我们联系图来看一看的话，说不定会更加清楚。

（出示四种形状图）

师：如果你是王大叔，让你来选择一种形状做羊圈，你会选择哪一种，为什么？

生：我会选择长5米、宽4米的这种羊圈。因为它的面积比较大，羊也可以生活得比较好一点。

（师生都笑了）

师：刚才这道问题我们已经解决了，我们用的策略是——

生：一一列举。

师：而且我们在列举的时候，如果按照一定的顺序来列举，就会——

生：不重复也不遗漏。

三、灵活运用，提升策略

师：其实在我们的生活中经常要用到一一列举的策略。最近我听说同学们在订一些杂志，在订杂志的时候，也要用到这种策略。比如说有一个班级的学生想订这三种杂志，大家看看，它们分别是——《科学世界》《七彩文学》《数学乐园》。

师：现在，有这样的一个问题，需要同学们来思考——"最少订阅一本，最多订阅三本，那会出现多少种不同的订阅方法？"

师：什么叫"最少订阅一本"？

生：就是只订其中的一本。

师：能不能不订呢？

生：不能。

师："最多订阅三本"是什么意思？

生：全订。

师：那么这道题目我们怎样列举呢？像刚才有同学说了，可能只订一本，最多可能订三本，也可能订二本。从订的本数情况来看，我们可以把它分成几类啊？

生：三类。

师：（板书：分类）分了类之后，请同学们再来试一试，用列表的方法来整理信息，再用打钩的方式把它们一一列举出来。

（生在表格里打钩列举）

师：谁来说说，你是怎样打钩的？

生1：在只订一本中，只钩一本。

师：可以钩什么呢？

生1：第一次钩《科学世界》。

师：对，一种。

生1：第二次钩《七彩文学》。

师：两种。

生1：第三次钩《数学乐园》。

师：这是只订一本的情况，一共有三种方法！谁能接下去说？订两本的话——

生2：第一次订《科学世界》和《七彩文学》；第二次订《科学世界》和《数学乐园》；第三次订《七彩文学》和《数学乐园》。

师：噢，像这样又是三种，对不对？那订三本的，有几种呢？

生：1种。

师：一共有几种啊？

生：7种。

（师板书：3+3+1=7）

师：刚才是老师给大家画好表格再打钩的，如果让你独立解决问题，你能不画表格，用简单一点的方法来列举吗？

生1：画图。

生2：操作。

生3：计算。

生4：写字母。

师：大家说得都很好！现在每人选一种你认为简单的方法，来一一列举试试看。

（生列举活动）

师（巡视）：看看和我们刚才得出来的结论是否一样。

师：下面我请同学汇报一下你是用什么方法的？

生1：写字母。

师：你具体说说看，写哪三个字母？

生1：A、B、C。

师：那订一种就是——

生1：A一种，B一种，C一种，共三种。

师：那订二本呢？

生1：AB，AC，BC，也是三种。

师：那订三本的？

生1：ABC共一种。

师：很好！也是算出一共7种。那么，除了写字母，其他同学还有不同方法吗？

生2：我用的是写数字。

生3：我用连线的方法。

师：同学们的尝试都很有创意！刚才我们又一次试了一一列举的策略，那我们刚用的一一列举的策略，与王大叔围长方形羊圈的问题相比，同样是一一列举，有什么不一样吗？

生：我觉得第二种方法比较简便。

师：简便在哪里？

生：只要打打钩就可以了。

师：是的，在表格里打钩很简便，而且更重要的是，在表格里打钩之前，首先要干什么？

生：要先把表格里几种情况分一下类。

师：围羊圈的时候，大家一定注意到了，如果按照一定的顺序列举，就不会重复和遗漏；订杂志问题，先分好类再列举，也不会重复或者遗漏。其实在运用一一列举策略的时候，不同的问题情境需要不同的对应策略。

师：接下来请大家一起来看新的问题。

（出示题，生自己读题）

（生自由读题）

师：第一次同时发车是什么时间呢？我们来整理整理看。

（生填表整理）

师：通过列举，第一次同时发车的时间你找到了吗？

生：找到了！是6时40分。

师：对！这就叫"第一次同时发车"。那么，你能接下去列举并且找到第二次同时发车的时间吗？

生：第二次同时发车的时间是7时10分。

师：你能具体说说一一列举的过程吗？

生：1路车接下去是6：50、7：00、7：10、7：20等时间发车。

师：对！再具体说说2路车的发车时间。

生：6：55、7：10、7：25等。

师：那这两路车第二次同时发车是什么时间？

生：7：10。

师：如果大家感兴趣，下课之后，可以继续往下找，看看第三次、第四次同时发车是什么时间。

师：现在我们回过头来看一下，像刚才这道问题（指发车表格），我们是先列举（板书：先列举），然后再怎么样啊？

生：比较。

师：对！比较、观察，然后找到规律。

（板书：再找规律）

师：是不是每次解决问题都要先列举呢？请看像这样的问题（出示题）。

（生读题：有一个音乐钟，每隔一段相等的时间就发出铃声。已经知道上午9：00、9：40、10：20和11：00发出铃声，那么下面哪些时刻也会发出铃声？）

师：这个钟比较奇怪，隔一段时间它就发出铃声，你能很快判断出下面哪个时刻会发出铃声？（13：00、14：40和15：40）

生：拿不准。

师：是啊！我不知道从哪儿开始列举，哪个同学能给大家一点提示？

生：从11：00开始列举。

师：那从11：00开始列举，接下去又该怎么写呢？

生：我发现，从9：00到9：40是40分钟，从9：40到10：20又是40分钟，这样，每隔40分钟就往后写一个时间。

师：说得真好，也就是要先找规律（板书：先找规律），再列举。不过要注意的是，每隔40分，加的时候要注意，不能加错时间。

（生尝试先找规律再列举）

师：哪位同学来汇报一下？

生：11：00、11：40、12：20、13：00、13：40、14：20、15：00、15：40、16：20

师：13：00在你们列的时间里面吗？

生：在。

师：打上钩。那14：40呢？

生：不在。

师：15：40呢？

生：在。

师：16：00呢？

生：不在。

师：这道题我们也解决了，而且我们用的还是哪一种策略？

生：——列举。

师：同学们，大家来回想一下，我们这堂课是怎样用——列举的策略解决问题的。大家还记得王大叔围羊圈的问题吗？

生：记得。

师：这样的问题我们在列举的时候，要注意什么？

生1：要注意长和宽的和一定要等于9。

生2：要注意不要重复或者遗漏。

师：对，要做到不重复不遗漏，那我们最好按照一定的——

生：顺序。

师：那我们在解决订杂志问题的时候，首先要把订杂志本数的情况——

生：分类。

师：像刚才我们解决公交车发车的问题时，我们是先——

生：列举。

师：再找规律。

师：而音乐钟问题，我们要——

生：先找规律，再列举。

师：是啊，生活中的问题常常是复杂多变的，要靠我们的同学仔细观察，开动脑筋，灵活运用策略。

四、总结评价，回顾提升

师：同学们还记得上课开始，徐老师给大家看的飞镖游戏吗？

（出示练一练第一题）

师：现在就有这样一个数学问题，请看——还是刚才的飞镖靶子，投中内圈得10环，中圈得8环，外圈得6环。问题是：小华投中两次，可能得到多少环？请同学们自己想办法，独立完成。

（生列举，师巡视，随机交流）

师：刚才我听有同学说一共有6种情况，还有的说是5种情况，你们认为呢？

生1：我认为是6种。第一种是6+6=12环；第二种是6+8=14环；第三种是6+10=16环；第四种10+8=18环；第五种8+8=16环；第六种10+10=20环。

生2：但是6+10和8+8都是16环，只能算一种，所以应该是5种。

师：有道理。从环数的角度，可能得到5种不同的环数。最少是多少环?

生：12环。

师：最多呢?

生：20环。

师：但是要注意，同样得16环，那它一定是6+10吗? 也可能是——

生：8+8。

师：所以，从环数的情况来看，应该是几种?

生1：5种。

师：刚才我们注意到，题目中是"投中"两次，如果老师把题目改一改，把投中的"中"改成"了"，情况还跟刚才一样吗?

生1：不一样。

生2：要复杂多了。

师：如果大家感兴趣，可以参照刚才的策略一一列举出来，然后同学之间互相交流一下，好吗?

生：好。

师：今天这堂课我们就学习到这里，下课。

"解决问题的策略（一一列举）"教学反思

本课教学在设计和实施中力求突出以下四个特点。

1. 引发学生对策略的心理需要

解决问题的策略教学不同于一般的应用题教学，解决问题策略的教学不是以解决问题为目的，而要让学生形成策略意识。因此，在教学之初，应该让学生产生对策略的心理需要。课始，教师让学生回顾已经学过的解决问题的策略（画图、列表、操作等），为本课综合应用多种策略列举做铺垫；再通过一个活动化的游戏情境引入，唤醒学生的相关活动经验，产生列举的动机；然后通过本学期已学习的两则习题（"搭配规律"和"组合不同小数"），激活学生的原有相关旧知。这样的设计使得学生在正式学习例题之前，回顾旧知，唤醒经验，激活对策略的需要，为新课学习做好心理准备。

2. 让学生经历策略的形成过程

解决问题的策略不能直接从外部输入，只能在方法的实施过程中通过体验获得，而体验是一种心理活动，是在亲身经历的过程中获得的意识与感受。因此，在解决问题策略教学中，让学生经历策略的形成过程是必须追求的重要目标。本课教学的一一列举策略在不同情境中有不同的表现形式（有的直接列举，有的先计算再列举，有的先分类再列举，还有的先列举再找规律），但其基本思想不变，即把事情发生的情况一一列举出来，做到不重复、不遗漏。教学过程中，教师没有事无巨细地讲解，也没有不负责任地放手，而是引导学生整理信息、操作活动、选择策略、尝试列举、讨论思路、回顾对照，让每个学生亲身经历一一列举策略的形成过程，获得丰富的策略体验。教学解决问题的策略要让学生经历策略的形成过程，通过自己的探索和实践，逐步建立起相应策略，并对该策略的基本特征有准确的把握。

3. 使学生体验策略的独特价值

教师和学生都应该思考：解决问题策略的价值到底是什么？解决问题策略的教学价值并不局限于帮学生获得具体问题的结论和答案，其更重要的意义在于让每个学生获得对问题的深入理解，形成自己解决问题的基本策略，并深深体会策略的独特价值。本课教学中，教师结合学生每次运用策略的过程，不断让学生思考：为什么要使用一一列举的策略？怎样使用好一一列举的策略？一一列举时要注意什么？使用一一列举的策略有什么好处？在什么情况下需要使用一一列举的策略？这样的及时反思让学生在解决问题的全程中，紧密围绕这些问题进行分析和思考，从而逐步体验策略的价值所在，达到对策略的深度理解。

4. 在策略学习中发展数学思维

策略是什么？所谓"策略"，是"根据事情发展而制定的方针和对策"，实质是一种对解决问题方法的理解、体会和升华。从字面上看，解决问题的策略也可理解为解决问题时的计策与谋略。策略是介于方法和思想之间的一种过渡状态。策略是方法的灵魂，是对方法本质的认识，是运用方法的指导思想；策略是思想的雏形，是形成数学思想的有力支撑。不过，方法和策略的获得并不是教学的终极目的，教师应该通过策略的学习，帮助学生不断积累数学活动经验，感受策略的价值，提升数学思想方法。本课教学中，教师结合学生形成一一列举策略的过程，让学生操作学具、画图列表、建立符号模型，从具体活动到图形直观，从图形直观到符号表达，从符号表达到抽象模型，贯穿着思维能力的培养，体现了"数学活动是数学思维活动的教学"这一重要观念。

"解决问题的策略（一一列举）"教学点评

纵观徐斌老师执教的《解决问题的策略（一一列举）》这一课，正如他在教学反思中谈到的，教师没有事无巨细地讲解，也没有不负责任地放手，而是引导学生整理信息、操作活动、选择策略、尝试列举、讨论思路、回顾对照，让每个学生亲身经历了一一列举策略的形成过程，获得了丰富的策略体验，并对该策略的基本特征有了准确的把握。同时，在教学伊始引发学生对策略的心理需要，以及整个探索活动中始终贯穿的思维能力培养等，这些鲜明的"徐氏特色"在这短短的四十分钟里都体现得淋漓尽致！其实，仔细品味徐老师处理这堂课的教学艺术，他那自然流淌的教学语言、层层渐进的过渡处理和画龙点睛的板书设计也令笔者感触颇深。

1. 自然流淌的教学语言沁人心脾

许多同仁知道，徐老师在课堂上能立刻吸引听者靠的不是神奇诡异的魔术，不是兴趣盎然的游戏，不是发人深思的故事，更不是哗众取宠的宣言，而是他一张口就流淌出来的掷地有声、充满磁性和魔力的语言。再用心体会，这些语言无一不是指向教学目标、围绕教学问题的有效表达。更可贵的是他每一句话的表达以及每一次和学生的对话、交流、互动都是那么自然、流畅，总有一种水到渠成的感觉。如："还有其他可能吗？""可能是0环。""对，可能连靶子都没有射上，那就是0环。这些都是可能的结果，现在大家把它们都一一列举出来了。"就像朋友聊天一样，聊着聊着课题就补充完整了。语言简练，却充满引导性。再如："你怎么知道没有漏掉的？""因为，如果再写下去的话，长是4米，宽就是5米。""（指表格）那其实就跟刚才这种是一样的。那么再摆下去，还会出现跟前面一样的结果，只是长和宽颠倒了一下，对不对？""像这样子一一列举出来，有没有重复的？""没有。""其实，不重复、不漏掉，就是我们一一列举的基本要求。也就是说，在一一列举的时候，要注意不重复、不遗漏（**板书：不重复，不遗漏**）。"这段看似不经意的对话既突出了教学的重点和难点，又恰如其分地完成了板书的要点。还有无处不在的儿童化语言："这个钟比较奇怪，隔一段时间它就发出铃声，现在我们看看这4个时间，你能很快判断出下面哪个时刻会发出铃声吗？（13：00、14：40、15：40）""拿不准。""是啊！我不知道从哪儿开始列举，哪个同学能给大家一点提示？"创设认知冲突是学生学习动机的源泉，依靠语言的艺术来表现富有挑战性的问题是激发学生积极思维的兴奋剂。他的教育身姿是很低的，一颗勃勃跳动的"童心"与学生心心相印，热情而富有童趣的语言在课堂上挥洒自如。走进徐老师的课堂，你会对"教学过程是教师、学生、文本之间对话的过程"这句话有切肤的体验和深刻的感受。

课堂教学本质上是师生互动的过程，是师生共同参与的过程。教师在教学活动中是有计划、有预设的，但实际的教学往往是自然地随着教学进程的推进，根据课堂中学生的反应不断进行调试和展开，随时给予学生恰当的指导和引导。这种自然的流露是一种教学机智，也是一种合理的教学决策。徐老师的教学过程虽然也是事先设计的，但他能够收放自如、灵活应变，更加体现出内在的语言文字功底。

2. 层层渐进的过渡处理可以滴水穿石

解决问题策略的教学不是以解决问题为目的的，而要让学生形成策略意识。

这种意识的形成需要在亲身经历的过程中不断感受和体会。本课教学的一一列举策略在不同情境中有不同的表现形式，有的直接列举，有的先计算再列举，有的先分类再列举，还有的先列举再找规律，但其基本思想不变，即把事情发生的情况一一列举出来，做到不重复、不遗漏。教学时，徐老师始终把一一列举作为一种策略让学生不断感悟，把不重复、不遗漏作为一一列举的基本要求不断强化。第一次，从唤醒经验、引入策略到合作交流、探究策略的中间过渡，教师提问："列举时要注意什么？"让学生初步感知"不重复、不遗漏"。第二次，在学生自主探究、展示归纳时又引导学生体会："这样的列举，有重复或遗漏吗？为什么？"让学生明确一一列举的基本要求就是"不重复、不遗漏"。第三次，例题1探究结束，教师带着学生结合板书小结：刚才我们解决这个问题用的策略是———一一列举，而且我们在列举的时候，如果按照一定的顺序来列举，就会———"不重复、不遗漏"。第四次是教学例题2之后，师生共同梳理学习的过程：围羊圈的时候，如果按照一定的顺序列举，就不会重复和遗漏，订杂志问题，先分好类再列举，也不会重复或者遗漏，引导学生在两个例题的回顾对比中进一步加深对一一列举策略的理解。第五次回归课始的靶子图拓展练习，即两个8环与一个10环、一个6环，结果都是16环，而在考虑投中的总环数时要防止这类重复。此练习的安排旨在帮助学生更加全面、深刻地理解"不重复"。最后是在全课总结中让学生谈谈对用一一列举的策略解决实际问题有了哪些认识？"不重复、不遗漏"又一次在学生心中得到了温馨提醒。40分钟的教学，至少六次出现"不重复、不遗漏"，但听者丝毫不会觉得老师是反反复复再现、啰啰唆唆叮嘱，整个教学过程似行云流水，又在拾级而上。徐老师凭借高超的教学技艺悄无声息地就把学生的思维引向了一定的高度与深度，学生真正达到了"道而弗牵，强而弗抑，开而弗达"的境界。

如何合理地使用教材，有效地整合学生的学习资源?徐老师的课堂教学素材有80%来源于课本，正是这80%突出体现了他对教材的深入解读，抓住了数学的本质和核心。

3. 画龙点睛的板书设计意蕴深长

虽然现在的教学越来越现代化、电子化，但板书依然是最能反映一位教师功底的能力之一。板书艺术永远是教学艺术的有机组成部分。一般说来，板书内容要为教学内容服务，好的板书是课堂教学内容的深化和浓缩。

本节课板书的内容需要长时间向学生传递这些文字信息，徐老师的设计目的明确，条理清晰，重点突出，并且能使学生的认知随着教学进程的推进逐步结构化。左边并列的三个关键词"操作""画图"和"列表"是在学习本课之前唤醒的三种策略，也是在运用一一列举策略时要综合考虑的策略，它们并非独立存在；右边三个关键词"有序""分类""找规律"以及双色分级的课题是这节课的核心内容；左右两侧都以箭头的方式指向中心位置红笔书写的"不重复、不遗漏"这六个大字，整体发挥了示范引导、提纲挈领的作用，给听者以美的享受，同时非常有利于学生记忆。

板书设计：

课堂教学的艺术离不开具体生动、富有表达力的语言，离不开游刃有余的教学组织能力，离不开直观、形象的优秀板书，更离不开在扎实的专业知识中千锤百炼始得的无招胜有招的教育教学机智。当这些元素无声无息、无缝无形、有情有理、有滋有味地润泽到每一位学生心中时，花自静静绽放。无痕教育不仅是一种教育方式，更是一种教育思想；不仅是一种教育的自然和谐，更是一种教育的美学和哲学的境界。不疾不徐，恬静儒雅，我想这就是徐老师的魅力，这也是他课堂的魅力。徐斌老师所追寻的"无痕教育"正是这样深深折服着众多教育同仁，也影响着无数后来人。

（点评：全国模范教师 江苏省特级教师 吴梅香）

课例14
"解决问题的策略（替换）"教学案例

"解决问题的策略（替换）"教学设计

教学内容

义务教育数学教科书（苏教版）六年级上册第68～70页。

教材简析

"解决问题的策略"体现了苏教版教材在解决问题编排方面的特色。本课是学生在三、四、五年级学过解决问题的几种策略（从条件想起、从问题想起、列表、画图、一一列举、转化等）的基础上进行教学的。本单元共安排了2个例题，分3课时进行教学，本课位于第1课时。"替"即替代，"换"则更换，替换的价值在于能使复杂的问题变得简单。本课教材中共选择了三个典型的实际问题：大杯、小杯装果汁的问题；大、小盒子装球的问题；钢笔、铅笔单价的问题。从编排意图来看，并不在于让学生掌握多少数量的实际问题的具体解法，而是侧重让学生感受到解决问题过程中"替换"作为策略的价值。教学的主要任务是把学生头脑中沉睡的方法唤醒，使隐含的思想清晰起来。

教学目标

1. 使学生经历解决实际问题的过程，初步学会用"替换"的策略理解题意及分析数量关系，并根据问题的特点确定合理的解题步骤。

2. 使学生在对解决实际问题过程的不断反思中，感受"替换"策略对于解

决问题的价值，进一步发展分析、综合和简单推理能力。

3. 使学生进一步积累解决问题的经验，增强解决问题的策略意识，获得解决问题的成功体验，提高学好数学的信心。

教学重点：让学生掌握用"替换"的策略解决一些简单问题的方法，感受替换策略的价值。

教学难点：弄清在有差数关系的问题中替换后总量发生的变化。

教学准备

教学课件、练习纸。

教学过程

一、唤醒经验、引入策略

1. 直观体验

图1　　　　　　　　　　图2

依次出示两幅天平图。

师出示图1，提问：这是一架平衡的天平，你能看出一个苹果的质量和一个梨的质量之间有什么关系吗？

师出示图1和图2，提问：根据两幅天平图，你能求出一个苹果和一个梨的质量吗？你是怎么想的？

师引导学生从不同的角度解决，并比较：同学们解决刚才这个问题时，感觉在做法上有什么相同的地方？

2. 故事感受

出示"曹冲称象"的图片。简要讲述曹冲称象的故事。

提问：曹冲是如何用替换的办法称出了大象的质量？ 为什么要这样替换？

心理学思考

　　导学的艺术在于唤醒。学生虽然是第一次正式学习用替换的策略解决问题，但在他们的生活经验中已模糊地经历过类似的方法，只是还没有建立起一种完整的数学模型。所以在课的引入部分，从直观的天平图，到感性的数形结合，再到抽象的推理计算，并结合"曹冲称象"的典故，一下子就扣住学生心理，唤醒了他们头脑里的已有生活经验，不知不觉中为下面的探究过程奠定了良好的心理准备和认知基础。

二、合作交流、探究策略

1. 图文呈现，理解题意

师出示例1：小明把720毫升果汁倒入6个小杯和1个大杯，正好都倒满。小杯的容量是大杯的$\frac{1}{3}$。小杯和大杯的容量各是多少毫升？

提问：题中告诉了我们哪些已知条件？怎样理解"小杯的容量是大杯的$\frac{1}{3}$"？还可以怎样说？

2. 提出假设，画图体悟

（1）说一说。

提问：现在能直接求出小杯和大杯的容量吗？你想怎样替换？这样替换的依

据是什么？

引导学生小组讨论，说一说自己的思路：把大杯换成小杯，或者把小杯换成大杯。

（2）画一画。

提问：你能把自己喜欢的替换过程画出来吗？

引导学生选择一种自己喜欢的方式进行替换，在练习纸上画出示意图。

（3）想一想。

师引导学生根据示意图，想一想，替换后的数量关系是什么？

（4）算一算。

学生独立列出算式解答。

3. 交流汇报，展示归纳

学生代表在投影仪上展示和介绍。教师结合学生汇报，逐步形成板书。

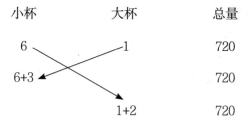

小杯	大杯	总量
6	1	720
6+3		720
	1+2	720

心理学思考

如何将静态的文字转化为学生动态的思考？如何在动态的思考中感受替换的过程？这是非常值得关注的两个问题。所以在教学过程中，先让学生自主分析数量关系，然后组织小组讨论寻求策略，接着独立画图感悟思考，最后师生交流，教师用简洁明了的板书加以体现替换的策略，潜移默化中理解了新知。这一过程符合学生认知的规律，同时也体现了"数学教学是数学活动的教学"，师生在互动对话中建构数学模型。同时，板书的设计具有启发性，采用箭头符号，让学生直观地感知大杯、小杯替换的过程。

4. 指导检验，回顾反思

（1）提问：求出的结果是否正确呢？我们可以从哪些方面入手进行检验？

让学生自由说一说，在交流中明确：要看结果是否同时符合题目中的两个已知条件，让学生体会检验的全面性。

（2）提问：刚才解决问题时，使用替换这个策略有什么好处？

组织学生讨论交流，突出"为什么要替换"，让学生明确替换的目的就是把两种量与总量之间复杂的数量关系转化为一种量与总量之间的简单数量关系。

提问：我们根据哪个条件进行替换的？替换前后数量关系有何变化？

回顾和比较解决问题的过程，突出"怎样替换"。

心理学思考

　　解决问题不是学习的最终目的，让学生不断体验作为策略的价值才是关键所在。替换的价值在哪里？为什么要进行替换？替换之后数量关系有什么变化？替换的依据是什么？把这些问题抛给学生去思考，一方面让学生再次感受到替换的思考过程，更重要的是让学生明了了替换的真正价值在于使问题简单化，这是一种重要的数学思想。在反思的过程中，让学生明确：计算的结果符合题目的条件吗？为什么要检验？为什么要从两个方面进行检验？为了充分体现检验的全面性，通过学生的讨论与交流，水到渠成地让学生意识到结果必须要同时符合题中的两个条件。

三、灵活运用，提升策略

1. 变换条件，灵活替换

（1）提问：如果题中条件改成"大杯的容量是小杯的4倍"，想一想怎样替换比较简便？

学生讨论回答，感受大杯换成小杯比较简便。

（2）提问：如果题中条件改成"大杯的容量比小杯多20毫升"，现在还可以替换吗？

组织学生小组讨论，可以画示意图替换，可以列式计算，然后结合学生困惑启发提出：在替换后，杯子可盛果汁的总量会有什么样的变化？

在交流中明确：

把小杯替换成大杯，可盛果汁总量就变为720+6×20=840毫升

把大杯替换成小杯，可盛果汁总量就变为720-20=700毫升

教师结合学生回答完善板书：

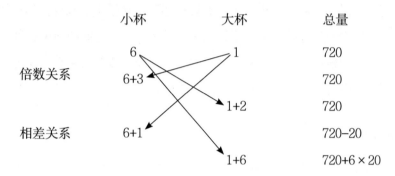

	小杯	大杯	总量
	6	1	720
倍数关系	6+3		720
		1+2	720
相差关系	6+1		720-20
		1+6	720+6×20

2. 系统比较，提升思维

师：这个题目与刚才的例题在做法上有什么不同？

引导学生比较发现：例题中，两个量是倍数关系，替换后总量不变；改变题中，两个量是相差关系，替换后总量发生变化。

心理学思考

　　学生的认知是动态的，知识间的联系是有序的。在学生初步学习了倍数关系的替换策略之后，教者抓住替换的依据进行变式，由"小杯的容量是大杯的 $\frac{1}{3}$" 改变为"大杯的容量是小杯的4倍"，再改变为"大杯的容量比小杯多20毫升"，让学生分别进行替换策略的巩固。当学生对两个数量呈相差关系时能否进行替换产生不同意见时，适时组织学生讨论、辩论，从而获得问题解决。这样的设计与教学，抓住两个量之间的关系，灵活变化，充分调动了学生的探究欲望，利用知识间的迁移，循序渐进中突破了难点，并让学生在比较中内化已有知识结构，明确了

倍比、差比两种不同类型的替换特征，在变化与不变中让学生探寻联系，感受到数学的一种规律美。

3. 专项练习

（1）六（1）班40名同学和赵老师、高老师一起去公园秋游，买门票一共用去220元。已知每张成人票是每张学生票的2倍，每张学生票多少元？每张成人票多少元？

想：把他们都看成（　　　）票，可以把（　　　）张（　　　）票换成（　　　）张（　　　）票。那么220元相当于买了（　　　）张（　　　）票。

（2）在2个同样的大盒和5个同样的小盒里装满球，正好是100个。每个大盒比每个小盒多装8个，每个大盒和每个小盒各装多少个？

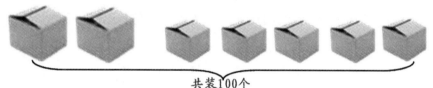

共装100个

想：如果把（　　　）个（　　　）盒换成（　　　）个（　　　）盒，可装小球的总个数比原来（　　　）（填"多"或"少"）（　　　）个。

学生独立审题，填写替换的方法，交流汇报。

4. 变式练习

出示：用11元买了3支铅笔和1支钢笔（图示）。铅笔的单价是多少元？

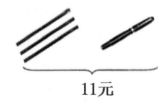

11元

谈话：现在可以解答吗？结合学生回答补充条件：钢笔的单价是铅笔的8倍；钢笔的单价比铅笔多7元。学生选择其一解答。

5. 拓展练习

出示天平图。

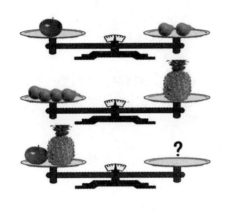

图1   图2

提问：如果在第三个天平的右边托盘里放一种水果（图1），可以怎样放？如果右边托盘里放了一个600克的砝码，天平保持平衡（图2）。你能分别求出一个梨、一个苹果和一个菠萝的重量吗？

引导学生迁移运用所学策略，完成3个量之间的替换。

心理学思考

　　学知识是为了用知识，数学的真正价值在于发现生活中的问题，并能利用所学的知识去解决问题。数学又是思维的体操，思维的灵活性、开放性、应变性直接关系到学生学习能力的高低。本环节习题的设计层层深入，通过让学生自由选择替换方式说一说，巩固了替换策略的应用，再通过补充条件来加深对替换策略的理解，最后通过直观天平图从两个量之间的替换上升到三个量之间的替换，学生的思维能力得到极大的提高与开发。在课的结尾让学生感受到替换的作用，去寻找生活中的替换现象，并从数学的角度去研究这些现象。

四、总结评价，回顾提升

通过今天的学习，你对用替换的策略解决实际问题有了哪些认识？

"解决问题的策略（替换）"教学实录

教学过程

一、创设问题情境，激活相关经验

（出示两幅天平图，引导学生观察思考）

师：（指图1）这是一架平衡的天平，从图中你能看出一个苹果的质量和一个梨的质量之间有什么关系吗？谁来用数学语言说说它们之间的关系。

生1：一个苹果的质量是一个梨的2倍。

生2：一个梨的质量是一个苹果的 $\frac{1}{2}$ 。

师：（图1和图2）根据两幅天平图，你能推想出一个苹果和一个梨的质量吗？

生：一个苹果重200克，一个梨重100克。

师：你是怎样推想的？

生1：把图2中左边一个苹果换成两个梨，就成了4个梨重400克，可以求出一个梨重100克，再求出一个苹果重200克。（图3）

师：刚才这位同学的想法是把苹果换成梨。

生2：把图2中左边两个梨换成一个苹果，就是2个苹果重400克，一个苹果就重200克，再求出一个梨重100克。（图4）

师：是的，还可以把梨换成苹果。

图3　　　　　　　　　　　图4

（课件动态演示把一个苹果换成两个梨或者把两个梨换成一个苹果。）

师：在解决刚才这个问题时，大家用到了"换"的方法。一换之后，发生了什么变化？

生1：题目变得简单了。

生2：两种水果变成了一种水果。

师：其实，这就是数学中一种非常重要的策略——替换。（板书）

师：替换也不是一个新的策略，早在一千七百多年前，有一个小朋友就用替换的策略解决了一个大人也无法解决的问题，你们知道是谁吗？

师：（出示"曹冲称象"的图片）这个小朋友就是曹冲。

师：曹冲是如何用替换的办法称出了大象的重量？

生：曹冲是用石头替换大象的。

师：想一想，为什么这样替换呢？

生：那个时候没有那么大的秤，而大象不好分开来称，石头可以分开来一块一块地称。

师：通过替换，把不好直接称的大象转化成能够称的石头，问题也就解决了。

二、自主探索实践，研究替换策略

（师出示例题，生读题：小明把720毫升果汁倒入6个小杯和1个大杯，正好都倒满。小杯的容量是大杯的 $\frac{1}{3}$。小杯和大杯的容量各是多少毫升？）

师：题中告诉了我们哪些已知条件？我们把它摘录下来。

（板书：小杯　6　　大杯　1　　总量　720）

师：怎么理解"小杯的容量是大杯的 $\frac{1}{3}$"？大杯和小杯容量的关系还可以怎样说？

生1：大杯的容量是小杯的3倍。

生2：1个大杯可替换成3个小杯。

生3：3个小杯可替换成1个大杯。

师：现在能直接求出小杯和大杯的容量吗？

生：不能。

师：怎样用替换的策略来解决这个问题呢？

生1：（互相说一说后回答）可以把大杯换成小杯，这样都是小杯，就好算了。

生2：也可以把小杯都换成大杯。

师：你能把替换的过程画出来吗？试试看，在老师发给你的纸上，纸上有图，你可以把替换掉的杯子用圆圈圈起来，替换成什么杯子也在旁边画出来，使人一眼看出你是把什么杯替换成什么杯的。然后根据示意图，列式算出大杯和小杯的容量。

（生画图，列式计算，同桌交流）

师：谁能把自己的方法介绍给大家？

（学生代表在投影仪上展示和介绍）

生1：我把1个大杯换成3个小杯，这样就有9个小杯，一共是720毫升，$720 \div 9 = 80$，可以算出一个小杯的容量是80毫升；$80 \div \frac{1}{3} = 240$，一个大杯的容量就是240毫升。

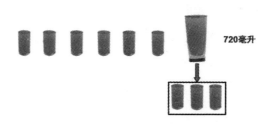

生2：我是把6个小杯换成2个大杯，这样就有3个大杯，$720 \div 3 = 240$，先求出一个大杯的容量是240毫升；$240 \times \frac{1}{3} = 80$，从而求出一个小杯的容量是80毫升。

（教师结合学生汇报，逐步形成板书）

三、回顾解题过程，凸显替换价值

师： 刚才同学们都算出大杯240毫升，小杯80毫升，那么算出的结果对不对呢？我们来检验一下，可以从哪些方面入手进行检验？

生1： 可以看小杯的容量是不是大杯的 $\frac{1}{3}$。

生2： 还要看6个小杯和1个大杯的果汁是不是一共720毫升。

【板书：　　　　$80 \times 6 + 240 = 720$（毫升）　　　　　　$80 \div 240 = \frac{1}{3}$】

师： 要看结果是否同时符合题目中的两个已知条件，即：看6个小杯和1个大杯的果汁是不是一共720毫升；小杯的容量是不是大杯的 $\frac{1}{3}$。

师： 刚才我们运用了什么策略解决了这个问题？

生： 运用了替换的策略。

师： 解决问题时，大杯和小杯为什么要进行替换？

生： 替换能使题目变得更简单。

师： 你能说得更具体些吗？

（生迟疑）

师： 替换之前既有大杯，也有小杯，是几种量与总量之间的关系？

生： 两种量。

师： 替换之后呢？

生： 要么都替换成大杯，要么都替换成小杯，是一种量与总量之间的关系。

师： 两种量与总量之间的关系不能直接求出每种量，一种量与总量之间的关系可以直接求出。

师： 我们替换的依据是什么？是根据哪个条件进行替换的？

生： 根据"小杯的容量是大杯的 $\frac{1}{3}$"进行替换的。

师： 两种量之间的关系就是替换的依据。

四、灵活应用，巩固替换策略

师：现在徐老师把替换的依据改成"大杯的容量是小杯的4倍"，其他条件不变。你想怎样替换？

生：把1个大杯替换为4个小杯。这样就变成了6+4=10个小杯，720÷10=72，每个小杯装72毫升；72×4=288，每个大杯装288毫升。

师：有同学把小杯替换成大杯吗？谁来谈谈自己的想法。

生1：我觉得这样替换的话，比较麻烦，不能正好得到几个大杯。

生2：小杯替换为大杯，一共相当于2大杯和半个大杯。

生3：我认为虽然替换起来大杯个数不能正好得到整数，但是通过计算也是可以算出大杯的容量的：720÷2.5=288。

师：大家说的都有道理。替换作为一种策略，不仅可以帮助我们进行实物操作，还可以帮助我们进行推想和计算。

师：徐老师把替换的依据改成"大杯的容量比小杯多20毫升"，其他条件不变。现在还可以替换吗？

师：小组里讨论下，能替换，说说怎样替换；若不能替换，说说理由是什么。

（小组讨论）

生1：我们认为不好替换。因为不是正好装720毫升果汁。

生2：我们认为似乎可以替换，就是替换之后有可能720毫升果汁装不下。

生3：我们也认为可以替换，不过替换之后也有可能没有720毫升果汁。

师：是啊！表面上看好像不好替换，但是如果把替换的结果一同考虑，说不定能有新的发现呢。

师：请大家在练习纸上试一试，看能否解决问题。可以画图，也可以直接列式计算。不过要特别注意——在替换时，果汁的总量会有什么样的变化？

（生画图尝试，列式计算，检验）

师：谁来说说自己的替换过程呢？

生：我把大杯替换成小杯。

师：现在有几个小杯？

生：7个。

师：现在就行了吗？（有部分学生点头同意，师及时点拨）替换后果汁的总量怎样了？

生：少了20毫升。

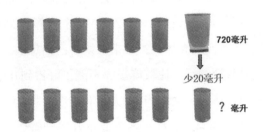

师：那么7个小杯果汁的总量只有多少毫升呢？

生：7个小杯果汁的总量是720-20=700（毫升），那么，小杯的容量是700÷7=100毫升，大杯的容量是100+20=120毫升。

生：我是把小杯替换成大杯，一共有1+6=7个大杯。

师：替换后7个大杯果汁的总量怎样了？

生：把小杯替换成大杯，每个大杯多出20毫升，这样果汁总量就变为720+6×20=840毫升。那么，大杯的容量是840÷7=120毫升，小杯的容量是120-20=100毫升。

（师完成板书）

师：比一比，这个题目与刚才的例题有什么不同？

生1：替换的依据不同。例题中，两个数量是倍数关系；改编的题中，两个数量是相差关系。

生2：替换后的总量不同。例题中，替换后总量还是720毫升；改编的题中，替换之后的总量发生了变化，变多了或者变少了。

（总量后面板书：不变、变化）

师：为什么倍数关系替换之后总量不变，相差关系替换之后总量发生了变化？

生：倍数关系大杯换小杯，它们的容量之和没有变化，所以总量也不变。相差关系大杯和小杯相互替换，容量发生变化了，所以总量也发生了变化。

师：是啊！由于替换的依据不同，替换后的总量会不一样。如果我们观察替换前后杯子的个数，你有什么发现？

生1：倍数关系的替换，替换之后杯子的总个数变化了，变多了或者变少了。

生2：相差关系的替换，替换之后杯子的总个数没有变化，但总量出现了变化。

（杯子数前面板书：变化、不变）

师：同学们观察真仔细！数学就是这么奇妙！在变化与不变中存在着内在的联系。

五、迁移延伸，应用替换策略

师：接下来我们运用替换的策略解决生活中的一些问题。

师出示题目：六（1）班40名同学和赵老师、高老师一起去公园秋游，买门票一共用去220元。已知每张成人票是每张学生票的2倍，每张学生票多少元？每张成人票多少元？

师：同学们读一读，可以把替换的依据划一划，然后填写替换的方法，不用列式计算。

生1：可以把他们都看成学生票，可以把2张成人票换成4张学生票。那么220元相当于买了44张学生票。

生2：可以把他们都看成成人票，可以把40张学生票换成20张成人票。那么220元相当于买了22张成人票。

师（再出示）：在2个同样的大盒和5个同样的小盒里装满球，正好是100个。每个大盒比每个小盒多装8个，每个大盒和每个小盒各装多少个？

师：先想一想怎样替换，再填一填，然后列式解答。最后检验一下。

生1：我把2个大盒换成2个小盒，总个数比原来少16个。这样一共装100-

16=84个。先算小盒，84÷7=12个；再算大盒，12+8=20个。

生2：我把5个小盒换成5个大盒，总个数比原来多40个。这样一共装100+40=140个。先算大盒，140÷7=20个；再算小盒，20-8=12个。

师：生活中是不是都可以用替换的策略解决问题呢？比如说这样的问题：

铅笔的单价是多少元？

11元

（师出示后等待学生的表现。部分学生看到就开始列式，部分学生没有马上列式，少数学生举手发问）

师：有谁想说点什么吗？

生1：这道题似乎缺少什么条件？

生2：这道题目没有告诉我们铅笔和钢笔单价之间的关系，因此不好做。

师：聪明的同学善于发现问题！如果运用替换的策略，就需要明白替换的依据。那么，要想用替换的策略解决这个问题，可以补充什么样的条件？

生1：可以补充倍数关系的条件，钢笔的单价是铅笔的8倍。

生2：也可以补充相差关系的条件，钢笔的单价比铅笔多7元。

师：同学们课后选择一种情况补充条件，看看能否解答。

师：刚上课时，我们观察了天平图，采用了替换的策略分别求出了两种水果的重量。现在我们继续观察天平图——

师：第一幅天平图，显示了两种水果之间的重量关系；第二幅天平图，出现了第三种水果——菠萝；第三幅天平图，右边托盘里，如果放一种水果，你想放哪种水果，放几个？

生1：可以放6个梨。

生2：可以放3个苹果。

生3：可以放一个半菠萝。

师：同学们说的都有道理。如果右边托盘里放了一个600克的砝码，天平保持平衡。你能分别求出一个梨、一个苹果和一个菠萝的质量吗？

生1：600克相当于6个梨的质量，1个梨重100克，那么1个苹果重200克，1个菠萝重400克。

生2：600克相当于3个苹果的质量，1个苹果重200克，那么1个梨重100克，1个菠萝重400克。

师：刚才题目中出现了几种量？

生：3种量。

师：我们在运用替换的策略解决问题时，有的时候不仅仅是两种量，也有可能是3种量、4种量，以后我们还会遇到更复杂的情况。但只要我们掌握了最基本的两种量之间的关系如何替换的话，我想，再复杂的问题也难不倒大家。

师：其实在我们的生活中还有很多这样替换的现象。老师真心希望同学们能用智慧的眼睛去发现它，并能灵活运用替换的策略解决问题。今天这节课我们就学到这里，下课。

"解决问题的策略（替换）"教学反思

本课在教学中取得了比较好的效果，主要体现在以下四个方面。

1. 素材服务于策略

诚然，在解决本课所呈现的数学问题时，替换并不是唯一的策略，学生还可以用假设的策略和列方程的方法等。但是，如何让学生在这节课的学习中理解"替换"的策略？这就需要教者树立"素材服务于策略"的意识。因此，本课在选择教学素材时，依据教材提供的题材并进行了适当的加工与整合，旨在不把解决某一些问题作为主要目的，而是通过这一类素材让学生体验"替换"这一策略是有用的。例如教材中例题主要教学倍数关系的替换，"试一试"教学相差关系的替换，教者以"素材服务于策略"为出发点，将例题做了丰富性处理，即教学倍数关系替换后，通过改变替换依据（"小杯的容量是大杯的 $\frac{1}{3}$"改变为"大杯的容量是小杯的4倍"，再改变为"大杯的容量比小杯多20毫升"），自然过渡到相差关系替换，从而让学生在比较中理解替换策略的数学内涵。

2. 经历策略的形成

"替换"策略的形成过程是本课教学的重点。从课始的天平图推理引入和"曹冲称象"的典故呈现，唤醒学生已有经验中关于"替换"的经历，为理解"替换"策略做好心理准备和认知铺垫。在例题教学时，通过自主探索→回顾反思→变式训练→对比概括等环节，组织学生开展画图、叙说、推想、验证、比较、概括等丰富多样的数学活动，完整地经历了替换策略的形成过程。尤其在学生经历了替换的具体过程之后，让学生及时回顾与反思，着力思考"为什么要替换？""替换的依据是什么？""替换之后数量关系发生了什么变化？"等问题，在反刍中逐步建构替换的数学模型。特别需要指出的是，当学生经历了两种类型的替换之后，组织学生观察比较，使学生初步明白：倍数关系替换的结果总量不变，而相差关系替换的结果总量变了；倍数关系替换时，杯子的总数变了，而相差关系替换时，杯子的总数不变。这样的深究性学习，有利于学生对替换策略的认知水平达到精加工状态，有利于学生形成对替换策略的本质理解。

3. 体验策略的价值

替换作为策略的价值到底是什么？在教学中，通过每一个问题的解决让学生不断回顾解题过程，让学生比较替换前后的数量特征，让学生探寻替换中的数量变化情况，让学生补充替换的依据条件等。在例题教学时，教者没有任由学生运用多种方法（列方程、假设法等）解决问题，而是直接提出"如何运用替换的策略？"当学生通过动手画图、列式计算、检验结果之后，教者也并没有结束例题教学，而是组织学生反思和比较，使学生初步归纳出替换策略的好处——把两种量与总量之间复杂的数量关系转化为一种量与总量之间的简单数量关系。在这之后的例题变式性练习和巩固应用中的每一层练习中，都让学生在解决问题之前或之后，不断体验到替换策略的优势——使复杂的问题简单化。这样的学习过程设计，学生不仅获得了解决同类问题的成功经验，更重要的是不断增强了运用替换策略解决问题的自觉性,从而体会了作为策略的价值所在。

4. 提升数学的思想

策略是什么?解决问题的策略可理解为解决问题时的计策与谋略。策略与方法既有联系也有区别,它们的关系类似于战略与战术的关系。"替换"作为解决问题的一种策略,是学生在灵活运用多种方法(如画图、代换等)解决问题的过程中感悟获得的。而策略的获得并不是教学的终极目的,我们应该通过策略的学习,帮助学生不断积累数学思想方法和数学活动经验。教学过程中,教者依据"提出实际问题→解决实际问题→回顾再认解题活动"的教学线索,采用了回顾与分析、变式与对比、感悟与体验等渠道,逐步使学生对"替换"策略达到深刻理解和掌握水平,从而达到提升学生的数学思想的目的。随着学习的深入,学生所遇到问题的类型在不断变换,而解决这些不同类型问题的策略却始终如一,学生对策略的运用越来越熟,对策略的理解也越来越深,从而形成"转化"的数学思想。

"解决问题的策略(替换)"教学点评

"无痕教育"是徐斌老师多年来一直倡导和实践的教学主张。徐老师认为,理想的教育境界是教育无痕,然而"有"和"无"并不是完全对立矛盾的,而是具有内在联系的统一体,要达到无痕的境界,需要经历有痕的阶段。笔者觉得,徐老师的"解决问题的策略(替换)"课堂教学正是体现了他对"有"和"无"的深刻把握和辩证理解,恰如成尚荣老师所描述的这样:无痕教育是让教育"看不见",但一定要让学生的学习"看得见","看不见"的教育在"看得见"的学习中,"看得见"的学习在"看不见"的教育中,这样的教育会更有魅力,这样的学习会更有效。

1. 切合儿童经验的起点，有痕设计，无痕开始

奥苏伯尔说过："影响学生学习的最重要的因素是学生已经知道了什么。"学生不是一张白纸，他们是带着已有的知识经验进入课堂的。如何寻找适合儿童的教学起点呢？需要教师对所教的内容进行瞻前顾后、迁移渗透，把所教内容与以前学习过的内容以及将来需要学习的内容贯通起来，把所教的内容与儿童已有的活动经验、生活经验沟通起来，理清知识的生长点，把握它们之间的实质性联系，这样才能寻找到适合学生的起点。

解决问题的替换策略，替换的目的就是把两种量与总量之间复杂的数量关系转化为一种量与总量之间的简单数量关系。"换"，就是所教内容与学生已有经验之间的实质性联系。学生虽然是第一次正式学习替换的策略，但在他们的已有经验中其实已经模糊地经历过类似"替换"的过程。教师所要做的是激活学生这些零散的、处于经验形态以及非主体自觉的东西，引导学生发现、把握替换的共同本质。

本节课中，徐老师选择了适合儿童经验水平的学习素材作为起点。在课的开始，首先选择了学生熟悉、难度适宜的天平问题，很轻松、也很自然地唤醒了学生"换"的活动经验，激发了学生替换的需要，只要"换一换"，问题就解决了。接着，徐老师还通过一个儿童熟悉的曹冲称象的故事，不露痕迹地揭示出替换的价值。不知不觉中开始引发了学生对新知的内在需要，激发了学生学习的内驱力。

2. 依据儿童思维的特点，有痕设计，无痕掌握

小学阶段学生的认知水平属于"具体运算思维"阶段，其最大的特点是思维离不开具体事物的支持，他们的感知觉、观察力和记忆力均处于初步发展水平。如何根据儿童这样的思维特点和认知规律，有效地突出重点、化解难点，使学生在潜移默化中理解、在循序渐进中掌握呢？

本节课中，徐老师有两条"看得见"的学习脉络，一是数形结合的学习脉络，徐老师都在学生初步明确例题和改造题的替换方向后，提出画一画的要求，"在老师发给你的纸上把替换的过程画出来，可以把替换掉的杯子用圆圈圈起来，替换成什么杯子也在旁边画出来，使人一眼看出你是把什么杯替换成什么杯的"。让学生直观地感知大杯、小杯替换的过程，清晰地掌握替换后数量之间的关系。

二是有序变式的学习脉络。在学生初步掌握了有两种量的倍数关系的替换策

略之后，徐老师抓住替换的依据进行变式，由"小杯的容量是大杯的 $\frac{1}{3}$"改变为"大杯的容量比小杯多20毫升"，在练习中，徐老师由有替换的依据（专项练习写替换过程）到缺失替换的依据（变式练习缺少钢笔和铅笔单价之间的关系），由两种量的替换到三种量的替换，由易到难，逐层深入。

这样"看得见"的学习脉络的设计，隐藏着"看不见"的学习心理的脉络，它遵循了学生的思维特点，顺应了学生的学习心理，在潜移默化中理解了新知的意义，在循序渐进中走向了替换策略的本质，形成相关的技能，进而应用技能解决简单的实际问题。

3. 把握儿童学习的节点，有痕设计，无痕提升

解决问题的策略教学需要围绕问题解决展开，但决不能停留于解题技能层面，而要通过问题的解决，感悟策略思想。反之，学生有了策略思想并不意味着可以轻易地解决问题，学生还需要在解题过程中探索思路，从而进一步丰富、深化对策略的理解。如何把握好儿童从技能到策略发展的节点呢？

本节课中，徐老师恰当把握好"回顾反思"的学习节点。课始，徐老师在解决了天平图问题后追问：大家用到了"换"的方法，一换之后，发生了什么变化？例题中在解决问题后徐老师继续追问：解决问题时，大杯和小杯为什么要替换？替换的依据是什么？练习中，徐老师还让学生反思是不是都可以用替换的策略解决问题。在每一个问题的解决后，徐老师都不断地让学生回顾、比较解题过程，不断地思考"为什么要使用这种策略？怎样使用这种策略？使用策略有什么好处？在什么情况下使用该策略？"

这样的学习节点，本质上是学生不断反思、自主建构替换的数学模型的过程，孕伏着的是数学活动经验的积累、解题策略价值的感悟以及数学思想方法的提升。

总之，徐老师有痕的设计，体现的是基础知识和基本能力的显性变化；无痕的课堂，体现的是必备品格和关键能力的隐性提升。这一切的追求，都在"看不见"的教育中，都在孩子们充满欢乐和收获的课堂中！

（点评：江苏省特级教师 苏州工业园区唯亭实验小学 王兆正）

课例15

"平面图形的周长和面积总复习"教学案例

"平面图形的周长和面积总复习"教学设计

教学内容

苏教版数学六年级下册第89~90页"总复习"中"图形与几何"的第三课时。

教材简析

"平面图形的周长和面积总复习"是苏教版小学数学六年级下册总复习里的内容。在此前的一节课里,学生已经把线、角、多边形和圆等平面图形的知识作为整体进行了系统整理,复习了这些封闭平面图形的特点,着重整理三角形、四边形和圆的知识。建立了相关知识的知识体系。本节课主要是理解周长和面积的概念,掌握一些常见平面图形周长的计算方法,能熟练应用长方形、正方形周长计算公式进行有关计算,解决简单实际问题,发展学生的应用意识,为以后解决综合问题打下良好基础。

周长与面积的概念在三年级教学的,教学多边形和圆的时候又多次再认识了周长与面积的意义,因此学生对学习周长与面积的体验应该是比较充分的。本节课在教材上仅仅呈现了这样两句话:你怎样理解平面图形的周长和面积的?怎样计算长方形、正方形和圆的周长?在教学中应当以回忆概念和辨认具体对象为主要活动。复习时通过练习中使学生体会到"两个图形,如果周长相等,面积不一定相等;如果面积相等,周长不一定相等"。另外,在梳理周长公式的过程中,要重点突出圆的周长公式的推导过程,提升学生数学实验素养,培养必备品格。

在周长计算练习的过程中，应加强练习的情境性创设，采用题组练习的方式，注重练习层次性，不断把学生的思维引向深入，培养学生的应用意识，提升学生的数学核心素养。

教学目标

1. 进一步理解周长和面积的概念，掌握一些常见平面图形的周长的计算方法。

2. 能熟练应用周长计算公式进行有关计算，解决简单的实际问题。

3. 继续培养学生的应用意识以及初步的空间观念和思维能力，渗透事物之间普遍联系的辩证唯物主义观点，提升数学核心素养。

教学准备

学生准备——圆规、直尺、剪刀和红、黄彩色笔各一支。

教师准备——CAI课件和多媒体一套，祖冲之画像，演示用长方形、正方形和圆形卡片，学生实验用圆形卡片、线和长方形纸。

教学过程

一、创设情境，激发兴趣

课始，老师出示一幅祖冲之画像，提出：怎样想办法把它挂在墙上？（生讨论后交流汇报）

预设学生的回答：

生1：用糨糊粘上就行了。

生2：用透明胶带粘上。

生3：用双面胶也可以。

生4：为了以后移动方便，可以做一个镜框，再配上玻璃。

师：大家想的办法都不错。如果想知道镜框（木条或铝合金等）的长度就是求什么呢？要想知道配多大的玻璃就是求什么呢？

（揭示课题：平面图形的周长和面积总复习）

师：看到课题，你能够想到什么呢？

预设学生的回答：

生1：这是一堂复习课。

生2：复习的内容是平面图形的周长和面积。

生3：这是一堂总复习课，是对我们前几年学习的有关知识进行整理。

心理学思考

　　数学知识源于人们的生产和生活实践。要使学生全身心地投入到学习活动中，那就必须让学生面临对他们个人有意义的数学问题，让学生把生活中的现实问题联系起来，让他们直接面对各种现实问题，让每个学生经历将来会成为他们的真正问题的情境。课一开始，老师出示一幅祖冲之的画像，让学生帮助想办法挂在墙上。通过具体的问题情境，把学生带入现实生活中，并进一步引起大家积极思考：怎样知道要用多长的木条（或铝合金）和多大的玻璃呢？使学生带着问题自然进入下面的学习。

二、分步梳理，引导建构

第一步：再现周长和面积的概念

师：在小学阶段我们已经学过哪些平面图形呢？

（结合学生的回答电脑随机显示六种封闭平面图形）（图1）

图1

师：什么叫作平面图形的周长？什么叫作面积呢？

（生进行回忆、讨论、交流、汇报）学生在课本上完成，用笔指一指下面各图形的周长，用手摸一摸它们的面积；再用红笔描出它们的周长，把它们的面积涂上黄色。（电脑闪烁周长和面积部分）（图2）

图2

学生举例说一说同一个图形的周长和面积有什么不同。

练一练：分别比较下面每一组图形的周长和面积。每一组中两个图形的周长相等吗？面积呢？（图3）

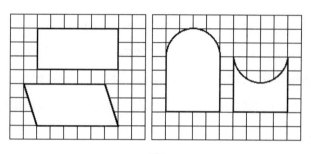

图3

（先出示两组图形，分别让学生观察、比较、讨论，再让学生汇报并动态演示周长和面积的比较过程）

师：通过这两组图形的比较，你能发现什么呢？

预设学生的回答：

生1：面积相等的两个图形周长不一定相等。

生2：周长相等的两个图形面积不一定相等。

心理学思考

　　周长和面积虽是已有旧知，但由于时隔两三年了，学生对它们的概念和意义往往不能一下子准确表述，老师应充分利用学生的差异资源以及和同伴间的合作交流，通过指、摸、描、涂等活动，在实际操作的基础上让学生说一说同一个图形的周长和面积有什么不同，使学生在对比感知中掌握周长和面积的实际意义，防止学生对两者概念的混淆。另外通过这两组图形的比较，引导学生有所发现，提高学生观察推理的能力。

第二步：再现周长计算公式的推导过程

师：怎样用字母分别表示它们各部分的名称？这三种图形周长的计算方法分别是怎样的？（师分别出示长方形、正方形和圆的卡片，生讨论、交流并在课本上填一填，然后进行汇报）

生：长方形的周长C=（a+b）×2。

师：你是怎样想的？（电脑对应闪烁两个同样的长和宽）

预设学生的回答：

生1：长方形的对边相等，它有两个同样的长和宽。

生2：长方形的周长C =2a+2b。因为长方形的两个长相等，两个宽也相等。

生3：长方形的周长也可以写成C=a+b+a+b或C=a+a+b+b吗？

师：当然可以。在实际应用过程中，你喜欢用什么样的方法就用什么样的方法。

师：正方形与长方形有怎样的关系？

生：正方形是一种特殊的长方形。

师：特殊在那里？

生：正方形是一种长和宽都相等的长方形。

师：圆的周长计算公式是怎样的？

生1：C=πd。

生2：C=2πr。

师：圆的周长是直径的多少倍？你能设计一个实验来验证吗？需要哪些实验材料呢？（生回忆、讨论、交流、汇报）

预设学生的回答：

生1：可以用一根线在一个圆上绕一圈，做个记号，量一量就得到周长，再量出直径，用周长除以直径。

（师用电脑相机显示线测的方法）

生2：也可以不用线。只要拿一个圆在尺上滚动一周就能知道周长。

（师用课件相机显示滚动的方法）

师：对于π，你了解多少呢？

生1：π叫圆周率，约等于3.14。

生2：π是一个无限不循环小数。

生3：我国古代数学家祖冲之是世界上第一个把圆周率精确计算到六位小数的人，他算出π在3.1415926与3.1415927之间。

生4：我在一本书上看到，祖冲之用两个分数值表示圆周率，一个叫"约率"，用分数表示是22／7；一个叫"密率"，用分数表示是355／113。

生5：我曾看到一首有趣的圆周率诗——"山顶一寺一壶酒，尔乐，吾山吾爬久，吃酒……"

生6：我在网上看到，2000年前古希腊的科学家阿基米德第一个将圆周率计算保留两位小数，得3.14，π值的计算至今没有止境。

练一练：根据圆的半径、直径和周长的关系填空。

$$半径（r）\frac{×（\quad）}{÷（\quad）}直径（d）\frac{×（\quad）}{÷（\quad）}周长（c）$$

口答：（1）已知d=10分米，求周长。

（2）已知C=12.56米，求半径。

（小结）师提问：每一种平面图形都有周长吗？

预设学生的回答：

生1：直线、线段和射线没有周长。

生2：角也没有周长。

生3：平行线没有周长。

生4：我发现，只有围成的平面图形才有周长。

心理学思考

对于长方形和正方形的周长复习，教者没有过分强调计算公式的唯一性，而是着力于两点：一是让学生说出列式的想法，并指出"你喜欢用什么样的方法就用什么样的方法"，体现了学习的个性化；二是把正方形纳入长方形的领域，在长方形与正方形的比较中理解两者的联系与区别。复习圆的周长计算方法时，为了帮助学生深入理解C=πd（或

C=2πr）这一难点，组织学生设计实验，分组协作，感知"圆的周长比它直径的3倍多一些"这一规律，从而使学生在具体情景中深刻理解圆的周长计算公式。同时提出了一个开放性的问题"对于π，你了解多少？"既让学生进一步了解圆周率的含义、具体数值与历史，又有机会进行了思想教育，培养了学生的学习兴趣，彰显了数学文化。

三、分层练习，提高素养

第一层：基本练习

1. 计算下面各图形的周长。（单位：厘米）（图4）

图4

2. 求下面各图形的周长。（单位：厘米）（只列式不计算）（图5）

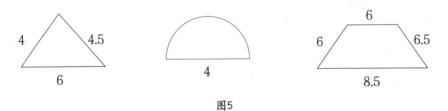

图5

（对于半圆的周长计算给予提示，电脑显示其构成）

第二层：操作练习

师：每人拿出一张长方形纸，怎样在这张纸上剪下一个最大的正方形？正方形的周长是多少？

生1：在两个长边上量出6厘米，画一条线，再剪下来。

生2：不需要用尺量，只要把宽边折向长边，再剪下来。

师：怎样在这个正方形纸上剪下一个最大的圆？圆的周长是多少？这个圆的周长和正方形的周长相比哪个大一些呢？（生操作后交流汇报）

第三层：拓展练习

1. 拓展练习：算一算

（1）王越同学想在自家院子里做一些布置。一个扇形的金鱼池（虚线部分表示要砌的墙），一个长方形的花圃（虚线部分表示篱笆），一个正方形的饲养角。请同学们分别求出要砌出的墙是多少米，围成长方形与正方形所用的篱笆分别是多少米。（图6）

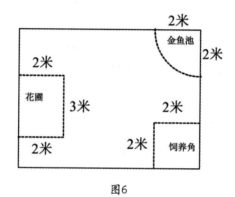

图6

生尝试计算，师巡视检查学生的做法。

预设学生的解答：

金鱼池：3.14×2×2÷4=3.14米

花圃：3+2×2=7米

篱笆：2×2=4米

（2）春天，王越准备骑自行车去看花展，王越家距离公园是4396米，他骑自行车的轮胎的直径是70厘米，如果每分钟转100周，王越从家到公园要用多少分钟？

学生尝试独立完成。

预设学生的解答：

70×3.14=219.8厘米=2.198米，2.198×100=219.8米，这是他一分钟能行219.8米，4396÷219.8=20分钟。

2. 拓展练习：猜一猜

师：森林里住着三只小兔（小白、小灰、小黑）。一天，它们相约到山里去采蘑菇（电脑分别显示三只小兔所走路线）。三只小兔以同样的速度同时从A点出发，分别沿着各自的路线向B点跑去。猜猜看，谁先到达终点？（图7）

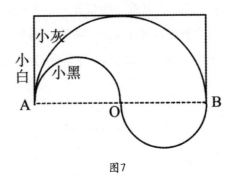

图7

预设学生的回答：

生1：小黑最先到达。

生2：小灰最先到达。

生3：三只小兔同时到达。

生4：小黑和小灰同时到达。

师：到底谁先到达呢？请大家想办法验证自己的想法。

师：变换小黑兔的行走路线，让学生猜一猜小黑和小灰谁最先到达。（图8）

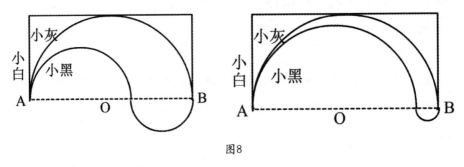

图8

3. **拓展练习：估一估**

师出示问题：已知地球的半径是6400千米，需要多长的绳子能把地球捆起来。如果把这根绳子加长一米，这样绳子来围地球时就形成一个圆环，与地球之间是有缝隙的，请同学们发挥想象：一只蜗牛能从底下钻过去吗？

生独立思考后计算，师组织学生反馈。

预设学生的回答：

6400×2×3.14=40192（千米）

40192千米=40192000（米）

40192000+1=40192001（米）

40192001÷3.14÷2=6400000.159（米）

6400千米=6400000（米）

6400000.159-640000=0.159（米）

答：一只蜗牛完全可以从底下钻过去。

心理学思考

综合应用的两道题的设计很有新意。对长方形的描述既体现了开放性，又体现了数学的精确性；剪最大的正方形用不同的方法来确定从哪里剪，用不同的方法确定圆心等，培养学生思维的开阔性。让学生猜谁最先到达终点，使学生在童话的情景中思考数学问题，通过大胆猜测和小心验证的过程培养学生养成良好的思维习惯。

四、总结全课，拓展提升

师总结：我们这节课主要复习的是平面图形的周长，有关图形的面积计算方法是下一节课要复习的内容，有这样一道思考题，请同学们课后思考解决。

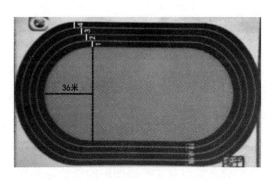

图9

思考题：学校的400米跑道，在最内圈是1号跑道，起跑点是最后，紧接着是2号起跑点要向前一点，其他是依次向前。这是为什么呢？如果每条跑道宽1.2米，内圆的半径是3.6米，依次应当向前多少米呢？（图9）

≡ "平面图形的周长和面积总复习"教学实录

一、创设情境，激发兴趣

师：上课!

生：老师好!

师：同学们好!

师：徐老师，带来了一幅画。（打开）我们来看一看是谁?

生：祖冲之的画像。

师：这幅画放在老师的包里有点褶皱了，假如我们把它布置到教室里面去，需要装裱一下，搞一个外框，这样就比较平整了，这就需要用铝合金或者木条装在周边。如果想知道木条或是铝合金的长度，就是求——

生：就是求长方形的周长。

师（板书）：周长。

师：如果把这张画像放在教室里，很容易蒙上灰尘。就需要在这张画像上面装上——

生：玻璃。

师：需要装上和它同样大的玻璃。求这块玻璃有多大，就是求这块玻璃的——

生：面积!

师：生活中经常要求一些物体的周长与面积。（师板书：周长与面积）今天我们就来复习有关平面图形的周长与面积。

师：先请同学们回忆一下，什么是一个物体或图形的周长，什么叫面积呢?可以自己思考，可以和同桌商量，也可以看看教材。

生：围一个平面图形所有边长的总和叫作周长。

师：说得挺好的。什么叫作面积呢?

生：物体的表面或者是围成平面图形的大小叫作面积。

二、分步梳理，引导建构

师：我们以前学过一些平面图形，你能分别说一说吗？（结合学生的回答课件相机出示六种封闭平面图形）（图1）

师：翻开教材，上面有三个平面图形，你能用红笔描出它们的周长，能用黄色的笔涂出它们的面积吗？（图2）

生在课本上完成。

师：你自己涂画的与电脑上显示的一样吗？

生：一样。

师（出示练一练）：分别比较下面每一组图形的周长和面积。每一组中两个图形的周长相等吗？面积呢？（图3）

生：左边的长方形与平行四边形的面积相等的。

师：那么它们的周长呢？

生：它们的周长是不相等。

师：平行四边形的上下两条边与长方形是相等的，长方形的宽在转变成平行四边形时由垂直的变成斜的了，那么长度就变长了，因此这个长方形与平行四边形的周长是不相等的。

师：这两个图形的面积是相等的。我们可以做个实验，谁来说说看。

生：可以采用割补平移法。（生边说边到屏幕前比画）

师（演示动画）：把平行四边形的左边割补下来，平移到右边去。这个时候我们可以清楚地看出它们的面积是——

生：相等的。

师：右边的两个图形，谁来说说看。

生：周长是相等的，面积不相等。

师：对不对？

生：对！

师：哪一个面积大一些呢？

生：右边的面积大一些。

师：周长为什么相等呢？

（生到屏幕前去比画）

师（演示课件）：我们可以把这两个图形重合在一起，然后把上面的半圆翻上去。

师：通过两组图的对比，你得到了一个什么结论呢？

生：面积相等的图形，周长不一定相等；周长相等的图形，面积不一定相等。

师：我们以前学过三种典型的图形。出示长方形、正方形、圆形的卡片。怎样用字母分别表示它们各部分的名称？你能分别回忆出它们的周长计算公式吗？请你在课本上填一填。

生：长方形的周长 $C=(a+b) \times 2$。

师：长方形的周长还有其他表示方法吗？你来说说看。

生：长方形的周长 $C=2a+2b$

师：用你喜欢的方法表示。正方形呢？

生：正方形的周长 $C=4a$

师：圆的周长计算公式是怎样的？

生：$C=2\pi r$。

师：还可以怎样表示呢？

生：$C=\pi d$。

师：长方形与正方形的周长很容易推导出来，圆的周长是怎样推导出来的呢？或者老师问你圆的周长是直径的多少倍，还记得吗？

生：圆的周长是直径的 π 倍。

师：如果让你设计一个实验，来验证一下圆的周长是直径的 π 倍，你能设计一下吗？交流讨论一下，然后说一说你的实验方案。

生：准备一把直尺和几个圆片，在圆片上做上记号，然后把圆片在直尺上滚动一圈，记下数据，再用这个数据除以圆片的直径，就能得到圆周率的值。

师：还有其他的实验方法吗？

生：用圆规在纸上画一个圆，然后把圆剪下来，沿着圆的直径对折，再对折，直到不能对折，然后量出弧度的长，再用它乘平均分的份数，再用周长去除以圆的直径，得到圆周率。

师：可以的，还有吗？

生：准备一个卷尺、一个直尺。用卷尺量出圆形的物体周长，再用直尺量出圆的直径，然后用周长除以圆的直径。

师：用卷尺如果不好测量，我们也可以用绳子来代替。这个实验，我们课后有时间可以再做一做，看能不能验证圆的周长是直径的 π 倍。接下来我们运用计算公式来计算下面几个平面图形的周长。

三、分层练习，提高素养

师（出示练习）：计算下面各图形的周长。（图4）

（生尝试完成，汇报）

生：（3.5+6）×2=19厘米。

生：3.14×2×2=12.56厘米。

生：3×4=12厘米。

师出示练习：求下面各图形的周长，只列式不计算，单位是厘米。（图5）

（尝试列式）

生：这个三角形的周长就是把三条边加在一起。

生：这半圆的周长3.14×4÷2，算出来以后再加上直径。

生：4÷2=2，3.14÷2+4。

师：可以吗？

生：可以。

师：对的。这个半圆的周长包括两部分，一部分是圆周长的一半，另一部分是直径。那么这个梯形呢？

生：这个梯形的周长就是四边加起来的和。

师：下面用这些知识去解决生活中的一些实际问题，大家愿意吗？

生：愿意！

师出示课件：这儿有一个长方形的纸，如果剪出一个最大的正方形，你能吗？

生：能！

师：开始！

（生动手操作，师巡视指导）

师：谁来说说看。

生：先量出宽的长度，然后在长里再量出这个长度。画出来就是最大的正方形。

师：我知道了，也就是说这个宽就是最大正方形的——

生：边长！

师：如果没有尺子去量，你有方法吗？

生：有！

一名学生到讲台展示把一张长方形的宽边向长边对折，得到了一个三角形，然后把多余出来的长方形剪掉，把这个三角形展开，这样就得到了最大的正方形。（图10）

图10

师演示课件：把宽边向长边对折，剪去多余的长方形，就得到了一个最大的正方形。

师：你能求出这正方形的周长吗？

生：能！

师：再请你在这个正方形里画一个最大的圆，该怎么去画呢？直接在里面画吗？先要做什么？

生：要先确定圆心，半径是3厘米。

师：怎么确定圆心呢？

（生尝试去画）

师：我请一位同学来介绍一下。

生：把这个正方形对折以后，再对折，折痕的交点就是圆的圆心。

师：现在我们算出这个圆的周长。

生：是18.84厘米。

师结合动画演示在这个正方形画一个最大正方形的过程，提问：这个圆的周长与正方形的周长，哪个大一些呢？

生：正方形的周长大一些。

师：有一个同学叫王越，星期天，他想在自家院子里做一些布置。在院子里做一个扇形的金鱼池，虚线部分表示要砌的墙；一个长方形的花圃（叉号部分表示篱笆）；一个正方形的饲养角（叉号部分表示篱笆）。请同学们分别求出要砌出的墙是多少米，围成长方形与正方形所用的篱笆分别是多少米。（图6）

（生尝试计算，师巡视检查学生的做法）

生：这个扇形的金鱼池所砌的墙是四分之一圆，$3.14 \times 2 \times 2 \div 4 = 3.14$米。

师：围成这长方形花圃，你又是怎么算的？

生：$3 + 2 \times 2 = 7$米。

生：饲养角的篱笆是$2 \times 2 = 4$米。

师：春天，王越准备骑自行车去看花展，王越家距离公园是4396米，他骑自行车的轮胎的直径是70厘米，如果每分钟转100周，王越从家到公园要用多少分钟？

（生尝试独立完成）

生：$70 \times 3.14 = 219.8$厘米$=2.198$米，$2.198 \times 100 = 219.8$米，就是他一分钟能行219.8米，$4396 \div 219.8 = 20$分钟。

师：有三只小兔相约去采蘑菇，分别沿着各自不同的线路，它们同时出发，速度相同，请问谁最先到达目的地呢？（出示图7）

生：小白走的路程要长一些，小灰与小黑同时到达。

师：请把你的意见在四人小组中讨论。

（生四人小组讨论）

生：灰兔与黑兔走的路线长度是相等的，白兔走的路线要长一些。

师：你能想办法证明你的想法吗？假设小圆的直径是100米，当然也可以用字母来表示。

（生踊跃举手回答）

生：用r来表示大圆的半径，小白兔要走4个半径，用字母表示是4r。

生：用r来表示大圆的半径，灰兔走过的路程是C=πr×2÷2=πr，r是小圆的直径，黑兔所行的路程C=πr。所以灰兔与黑兔走的路程是一样的。

师：当然用数据算下来也是一样的。哪些同学是用算的方法的。请举手，部分学生举手示意。

师：如果我们不用算的方法，我们可以用推理的方式得出灰兔与黑兔所行的路程是一样的。如果黑兔行走的路线是这样的呢？（出示图8第一幅）

生：（灰兔与黑兔行走的路程）一样的！

师：如果黑兔行走的路线是这样的呢？（出示图8第二幅）

生：（灰兔与黑兔行走的路程）一样的！

师：地球是什么形状的？

生：巨大球状的。

师：假如我给你一根绳子，你能把地球捆起来吗？

生：能，只要有足够长的绳子。

师：在哪个地方来捆呢？

生：在赤道这个地方来捆。

师（出示动画）：如果把地球上的高山大海忽略不计，就当作一个圆圆的球。要把地球捆起来，我们需要知道这个地球的直径或半径。地球的半径早已经被科学地测算出来，大约是6400千米，请大家算一下，需要多长的绳子就能把地球捆起来了。

生：6400×2×3.14=40192（千米）

师：这个问题不难，下面请发挥想象，我把这根绳子加长一米，这样用这根绳子来围地球时就形成一个圆环，与地球之间是有缝隙的，这样一只蜗牛能从底下钻过去吗？

生（很肯定地说）：不能！

师：我也是这样认为的，毕竟这么大的一个地球只加长了1米的绳子。但这只是停留于我们的主观想象，你能想办法算一算吗？算一算这个缝隙有多大。

学生讨论后计算。

板书学生的计算过程：

6400×2×3.14=40192（千米）

40192千米=40192000（米）

40192000+1=40192001（米）

40192001÷3.14÷2=6400000.159（米）

6400千米=6400000（米）

6400000.159−640000=0.159（米）

师： 0.159米就是15.9厘米，你说1只蜗牛能从底下爬过去吗？

生： 能！

师： 多么不可思议，那么大的地球，绳长仅仅多了1米，围成一个等距离的圆环后，就可以有这么大的缝隙。但事实就是事实，有兴趣的同学可以在课后继续去研究。

四、总结全课，拓展提升

师总结：我们这节课主要学习的是平面图形的周长与面积。本课主要复习周长与面积概念以及平面图形周长的计算方法，而有关面积的计算方法则是下一节课要复习的内容。

师： 最后有一道思考题。（出示图9）

学校的400米跑道，在最内圈是1号跑道，起跑点是最靠后的，紧接着的2号起跑点要向前一点，其他是依次向前。这是为什么呢？

生： 因为在外圈跑得比内圈要跑得多一些，为了公平起见，所以起跑点要提前一些。

师： 如果每条跑道宽1.2米，内圆的半径是36米，究竟要提前多少米才能公平呢？这是一个现实问题，期待同学们课后自己去探索研究。这节课就上到这里。下课！

生： 谢谢老师！

📚 "平面图形的周长和面积总复习"教学反思

本课是一堂六年级总复习课。总复习不同于新授课或练习课，也不同于单元复习或一册书的期末复习，而是把学生前几年中分散学习的知识以整体结构的形式集中再现。这节总复习课有以下几个特点。

1. 在交流中复习

由于复习的是旧知，老师没有过多的演示和重复讲解，也没有事无巨细的面面俱到，而是引导学生分步梳理，充分发挥学生作为"学习共同体"的作用，让学生回忆、讨论，在交流中学生思维活跃，思路开阔，互相提问，互相启发，互相商讨，互相激励，共同完成了学习任务。"有效的教学活动是学生学与教师教的统一，学生是学习的主体，而教师则是学习的组织者、引导者与合作者"。（《义务教育数学课程标准（2011年版）》）

2. 在活动中复习

"数学教学是数学活动的教学，是师生之间、学生之间交往互动与共同发展的过程。"复习课容易上成炒冷饭或题海训练课，而这节课上得有声有色，学生思维非常活跃，主要原因是学生们始终在活动中学习。通过指、摸、描、涂、量、折、剪、猜测、验证等活动，在感知中深刻理解周长与面积的意义，解决实际问题，体验数学的丰富多彩。

3. 在应用中复习

"数学的价值在于应用"。无论是课始还是课终，都让学生面对生活中的实际问题，使学生经历"生活问题——数学问题——生活问题"的变化过程，使学生在实践和应用中体会数学与自然及人类社会的密切联系，了解数学的价值，增强对数学的理解和应用数学的信心，学会运用数学的思维方式去观察、分析现实社会，去解决日常生活中和其他学科学习中的问题，形成勇于探索、勇于创新的科学精神。

4. 教学的开放性

"怎样想办法把画挂在墙上？""看到课题，你想到什么？""通过这两组图形的比较，你能发现什么？""在实际应用过程中，你喜欢用什么样的方法就用什么样的方法。""怎样用设计一个实验来验证？需要哪些实验材料？""怎样向你的同桌介绍这个长方形？""怎样在这张纸上剪下一个最大的正方形？""怎样在这个正方形纸上剪下一个最大的圆？"等等，都充分体现了教学的开放性。

"平面图形的周长和面积总复习"教学点评

综观全课，徐斌老师始终把"无痕教育"的思想贯穿在教学的全过程，采用情境创设、自主梳理、比较辨析、引导操作、创新练习等教学策略，夯实基础知识与基本技能，拓展数学视野，让孩子在自悟自觉中形成知识结构，培养了应用意识，提升了数学核心素养，其"无痕教育"的效果是十分明显的。本节课在运用"无痕教育"的思想组织教学主要体现出以下的教学特色。

1. 简朴情境，创设有效场域

教师在课初，从应用的角度提出一组简单问题：这幅画放在老师的包里有点褶皱了，搞一个外框，如果求它的长度就是求什么的？如果把这张画像放在教室里，很容易着灰尘，在这张画像上面装上玻璃，就是求什么的？这个情境自然贴切，使学生再次鲜明地分清周长与面积的不同，使求周长与面积成为学生学习的自然需要，诱发学习动机，引出本节课的复习内容与学习目标，使总复习做到了"在不知不觉中开始"。这幅画是祖冲之的像，暗合圆周率的推算，结合情境激发了学生对我国古代数学家的崇敬之情，使教育意图与复习内容巧妙地融合在了一起，不露痕迹，浑然一体。

2. 操作活动，沟通图形联系

"怎样在一张长方形中剪出一个最大的正方形，怎样在这个正方形里画出一个最大的圆"，徐老师组织了这样一个操作活动，巧妙建立了长方形、正方形和圆这三种图形之间的联系，使学生在操作中厘清问题本质：长方形的宽就是这个正方形的边长，在这个正方形中画最大的圆，需要先通过折叠找到圆心，这个圆的直径就是正方形的边长；观察这个正方形，会得到正方形的周长一定大于圆的周长。这一连串的操作活动与思维活动环环相扣，题组呈现，教师在教学中注重相机点拨，不断把学生的思维热情推向高潮，做到了"在潜移默化中理解"。

3. 层层推进，夯实复习过程

在教学中，不论是周长与面积概念的复习，还是各种图形周长公式的整理与练习提升，徐老师都能做到逐层推进，一步一个脚印，扎实练习，即时反馈，使复习过程扎实有效，使学生在"循序渐进中掌握"。

4. 创新练习，激发探索热情

徐教师在练习中注重练习的情境创新，照顾学生的年龄特点，调控课堂节奏，使课堂生动有趣，学习气氛热烈，学生的学习活动丰富而又有个性。

以"院子布置、去看花展"为情境载体，采用题组变式练习的形式，练习了扇形、长方形、正方形和圆的周长的计算方法，情境贴合学生的实际生活，有效培养了学生的应用意识。

"三只小兔谁先到达？"这个童话情境，使学生通过求三只小兔的所行路程，进一步练习求周长的计算。通过思辨，孩子们认识到"小灰"与"小黑"会同时到达，不论"小黑"的行走路线怎样变化，只要它所行半圆路线的直径之和是"小灰"所行路线的直径，所行走的半圆路线长度就是相等的，在这个过程中有效培养了学生的推理分析能力。

"捆地球"这个练习其实质是一个数学思维实验，加上一米就可以使"捆地球"的绳子离开地面15.9厘米，这个结果在学生没有计算之前，很难想象到，其结果令学生意想不到，正是这种"意想不到"引发了学生的探究热情，诱发了认知冲突。

课尾的思考题：为什么外圈的运动员要比内圈的运动员的起跑点提前一些

呢？这个现实问题学生也能够说出大概原因，要提前多少呢？老师期待同学们课后自己去探索研究，从而把学生的思考延伸到课后，有效激发了学生的探究热情。四个创新练习使学生在不知不觉中既练习了相关图形的周长计算，而又极大地激发了学生的练习热情。这是徐老师在对儿童心理学深度洞察后做出的科学合理的教学预设，使小学生的数学核心素养在"春风化雨"中提升。

总而言之，徐老师在教学中运用"无痕教育"的思想，通过情境式的导入与递进式的练习，展现出高超的课堂教学艺术，使儿童在不知不觉中理解，无知无觉中掌握，取得了可喜的教学效益，学生在课堂学得有滋有味，充实且快乐，给听课老师留下了深刻印象。

（点评：江苏省特级教师 苏州工业园区方洲小学 翟运胜）

课例16 "认识小数"教学案例

扫码阅读全文

课例17 "分数乘法实际问题"教学案例

扫码阅读全文

课例18 "万以内数的读法"教学案例

扫码阅读全文

后　记

岁月不居，时节如流。我从事小学数学教育已三十余载。三十年间，我曾上过不计其数的数学课。但在我的心里，始终怀揣着一个梦想。我梦想有一天，我能拥有一本小册子，册子里面专门记录着我的课堂精彩案例。然而，理想虽然丰满，我仍心有戚戚：这样的书是否会因理论高度不够而不能成为"著作"。

值得庆幸的是，幸运之神眷顾了我。一次偶然的机会，中国教育报刊社张新洲社长得知了我的心愿，他积极鼓励我以课堂案例的方式系统整理我的公开课，并且把这本书纳入"寻找中国好课堂"丛书。

本书精心选择了我曾执教过的公开课中最具有典型价值的18节课例。课例内容涵盖了小学一至六的每个年级，也完整包含了"数与代数""图形与几何""统计与概率""综合与实践"四大学习领域。

在体例方面，每一个案例都包括教学设计、教学实录、教学反思和教学点评四个组成部分。其中，教学设计主要是课前的预案，包括对教材的分析、目标的设定、过程的预设等，尤其是每一课的设计部分都特别加入了"心理学思考"，让读者具体了解我在设计教学时的基本意图。教学实录则是根据上课录像进行原汁原味的对应整理，反映了课堂教学的真实过程。教学反思是笔者上课之后的所思所想，有成功的喜悦，也有留下的遗憾。最后一部分是教学点评，点评作者中不乏专家名师和杂志编辑，也有一些是我团队成员，甚至是从未正式谋面仅仅是听过我课的拥有半面之缘的老师们，我都要表示特别感谢。他们是缪建平、赵建康、皋岭、王群、张学青、魏芳、王燕琴、钱守旺、徐芳、郭建芬、叶建雄、夏永立、陈惠芳、詹明道、高幼年、盛伟华、余荣军、唐绚红、胡瑛、钱希有、殷家骅、吴梅香、赵云峰、董良、王兆正、翟运胜、王之华、盛大启等老师。

需要特别说明的是，第18节课例"万以内数的读法"，体例与前17节课略有不同。因为这节课称得上我的"成名课"：1991年本课曾获得江苏省小学数学赛课一等奖第一名，但是1999年再次采用原来的设计执教却很失败。于是，2002年我又一次重拾课例，根据当时的学情，重新设计并执教了这节公开课，感触颇深。课后，我还专门把两次教学实录进行了详细对比，并以"十年磨一课"的方式记录了"冰火两重天"的心路历程。

此外，还要特别感谢知名教育专家陶继新先生为本书欣然作序。

参加本书课堂实录的部分文字整理与校对的还有许贻亮、吴魏巍、吴吉君、蔡李平等骨干教师，在此一并致谢。

由于篇幅所限，本书目录中的第16、17、18节教学案例，将以扫码的方式阅读原文。同时本书还提供了18节课例中的5节完整课堂教学视频实录（分别是第3、4、7、9、10节）供读者扫码观看。

徐　斌

2019年2月26日于姑苏阳澄湖畔